湖北省高校人文社科重点研究基地南方少数民族研究中心，国家民委人文社科重点研究基地武陵山少数民族经济社会发展研究基地，武陵山民族文化与旅游产业发展湖北省协同创新中心成果。

湖北民族学院博士科研启动基金项目成果。

抚壶论道

造物史视野中的先秦青铜『壶』形器

李嘉 ● 著

中国社会科学出版社

图书在版编目（CIP）数据

抚壶论道：造物史视野中的先秦青铜"壶"形器／李嘉著．—北京：中国社会科学出版社，2016.4

ISBN 978-7-5161-7711-2

Ⅰ.①抚⋯　Ⅱ.①李⋯　Ⅲ.①青铜器（考古）—研究—中国—先秦时代　Ⅳ.①K876.414

中国版本图书馆 CIP 数据核字（2016）第 041305 号

出 版 人	赵剑英
责任编辑	孔继萍
责任校对	闫　萃
责任印制	何　艳

出　　版	中国社会科学出版社
社　　址	北京鼓楼西大街甲 158 号
邮　　编	100720
网　　址	http://www.csspw.cn
发 行 部	010-84083685
门 市 部	010-84029450
经　　销	新华书店及其他书店

印刷装订	北京市兴怀印刷厂
版　　次	2016 年 4 月第 1 版
印　　次	2016 年 4 月第 1 次印刷

开　　本	710×1000　1/16
印　　张	20
插　　页	2
字　　数	318 千字
定　　价	75.00 元

凡购买中国社会科学出版社图书，如有质量问题请与本社营销中心联系调换
电话：010-84083683
版权所有　侵权必究

目 录

第一章 引言 …………………………………………………… (1)
 第一节 缘起 ………………………………………………… (1)
  一 问题提出 …………………………………………… (1)
  二 关于选题 …………………………………………… (3)
 第二节 研究的目的与意义 ………………………………… (4)
  一 研究的目的 ………………………………………… (4)
  二 研究的意义 ………………………………………… (7)
 第三节 文献综述 …………………………………………… (10)
  一 国内研究现状 ……………………………………… (10)
  二 国外研究现状 ……………………………………… (18)
  三 存在的问题 ………………………………………… (19)
 第四节 研究方法与框架 …………………………………… (20)
  一 研究方法 …………………………………………… (20)
  二 写作思路与研究框架 ……………………………… (22)
 第五节 相关研究范畴的界定 ……………………………… (23)
  一 先秦的界定 ………………………………………… (23)
  二 研究区域的界定 …………………………………… (24)
  三 关于"壶"形器 …………………………………… (25)
  四 造物史与设计史 …………………………………… (27)

第二章 炼火攻金 执简驭繁
　　——先秦青铜"壶"形器的铸造技术与工艺……………………(29)
第一节 冶铸技术的开端……………………………………………(29)
　　一 冶铜术的萌生………………………………………………(30)
　　二 先秦铜业分布………………………………………………(34)
　　三 青铜容器的发端……………………………………………(38)
第二节 范铸技术的形成与发展……………………………………(40)
　　一 冶铸器具的实用性…………………………………………(41)
　　二 铸造方法的科学性…………………………………………(43)
　　三 范铸技术的规范化…………………………………………(47)
　　四 合金配比的标准化…………………………………………(50)
　　五 失模工艺的先进性…………………………………………(53)
第三节 装饰工艺的推陈出新………………………………………(57)
　　一 镶嵌工艺……………………………………………………(57)
　　二 错嵌工艺……………………………………………………(60)
　　三 鎏金工艺……………………………………………………(62)
　　四 刻纹工艺……………………………………………………(64)
　　五 髹漆工艺……………………………………………………(65)
本章小结………………………………………………………………(67)

第三章 备物致用 藏礼于器
　　——先秦生活方式和造物观念对"壶"形器的影响…………(68)
第一节 先秦生活方式对造"壶"的影响…………………………(69)
　　一 巫术…………………………………………………………(70)
　　二 祭祀…………………………………………………………(73)
　　三 仪礼…………………………………………………………(76)
　　四 宴饮…………………………………………………………(78)
　　五 娱乐…………………………………………………………(79)
　　六 丧葬…………………………………………………………(80)
第二节 先秦造物观念对造"壶"的影响…………………………(83)
　　一 顺天从命……………………………………………………(83)

二　取象比类 …………………………………………… (86)
　　三　因物赋形 …………………………………………… (90)
　　四　审曲面势 …………………………………………… (92)
　　五　技以载道 …………………………………………… (95)
　　六　器以藏礼 …………………………………………… (100)
　本章小结 ………………………………………………… (105)

第四章　制器尚象　绝地天通
　　　　——先秦青铜"壶"形器的形制与功能 ………… (106)
　第一节　形制的演变 …………………………………… (106)
　　一　初始的模仿 ………………………………………… (107)
　　二　器形的自觉形式化 ………………………………… (120)
　　三　器形的丰富多变 …………………………………… (129)
　第二节　功能的多元化 ………………………………… (144)
　　一　实用为主导 ………………………………………… (145)
　　二　身份的认同 ………………………………………… (149)
　　三　权力的象征 ………………………………………… (153)
　本章小结 ………………………………………………… (159)

第五章　巧法造化　文质彬彬
　　　　——先秦青铜"壶"形器的纹饰与铭文 ………… (161)
　第一节　纹饰之美 ……………………………………… (161)
　　一　动物纹的神化 ……………………………………… (163)
　　二　几何纹的流变 ……………………………………… (194)
　　三　象形纹的嬗变 ……………………………………… (207)
　　四　人的形象传达 ……………………………………… (216)
　第二节　铭文之载 ……………………………………… (220)
　　一　形成期的朴拙 ……………………………………… (222)
　　二　成熟期的疏朗 ……………………………………… (227)
　　三　繁荣期的典雅 ……………………………………… (231)
　　四　蜕变期的分化 ……………………………………… (236)

本章小结 …………………………………………………（250）

第六章　崇礼重教　亲民和同
　　——先秦青铜"壶"形器的审美理想 ……………………（252）
　　第一节　威严到亲切的变迁 …………………………………（252）
　　　　一　距离感与威严 ………………………………………（253）
　　　　二　亲切感与优美 ………………………………………（255）
　　第二节　功能与审美的和谐 …………………………………（257）
　　第三节　适中合度的和合之美 ………………………………（264）
　　本章小结 ………………………………………………………（270）

第七章　结论与展望 ……………………………………………（271）
　　第一节　风貌与演进 …………………………………………（271）
　　　　一　先秦早期 ……………………………………………（272）
　　　　二　先秦中期 ……………………………………………（272）
　　　　三　先秦晚期 ……………………………………………（273）
　　第二节　特点与影响 …………………………………………（273）
　　　　一　延续性 ………………………………………………（273）
　　　　二　包容性 ………………………………………………（274）
　　　　三　象征性 ………………………………………………（274）
　　　　四　多样性 ………………………………………………（275）

参考文献 ………………………………………………………（277）

图片来源及索引 ………………………………………………（295）

第一章 引言

第一节 缘起

一 问题提出

先秦时期之于中华民族的重要性，不仅在于中华文明在这一时期得以孕育，中国文化在这一时期基本定型，这一时期为中国多元一统格局的形成做好了最终的准备，更重要的是在文明早期出现了一个深刻影响中华文化走向的"轴心时代"[1]。卡尔·雅斯贝斯在他的重要著作《历史的起源与目标》中说："人类一直靠轴心期所产生、思考和创造的一切而生存。每一次新的飞跃都回顾这一时期，并被它重燃火焰。自那以后，情况就是这样。轴心期潜力的苏醒和对轴心期潜力的回忆，或曰复新，总是提供了精神动力。对这一开端的复归是中国、印度和西方不断发生的事情。"[2] 先秦造物史是中国造物史的重要组成部分，也是中华文化的重要组成部分之一，它深刻影响了中国造物艺术的基本走势，为中国造物艺术的发展明确了方向。同时先秦造物遗物所蕴含的深厚的文化信息，是建构和诠释中国文化本原的重要材料，弥补了典籍之不足。

在先秦时期青铜器的研究领域，很多专家学者都将他们的关注点集

---

[1] "轴心时代"是德国存在主义哲学家卡尔·雅斯贝斯在《历史的起源与目标》中提出的重要理论，指公元前8世纪至公元前3世纪之间的历史阶段。1949年，他提出了自己对历史的独到见解，以纠正黑格尔名为上帝的轴心实为欧洲文化中心论的错误。他认为，人类的精神基础就在这一时期，而且同时独立地开始在中国、印度、波斯、巴勒斯坦、希腊奠定，并从中引出著名的"轴心时代"论述。

[2] [德] 卡尔·雅斯贝斯：《历史的起源与目标》，魏楚雄、俞新天译，华夏出版社1989年版，第14页。

中在青铜器上，他们常被青铜器的造型、纹饰、工艺、功能、形制等问题所困惑和吸引，与之相关的研究成果多是从人类学、考古学、历史学、民俗学、艺术学等领域的不同视角对其进行研究。人类学研究侧重于通过先秦青铜器的研究，对中国文化的起源、发展变迁的过程以及中国各地区文化的差异进行研究，进而探索中国先秦文化的性质及其发展演变规律；考古学研究侧重于通过青铜器的研究，对青铜时代的物质资料特征进行分析，从而阐释人类社会发展的具体过程和规律；历史学研究侧重于通过对这一时期青铜器的研究，对该时期的物质基础、社会形态以及与之相适应的上层建筑等作考量，从而对这一时期的社会性质作出判断；民俗学研究则借助于青铜器的研究，与民俗资料作比对，针对信仰、风俗、口传文学、传统文化及思考模式进行研究，以此来阐明民俗现象在时空中的流变及其意义；艺术学，且主要是艺术史学，则通过选取先秦时期古人类造物活动遗存的青铜器实物资料中具有艺术要素和审美功能的作品，阐释包括文化精神、宗教内涵、形式功能、审美取向、工艺技术等在内的关乎艺术发展演变过程的规律。

我国早期造物艺术研究的两个通行模式分别是：一是按照质地把古代遗物进行分类，如陶器、青铜器、玉器、瓷器等，根据质地的不同来研究其相对独立的线性演变过程；二是将形制和装饰作为展开艺术分析的主要标准。而就先秦时期青铜器具的研究而言，常见的研究成果主要也有两种类型：一种类型是将中国青铜时代看作一个整体进行研究，其中也包括依据时间的推移将整体分为若干部分进行研究的成果。第二种类型是根据考古发掘的资料，将研究的视域定格在某一地区、某一墓葬或墓葬群。这样的研究方法可能适用于考古学、历史学的研究，但是从造物艺术史的研究角度来看，第一种类型的研究显得比较宽泛，而第二种类型的研究又过于狭隘。只拘泥于断代史和通史的研究，或者局限于单一材质的造物艺术史研究是不能全面完整地阐释中国造物艺术发展规律的。

其次，在先秦时期的青铜造物艺术中，质料、形制、装饰、铭文等四个因素各具含义，并且在先秦青铜造物艺术发展的不同阶段扮演着各自不同的角色。造物艺术史不应该局限在青铜器装饰艺术的图像学研究和形式分析的范畴内，仅仅关注于主题纹样的分类与定名，或是关注于风格的演变，研究视角的局限使得我们难以把先秦造物的历史现象还原到当时的社会背景下，从而阻碍了对先秦时期的器物、工艺技术、装饰等规律性的探索。传统的设计学、工艺美术学研究方法并不能全面地、深层次地理解和掌握先秦这一重要历史时期的造物艺术规律。

二 关于选题

除了上述几点原因外，本书选择"壶"形器作为研究对象，主要基于以下几点考虑：

其一，从现今已知的考古发掘和历史遗存来看，中国先秦时期青铜器品种之多、数量之大、分布地域之广、铸造技术之高超，都令人叹为观止。青铜器依其用途可分为：蒸煮器（也称烹饪器）、食器、酒器、水器、兵器、乐器、杂器等。而各类型的器具中又有细分，如"甗"、"鼎"、"鬲"为蒸煮器；"簋"、"簠"、"豆"、"敦"等为食器；"觚"、"爵"、"彝"、"罍"、"斝"、"卣"、"尊"、"壶"等为酒器；"铙"、"钟"等为乐器；"鉴"、"盘"、"匜"等为水器；"剑"、"戈"、"矛"等为兵器，"俎"、"禁"等为杂器……而在众多的先秦青铜器具中，大家最熟悉的莫过于"鼎"。一提起"鼎"，人们就会联想到许多和"鼎"相关的成语故事，如楚庄王"问鼎中原"、毛遂"一言九鼎"等，"鼎"在先秦时期是国之重器，是国家、王权的象征，虽然它也是蒸煮器的一种，但它的象征意义更为凸显。不过，伴随着"鼎"的象征意义逐渐淡去的同时，人们生活方式的改变，主要是烹饪方式的改变，使得"鼎"不再是生活必需品，并逐渐退出了实用生活用器的行列，"鼎"形器逐渐成为人们对于商周之间"权力"角逐历史事件追忆的符号。而"壶"是酒器，也可用作水器，它更贴近民众的生活，相比之"鼎"，它的适用面更广，实用性也更强，它不仅可以盛装液体，而且可以盛装粮食等固状物，所以它的使用延续时间最长，具有造物发展的延续性。这是选择"壶"形器作为本书的研究对象的一个重要原因。从造物史和工艺美术史研究的侧重而言，它们最大的区别就在于工艺美术史强调装饰的、美术的、趣味的、精神的；而造物史强调的是功能的、实用的、生活的、文化的。选取"壶"形器作为研究对象，也有利于我们对于先秦造物史关于功能、实用、生活、文化的分析研究。

其二，从考古学掌握的材料看，早在新石器时代早期就有"壶"形器出现①，而青铜壶在历史上使用的时间自商至汉代或更晚②，以后还有漆壶、瓷壶、紫砂壶、金银壶等，直至今天，我们的身边也随处可见"壶"的身影，而"鼎"、"爵"、"斝"等器物却早已淡出了人们的生活。也就是说在"造物史"的每一个阶段，都有"壶"的存在，即"壶"的发展演变史几乎贯穿了人类"造物"历史的每个时期。"壶"，作为中国先秦时期重要的青铜器物品类，在各地的大量发现，从一个方面揭示了中国厚重悠久的历史文化，为我们解读先秦造物的历史提供了丰富的视觉图像资料，同时也为后人营造了一个异彩纷呈的"壶的世界"。所以，通过对"壶"的研究，可以从一个新的角度阐释先秦造物史的发展历程。"壶"形器不仅蕴涵着中华民族的设计智慧，也从另一个角度折射出中国早期造物历史发展的脉络。"壶"形器中所蕴含的自然生态观、伦理观、价值观，以及情感特征、功能特征和造物观念等都可以为当代设计提供良好的借鉴。

其三，先秦青铜器的研究，是中国早期艺术史研究的重大课题之一，涉及艺术史、设计学、美学、考古学、历史学、宗教学、人类学、古文字学、神话学等多学科的知识与内容。前辈学者们的研究所取得丰硕成果，为本书的深入展开提供了可供查阅和参考的宝贵材料。先秦青铜"壶"形器无论是考古发掘，还是历代传世品，皆相对丰富，为本书的深入研究提供了可能。

第二节 研究的目的与意义

一 研究的目的

（一）构建先秦造物史中青铜"壶"形器研究的理论框架

在"关于选题"的几点考虑中已经提到，从造物史的发展历程来看，

---

① 1960年发掘的江西省万年县仙人洞，是中国新石器时代早期重要的遗址之一，下层陶器以夹砂红陶为主，器型有罐、豆、壶等。

② 参见马承源《中国青铜器》，上海古籍出版社2003年版，第199页。

"壶"形器的使用几乎贯穿了人类"造物"历史的每个时期，它的发展演变形成了一条较为完整的线性发展轨迹，而先秦时期的青铜"壶"形器又具备上下承和的典型特征，那么对于先秦青铜"壶"形器的研究就具备了理论研究的意义。本书期望从造物史的视角出发，以先秦青铜"壶"形器为研究对象，梳理先秦青铜"壶"形器发展演变的历史脉络，通过对先秦时期青铜"壶"形器的铸造技术与工艺、形制与功能、纹饰与铭文，以及所蕴含的造物观念与审美理想的深入阐释，探讨先秦青铜"壶"形器的形态特征、功能特征、审美内涵、文化内涵、风格特征中所体现的中国早期造物艺术精神及其造物观念，为现代设计提供启示和可供借鉴的经验。

（二）探讨"壶"所承载的中国先秦造物艺术精神及其内涵

半个世纪前的一位美国学者顾立雅（Herrlee Glessner Creel）提出的颇具洞察力的观点，至今仍有参考价值，他认为"中国文化发展的连续性是独特的。其最显著的特征是不曾中断的发展能力。这一特征似乎可以追溯到商代以前华北的新石器时代文化中。商文化，如同所有的伟大文化一样，是一种折中文化，它受到多方文化的滋养。但这些影响与技术，一旦被接受，即面临着与入侵中国的任何哲学、任何宗教和任何人同样的命运。他们被依据中国的国情而吸收、发展，然后转化为该文化的有机部分，从根本上保持着中国文化的独特魅力"[①]。

巫鸿先生也曾提道："在宏观层面上，我认为要使美术史研究真正摆脱进化论模式，研究者需要发掘艺术创作中具有文化特殊性的真正历史环节，首要的切入点应该是那些被进化论模式所排斥（因此也就被以往的美术史叙述所忽略）的重大现象。这类现象中的极为突出的例子，是三代铜器（以及玉器、陶器、漆器等器物）与汉代画像（以墓室壁画、画像石和画像砖为大宗）之间的断裂：中国古代美术的研究和写作常常围绕着这两个领域或中心展开，但对二者之间的关系却鲜有涉及。其结果是一部中国古代美术史被分割成若干封闭的单元。虽然每个单元之内的风格演变和类型发展可以被梳理得井井有条，但是单元之间的断沟却使得宏观的历史发展脉络无迹可寻。这些反思促使我抛弃了以往那种以

---

① Herrlee Glessner Creel, *Studies in Early Chinese Culture*, Baltimore, 1937: 254.

媒材和艺术门类为基础的分类路径，转而从不同种类的礼器和礼制建筑的复杂历史关系中寻找中国古代美术的脉络。"① 中国的设计史脱胎于美术史，所以美术史研究中存在的问题，在设计史的研究中是不可避免的。虽然在本研究开始之初，竭力避免的是使用美术史的研究方法来研究设计史，但是巫鸿教授对于中国美术史研究的反思还是值得我们在研究中借鉴的。所以笔者渴望找到一个媒介，可以不再以单元的模式对造物史进行研究，最终选定的媒介就是青铜"壶"形器。

本书研究的主要目的不是简单的追溯文化影响的来源，而是希望解释先秦青铜"壶"形器发展演变的内部原因以及演变之具体发生过程。中国传统的史学遵循着司马迁的"究天人之际，通古今之变，成一家之言"的旨归，天人、通变、一家之言的内涵里包含着求变、立言的史学特性。设计史学也是一种民族的记忆，需要寻根溯源，理出清晰的设计发展脉络，也要加强寻因意识，对某种物品或行为事件为什么如此去探寻理由，更要对设计以及设计的价值体系作出寻根究底的批判性思考。以因果和批评为中心的设计历史阐述在解释某一种设计和某一类设计时，会指出哪些是值得研究的，它在历史上的意义何在，在当代的意义何在，如此去引导人们认识设计及设计在历史上的得与失。②

（三）突破中国古代设计史研究的现状

作为一门日渐兴盛的学科，设计学在步入 21 世纪的中国社会经济和大众生活中占据的地位越来越凸显。伴随着学科的不断发展，设计艺术的理论研究也呈现新的态势。李砚祖先生指出："如果把工艺美术史理解成一部造物史，那么从造物的角度、从设计的角度同样可以对其历史加以叙述与建构，其叙述和建构历史的方式和角度可以是多样的。"③ 中国学者写史，注重摆事实，不注重讲道理，上升不到理论，延续了考证的路子，但是都是碎片，没有串联整体的思路，这样的艺术史，读者只看到单一的艺术作品，只看到具体的器物，看不到其他的东西，这可以说

---

① [美] 巫鸿：《"纪念碑性"的问题》，《读书》2007 年第 11 期。
② 参见李立新《设计艺术学研究方法》，江苏美术出版社 2010 年版，第 175 页。
③ 转引自陈晓华《工艺与设计之间——20 世纪中国艺术设计的现代性历程》，重庆大学出版社 2009 年版，第 3 页。

是方法论的差异。① 本书本着以史为鉴的目的，希望通过对先秦青铜"壶"形器的造物发展史的研究，突破以往关于中国设计历史以通史和断代史一统天下的局面，改变过去设计史以传统工艺美术的审美探讨为核心的研究模式，形成"小中见大"的设计史研究方式。不仅梳理出先秦青铜"壶"形器的发展演变形态，同时也要阐释出推进"壶"形器形态演变的动力。

二 研究的意义

海登·怀特曾经说过："事件发生并且多多少少通过文献档案和器物遗迹得到充分的验证，而事实都是在思想中观念性地构成的，并且/或者在想象中比喻地构成的，它只存在于思想、语言或话语中。"② 身居社会、政治、文化和宗教的最高层次，处于艺术与技术的最前沿，先秦时期的青铜器无疑是那个时代最为显赫、最富于创造力的物质文化代表。"我们研究历史，不是为了宣扬我们的祖先，而是为了启示我们正在压抑中活着的人类；不是为了说明历史而研究历史，反之，是为了改变历史而研究历史。"③ 英国历史学家爱德华霍列特·卡尔也说："研究历史就是研究原因"。研究设计史，是为现代设计艺术的发展确定历史起点，为解决设计的现实问题提供历史教材与基本思路。先秦造物艺术以青铜器为其精华，对于它们的准确释读，不仅仅是为了重现真实的先秦造物发展历程的本来面貌，更为重要的是通过造物遗物了解蕴含其中的先秦造物观念和设计文化现象，为中国当代设计艺术的发展提供可为借鉴的资料，使中国当代设计走出对传统符号继承和传统形式因袭的误区，而真正成为文化传承与延续的载体。

（一）设计学理论研究的紧迫性

2011年2月13日，对于中国艺术学科来说是一个新的里程碑，它成为终点也必将成为一个新的起点。在这一天，国务院第二十八次学位委员会审议通过了将艺术学科独立为"艺术学门类"的决议。原属"文学

---

① 参见李砚祖《艺术史的写作趋势》，《文艺争鸣》2010年第3期。
② [美] 海登·怀特：《元史学：19世纪欧洲的历史想象》，陈新译，译林出版社2004年版，第7页。
③ 翦伯赞：《历史哲学教程》，北京大学出版社1990年版，第1页。

门类"的艺术学科告别了和中国语言文学、外国语言文学、新闻传播学并列为一级学科的历史，成为新的第十三个学科门类。同年4月，国务院学位委员会、教育部下发通知，公布了新的《学位授予和人才培养学科目录（2011年）》。新增设的艺术学学科下设五个一级学科，艺术学理论、音乐与舞蹈学、戏剧与影视学、美术学和设计学。面对这样的变更，从事设计学教育与研究的人们似乎已经看到了这个专业更加辉煌的明天，然而，大家可曾看见这个专业繁华背后理论建设的苍白？严格地说："'设计'这个专业自身迄今为止并没有严格的基础理论和核心专业知识，更遑论研究的纵深化发展。从学科交叉的角度来看，设计理论研究中有太多的'空白'，是无法与其他任何一个成熟的学科相比的。"[①]

"一个民族要想站在科学的最高峰，就一刻也不能没有理论思维。"[②]理论是理论思维的产物，也是实践的产物。对于设计学学科而言，理论研究更可谓是刻不容缓的。设计史研究作为设计学理论研究的重要组成部分，在设计学理论研究中发挥着重要的作用，为设计学理论研究提供可供参照的基本文献资料。设计学研究就是将理论与设计相结合的过程。理论是建立在设计活动基础之上的，设计决定着理论，理论又影响或者指导着设计研究，理论研究可以为研究者提供特定的视野和概念框架。[③]

设计史作为人类文明发展史的一个重要组成部分，它是文明发展的载体和现象的呈现，但不能够代替人类文明发展史。以系统论的观点，设计史是人类文明发展史中的一个要素或子系统，它从属于人类文明发展系统，而自己又有着作为要素和子系统的能动作用。这种界定，能够让我们较为准确地界定设计史的领域和范畴，而不是大而化之地混同于一个更大的系统，在研究过程中流于大而无当的困惑；同时，设计史的研究对象具有自己作为要素和子系统的特质，在设计观念、设计思想、设计风格、设计手段以及相应的技巧、工艺等要素所构成的子系统状态中，体现着与文明发展、美学发展以及其他学科发展的差异性的研究领

---

① 祝帅：《交叉学科研究的易与不易——从章利国〈现代设计美学〉、〈现代设计社会学〉两部著作说开去》，《文艺研究》2009年第11期。
② [德]恩格斯：《自然辩证法》，于光远编译，人民出版社1984年版，第47页。
③ 李立新：《设计艺术学研究方法》，江苏美术出版社2010年版，第36页。

域和范畴①。

（二）造物史视野中的先秦青铜"壶"形器研究的可行性

首先，在课题研究的目的中已经提到了，"青铜壶形器"与先秦时期的其他器物相比，它的适用面和实用性更为突出，更加具有代表性，值得对其发展演变的过程进行深入的探讨与研究。如与"鼎"相比，"壶"出现的比"鼎"早，使用面比"鼎"广泛，用途比"鼎"多，应用的时间比"鼎"长等。随着社会生活文化的不断变化，青铜器从最原初的形制逐渐演进，直至从社会生活中隐退，许多器形伴随着青铜器的退出而隐退，但也有一些实用的器形逐渐为新出现的漆器或者瓷器所演化和承传。可以这样说，在华夏造物史的发展历程中，"壶"是最具生命力的器形之一。

其次，一个时代的文化气氛，是那个时代器物发展的土壤；同时一个时代的器物，又能够反映出那个时代文化的面貌。②造物心理模式和行为模式的起点存在于这一时期"观物"与"造物"的转换之中。对于先秦时期的"壶"形器的研究应该从"观物"——"造物"和"造物"——"观物"两个角度进行双向探讨。

最后，先秦青铜壶形器作为先秦政治、经济、文化的物质载体，在铸造工艺与技术、性质与功能、纹饰与铭文等方面既具有先秦青铜器所共有的特征，还具备有别于他器的自身特点，这也是值得我们将其作为研究对象的原因之一。

（三）造物史与观念史交叉研究的现实性

在西方学者看来，关于历史的叙述和写作是不可能完全恢复和表达完整的历史的，其中必然会面对历史的选择，然而人们的观念决定了选择的结果。C. Geertz 曾强调指出，文化模式对形成人和所谓"人性"具有决定性的作用，生理因素和文化因素相互交融：后者给予前者以确定的形式，并促进前者的形成和发展③。同时我们也应该注意到"使用——

---

① 参见荆雷《以系统论的方法来研究并从事设计史研究》，载《设计与设计史年会研究专辑》，上海书画出版社 2007 年版，第 135 页。

② 参见高丰《中国器物艺术论》，山西教育出版社 2001 年版，第 134 页。

③ C. Geertz, *The Interpretation of Cultures: Selected Essays*, New York: Basic Books, 1973, pp. 3 – 10.

制造物质工具以进行生产"这一根本活动在形成人类——文化——人性中的基础位置[①]。不仅历史的写作如此，在历史的形成过程中，历史事件的背后总是有其相应的思想和观念在起作用。艺术史上产生的所有杰作，其背后肯定有思想观念的因素。因此，从艺术与观念的角度来写艺术史，就有其历史的必然性[②]。对于传统造物的研究不能仅仅停留在对形态的研究与分析，而应深入到思想观念、社会环境、历史背景和文化命脉中去探寻"壶"形器的历史演进逻辑和深层次的文化内涵，剖析造物艺术的表层丰富性和文化观念的深层逻辑性之间的内在联系。

第三节 文献综述

从目前所掌握的资料来看，国内外的文献中尚未见以先秦青铜"壶"形器为主要研究对象的成果，但是对于先秦青铜"壶"形器的研究并非为一片空白，相关的研究成果散见于一些有关先秦青铜器物研究的文献成果中。

一 国内研究现状

国内相关内容研究的文献主要可以分成两个部分：古代文献和近现代文献。

（一）古代文献

早在两汉时期，由于经学盛行，青铜器物被作为古董而备受关注，好古文字者对出土的或传世的青铜器的铭文做过研究。如汉宣帝时，张敞就曾对"尸臣鼎"的铭文作了正确考释。对于青铜器的较为全面的研究肇始于宋代，宋代的青铜器研究是金石学研究的第一个高潮。据考论，当时出现了至少六十二位研究古器物的学者[③]。也有学者统计发现，至19

[①] 参见李泽厚《华夏美学》，天津社会科学院出版社2001年版，第21页。

[②] 参见李砚祖《艺术史的写作趋势》，《文艺争鸣》2010年第3期。

[③] 参见李遇孙《金石学录（卷2）》，1824年版，第1—14页；李遇孙的著作提到了六十二位金石学家和二十八位与金石学相关的学者。但据陆心源统计，宋代还有另外一百一十九位金石学者。参见陆心源《金石学录补目录》，1879年版，（卷1）第6—21页；（卷2）第1—9页。

世纪，至少有八十九种宋代学者的学术著作已失传①。然而，值得庆幸的是仍有二十九部著作得以流传至今②，不过在这些著作中，主要研究青铜器或者青铜器上的装饰铭文的只有七部，它们分别是吕大临撰《考古图》、王黼等编《宣和博古图》、《续考古图》、张抡撰《绍兴内府古器评》③、王厚之辑《钟鼎款识》、薛尚功撰《历代钟鼎彝器款识法帖》和王俅撰《啸堂集古录》。对于这些著作，美国著名的东方文化研究学者鲁道夫（Richard C. Rudolph, 1909—2003）认为："该时期最重要的两部关于青铜器研究的著作是《考古图》和《宣和博古图录》，因为这两部著作已经具备了很先进的理念。研究者可以按照现代考古学的要求，从书中找到所需要的资料。书中提供了准确且精细的木刻版印器物图、铭文摹本以及必要的器物尺寸，有的还标有器物的重量和体积。在宋代器物都不是运用科学的方法进行挖掘的，所以对于器物的出土地的标注是比较困难的，书中对有清楚的出土地的器物还作了说明。这一时期的金石学著作关心的并不是器物，而是器物上的铭文，研究者不仅对器物上的铭文做了摹写，并做了详细的讨论。"④ 但是我们也应该看到，这一时期的研究多侧重于铜器形制、纹饰、铭文等外部特征的分类、描述与考释，直到清代中叶，因乾嘉学派"辨章学术，考镜源流"而得到进一步的发展，除了官方主持编订了《西清古鉴》和《西清续鉴》外，还有陈介祺撰《簠斋吉金录》、阮元编撰《积古斋钟鼎彝器款识》等。应该说古人的著述为近现代的研究提供了许多得以借鉴的成果和资料，但是同时我们也要看到他们研究方法和研究内容的局限性。正如谢英伯所说，他们只关注"在古代遗物上附着的一部分文字外，未尝注意到器物材料的成分、图案及出土地点。对于器物在古代社会所产生的关系和古人创制此器物之原因，及其在生活上此器物的应用，皆不看重，其治学之目的，又只

---

① 参见杨殿珣《宋代金石书目》，《考古社刊》1936 年第 4 期。
② 参见容媛《金石书录目》，1936 年版；容媛《金石书录目补编》，考古通讯 1955 年第 3 期；陈俊成《宋代金石学著述考》，1976 年版。
③ 《四库全书总目》中提到张抡所编《绍兴内府古器评》是一部明代伪书，但是容庚、容媛在研究中都认为此书是宋人真迹。参阅"中央研究院"历史语言研究所《庆祝蔡元培先生六十五岁论文集（下册）》，第 675—679 页。
④ Richard C. Rudolph, Preliminary Notes on Sung Archaeology, *Journal of Aaian Studies*, Vol. 22, 1963.

在乎纠正经史。若无附着文字的器物,则视为无关学术,故虽由宋至清,经过许多学者长时间的努力,收获亦至有限。"①

(二) 近现代文献

近现代以来,对于先秦青铜器研究的文献可谓浩如烟海,这些文献以考古学专业的文献居多。可以这样说,对于中国先秦造物史的研究是建立在考古学研究的基础之上的。有赖于考古学工作者大量的辛勤劳作,才为造物史的研究提供了大量翔实准确的可供借鉴的材料。笔者将这一部分的文献分为考古学研究、造物史研究,以及先秦造物思想与文化研究三部分。

1. 考古学研究

从广义上来说,考古学是通过发掘和调查古代人类的遗迹遗物和文献来研究古代社会的一门人文科学。特别要提到的是王国维,他和他同时代的学者们匡正了自宋代以来在金石学研究方面的一些谬误,并提出了出土遗物要与历史文献相结合的综合性研究方法,为中国近现代考古学的深入研究提供了科学的思路。前文提及中国对于先秦青铜器的研究是随着宋代金石学研究的兴起而开始的,而中国近现代的考古学是20世纪20年代才开始,在20世纪30年代至40年代,才基本建立了自己的考古地层学和考古类型学理论。② 近现代的青铜器的考古研究主要有郭沫若先生(1892—1978)撰写的《青铜器时代》(1945)、《周代彝铭进化观》(1945)、《彝器形象学试探》(1934),这些文章最终都收录于其代表著作《青铜时代》(1957)中;郭宝钧先生(1893—1971)的《中国青铜器时代》(1963)、《商周青铜器群综合研究》(1981)等;当然还有中国考古学之父李济先生(1896—1979)从考古类型学的角度,对殷商时代青铜器装饰艺术进研究的《比较觚形器的花纹所引起的几个问题》(1963),以及他与万家保合著的《殷墟出土青铜觚形器之研究》(1964)、《殷墟出土青铜爵形器之研究》(1966)、《殷墟出土青铜斝形器之研究》(1968)、《殷墟出土青铜鼎形器之研究》(1970)《殷墟出土五十三件青铜器之研究》(1972)等;在《殷墟出土五十三件青铜器之研

---

① 谢英伯:《黄花考古学院的组织和使命》,《考古学杂志》1922年第1期。
② 参见俞伟超《考古类型学的理论与实践》,文物出版社1989年版,第2页。

究》中对七件壶形器的形制、铸造方法、纹饰等进行了详细的描述。同一时期的还有考古学家容庚先生（1894—1983）的《商周彝器通考》（1941）等。综观这些研究的文献，其中既有断代研究，也有个案研究，还有形态学、类型学研究，他们的研究成果开启了中国当代先秦青铜器考古学研究的新时代。我们陆续看到了对中国青铜器进行概述的著述：如马承源的《中国古代青铜器》（1982）、《中国青铜器》（2003）、杜廼松的《中国青铜器发展史》（1995）、李松的《中国青铜器》（2008）等；青铜器的地域性研究的论著，如李海荣的《北方地区出土夏商周青铜器研究》（2003）、刘彬徽的《楚系青铜器研究》（1995）、高至喜的《商周青铜器与楚文化研究》（1999）等；青铜器的造型与纹饰研究的成果，如朱和平的《中国青铜器造型与装饰艺术》（2004）、雷鸣的《中国青铜器铭文纹饰艺术》（1992）等；中国青铜文化体系研究的专著，如李伯谦的《中国青铜文化结构体系研究》（1998）；青铜器的冶铸技术研究的文献，如刘诗中编著的《中国青铜时代采冶铸工艺》（1997），华觉明的《中国古代金属技术——铜和铁造就的文明》（1999）中关于铜器的部分等；不一一赘述。这些研究成果反映了学界对中国早期青铜器研究的重视，以及所取得的成果，同时它们也是本书研究的重要理论基础。

近年来关于先秦青铜器研究的博硕士学位论文也有不少，如杨远的博士论文《夏商周青铜容器的装饰艺术研究》（2007），他认为作为我国古代装饰艺术重要组成部分的夏商周青铜装饰艺术，是夏商周人们的宗教信仰、社会生活、审美观念和思想意识的重要载体，通过对夏商周青铜装饰艺术的系统分析，并结合这一时期青铜装饰风格的演变历程以及社会思想的变化，探讨了夏商周时期审美观念的变化。在回顾中国早期审美观念的起源和初步发展的基础上，结合夏商周社会的主要思想特征的相关研究成果，通过对夏商周不同时代青铜器的形制与装饰所表现出的风格差异的分析，得出了夏商周审美观念的主要特征。装饰艺术形式上主要体现为"由繁入简，再由简入繁"的发展规律，和这个发展规律相应，审美观念上呈现出的是从神化到理性化再到多样化的演进过程[①]。西北大学考古学与博物馆学专业张懋镕教授指导硕士生陆续完成了《出

---

① 参见杨远《夏商周青铜容器的装饰艺术研究》，博士学位论文，郑州大学，2007年。

土商周青铜卣研究》（马军霞）、《出土商周青铜尊研究》（张小丽）、《两周青铜匜研究》（阴玲玲）、《商周青铜鬲研究》（乔美美）、《商周青铜瓿研究》（王文娟）、《商周青铜盘的初步研究》（张婷）、《商周青铜甗初论》（张静）、《商周时期青铜豆综合研究》（张翀）等，这些硕士学位论文都以考古发掘品为基本材料，兼及著录所见的传世青铜器。运用考古类型学方法，对不同种类的商周青铜器进行分类整理。这些文献具有考古类型学研究的主要特征，它们都以分期、断代和类型学研究为其主要内容，对于纹饰和铭文的研究只占论文篇幅的很少一部分。在关于青铜卣的文献中有作者对于青铜卣与青铜提梁壶（圆壶）的关系的阐述。除硕士论文外的其他文献还有：黄展岳的《论两广出土的先秦青铜器》[1]、吴春明《福建先秦青铜器的文化类型的初步探索》[2]等，多为以地区划分的先秦青铜器类型学研究的文献。

2. 造物史研究

造物史以研究人类有史以来的造物活动及与之相关的物质文化、精神文化、艺术文化为主要内容。设计学作为一个新兴的学科，其理论研究体系的建构还有待不断完善，而作为设计学理论研究重要组成部分的造物史研究一直以来是国内设计学科理论研究的一块基石。在设计学的范畴中，关于先秦青铜器研究的重要文献首先应该提到的是田自秉、王家树两位先生的《中国工艺美术史》。中国的设计艺术学科脱胎于传统的工艺美术专业，而中国设计史则是在中国工艺美术史的肩膀上成长起来的。所以两位先生的工艺美术史中关于先秦青铜器的研究是后人研究的必备参考文献。只是由于当年学科发展的局限，研究都局限于造型、纹饰和类型学研究。近年来又有尚刚教授的《中国工艺美术史》（2007）、李立新教授的《中国设计艺术史论》（2004）、赵农教授的《中国艺术设计史》（2004）、夏燕靖教授的《中国艺术设计史》（2001）等数十部教材问世，各本著作中对于先秦青铜器的研究都有许多的新材料、新视角、新成果。但针对本书的研究来说，作为教材的这些著作内容广而深度不足。马承源先生的《中国青铜器》是考古学领域的权威著作，书中用考

---

[1] 参见黄展岳《两广出土的先秦青铜器》，《考古学报》1986年第4期。
[2] 参见吴春明《福建先秦青铜器的文化类型探索》，《厦门大学学报》（哲学社会科学版）1994年第1期。

古学研究方法对青铜"壶"形器做了细致的梳理，以图示的方式对不同时期的青铜"壶"进行了描述，为本书的研究提供了专业而翔实的史料。还有高崇文的论文《两周时期铜壶的形态学研究》①，从形态学的角度，先按其形态的最大不同点进行分类，再根据类型排列其变化序列，并在此基础上，结合器物的分布地域，划分不同的文化系统，寻找不同区域性文化的形成过程及其相互关系。从考古类型学的角度，对两周时期的方壶、圆壶、提梁壶和其他类型的"壶"分别作了深入的形态分析，勾勒出两周时期铜壶的发展谱系。该文对两周时期的铜壶进行了较为完整和系统的梳理，在一定程度上为本书的深入研究提供了理论依据。

近年来也有许多先秦青铜器研究的学位论文，如武汉理工大学陈汗青教授指导的硕士论文《先秦青铜器形态研究》（董涛）、吉林大学宋建华教授指导的硕士论文《从青铜器的演变过程解读青铜时代的艺术美》（张颖）等。还有中国艺术研究院音乐学考古方向冯卓慧的博士论文《商周镈研究》（2008）。除了上述文献外，还有张艺的《中国青铜器及其奇特而精美的纹饰艺术》②、高毅清《先秦青铜器艺术的风格成因》③ 等。以上这些文献有的包括先秦的青铜壶的研究，有的文章部分涉及了先秦青铜壶的研究，但是没有以"壶"的发展为主线研究这一时期造物艺术的发展历史的文献。

3. 先秦造物思想与文化研究

近年来随着传统文化的回暖，关于先秦造物思想研究的论著也多了起来。先秦以氏族公社基本结构解体为基础，是中国古代社会最大的激烈变革时期。在意识形态领域，也是最为活跃的开拓、创造时期，百家蜂起，诸子争鸣。学术思想的活跃也为后人对该时代的研究提供了许多线索。对于先秦造物思想与文化的研究的文献主要有从艺术学角度研究的文献，如邵学海的《先秦艺术史》，把艺术流变置于文化发展的背景下进行阐述，在文化发展的进程中探寻中国艺术风格形成与演进的深层动因，秉持把艺术史嵌入文化史的治学理念，关注先秦文化取自原始思维

---

① 参见高崇文《两周时期铜壶的形态学研究》，载俞伟超《考古类型学的理论与实践》，文物出版社1987年版，第177—233页。
② 参见张艺《中国青铜器及其奇特而精美的纹饰艺术》，《美术观察》2009年第12期。
③ 参见高毅清《先秦青铜器艺术的风格成因》，《设计艺术》2002年第3期。

的"观象取物"的特点,从文化的深度上阐释了先秦艺术的要义。有从美学角度研究的文献:如罗坚的《从象征到写实——论先秦青铜文化的审美特性》[①],该文认为青铜器的装饰艺术构成了表意、象征的形象体系,是神话、巫术、宗教、文化、习俗和审美意识演变、融合的结果。青铜器纹样与器制整一、对称的和谐美,给人以均衡感,形成了对"和"的艺术追求,体现了先秦审美艺术对形式美的自觉追求。就审美创造而言,先秦青铜文化的合规律性和合目的性蕴涵着巨大的审美价值,较为完整地反映了先秦审美意识的发展和嬗变。从历史学角度研究的文献:如杨文胜的《物化于商周青铜器造型与纹饰上的先秦思想观念及其转变》[②],该文认为作为商周时期礼制的重要载体,青铜器的装饰纹饰以及器物造型反映的是这一时期人类思想观念及其转变意向。这一时期青铜器上的纹饰和造型由单调变为多样,从神秘走向写实;装饰纹饰和造型中的"人"由配角变为主角,从被动走向主动;这些转变体现了由"天命不僭"到"天命靡常",再到"天道远,而人迩"的中国早期人本主义思想得以确立的全部过程。从文化学的角度研究的文献:许开强《物与天语》[③],提出回复先贤的智慧、将他们的人性的、道德的、充满善意的朴素原理揉进现代设计之中去的观点,认为只有这样才能使有中国文化特点的设计达到一种更高境界。从设计学角度研究的文献:诸葛铠《中国早期造物思想的朴素本质及其与宗教意识的交织》[④],文章认为中国早期的造物活动,不仅仅产生于生存意识和宗教意识,同时在其发展的过程中,一直是在按"人意"和"神意"来造物的双重意识的控制之中,这两种意识相互渗透、难以区分,从而形成了具有典型中国特点的早期物质文化,并对中国社会的形成和发展产生巨大的影响。杨先艺《论先秦哲学的造物思想》[⑤],文章主要论述了先秦时期的道家、法家的哲学思想

---

① 参见罗坚《从象征到写实——论先秦青铜文化的审美特性》,《江海学刊》1998年第6期。

② 参见杨文胜《物化于商周青铜器造型与纹饰上的先秦思想观念及其转变》,《洛阳大学学报》2002年第1期。

③ 参见许开强《物与天语》,《装饰》1994年第1期。

④ 参见诸葛铠《中国早期造物思想的朴素本质及其与宗教意识的交织》,《东南大学学报》(哲学社会科学版)2003年第6期。

⑤ 参见杨先艺《论先秦哲学的造物思想》,《江汉论坛》2003年第6期。

对造物艺术的影响。邱春林《"三礼"与古代工艺装饰观念的形成》[1]，文中认为先秦是礼文化的成熟期，它包含信仰、风俗、刑政等多方面的意识形态，由这些意识形态所释放出来的势力影响着工艺装饰观念的形成和特点。研究表明先秦造物中的工艺装饰依附于"礼"，具体表现为修古、事神、尊王、敬天，并因此产生了"雕缋满眼"和"清水芙蓉"两种审美趋势，为后来封建审美文化奠定了发展方向。范伟的《先秦道学造物设计的启示》[2]，该文通过对老庄典籍中造物思想的解读，探究先秦时代道学造物文化的特征，使中国造物文化中优秀的民族设计传统得以发挥，为更好地实现当前中国设计的国际化提供一个强化自身设计传统的视角。与本书相关的博士论文有：2001年荣获全国优秀百篇博士学位论文奖、东南大学徐飚的《成器之道——先秦工艺造物思想研究》，该论文对先秦时期在器物制造与设计方面所达到的历史经验作了一番相对完整的整理与阐释，形成对我国古代设计传统的重新理解和认识，为我国当代设计艺术的理论与实践引入一个底蕴深厚的史学维度，为疏通我国古代设计传统与当代设计发展之间的源流关系做一个基础的理论铺垫与探索。胡飞教授以其博士论文为基础出版的专著《中国传统设计思维方式探索》[3]，该书以中国古代青铜器中的钟、钺、锁等作为具体的研究对象，通过分析探寻中国古代设计的思维方式及现代转化的可能性，并且建构了一个具有一定理论意义的"巧适事物"的设计思维方式模型，对于重新认识中国古代设计及其设计思维特征都具有一定的理论价值与意义。另有武汉理工大学曾曦的博士论文《法象明器占施知来——先秦鼎文化考论》（2010），该论文从青铜鼎形器入手，以先秦时期为背景，探索青铜鼎的设计发展进程及其相关的先秦物质、社会和精神文化内涵。

以上这些文献，都是从较为宏观的角度对先秦造物思想与文化做了深入的探讨，对于设计艺术学的理论研究具有提纲挈领的作用，同时也为本书的研究提供了理论参考。

---

[1] 参见邱春林《"三礼"与古代工艺装饰观念的形成》，《装饰》2006年第5期。
[2] 参见范伟《先秦道学造物设计的启示》，《装饰》2005年第12期。
[3] 参见胡飞《中国传统设计思维方式探索》，中国建筑工业出版社2007年版。

二 国外研究现状

由于国外学科设置与国内不同，与本书相关的研究多集中在艺术史学的研究范围内。不同地区的文化经验和立场对中国先秦艺术史的解读具有各自的特色。应该说国内的相关研究是在现代意义的历史学、考古学、人类学、民族学、社会学、美学、宗教学、文学史等学科的建构内为中国设计史的研究提供了互动性的平台和动力；而西方的中国艺术史学把汉学与西方艺术史研究方法完美地结合起来，不断作出新的贡献。文化理论和文化研究的多元化方法对艺术史（包括设计史）的研究会起到积极的推动作用。国外和本书相关的研究著作有：旅美学者张光直先生的多篇关于先秦青铜器研究的论著和论文 The Chinese Bronze Age: A Modern Synthesis 和 Art, Myth, and Ritual: The Path to Political Authority China 等。美国著名汉学家包华石（Martin Powers）1991 年出版的 *Art and Political Expression in Early China*（译名：《早期中国的艺术与政治表达》）。英国著名汉学家 Jessica Rawson 1977 年出版的 *Chinese Pots 7th - 13th Century AD*（译名：《公元 7 世纪到 13 世纪的中国"壶"》），这是一部研究唐宋壶形器的论著；1980 年出版的 *Ancient China, Art and Archaeology*（译名：《中国古代艺术考古学》）；1987 年出版的 *Chinese Bronzes: Art and Ritual*（译名：《中国青铜器：艺术与礼仪》）等。最近三联书店又整理了她 2000 年以后发表的十七篇有关中国艺术与考古研究的论文翻译出版，题为《祖先与永恒：杰西卡·罗森中国考古艺术文集》，其中有七篇论文是以先秦时期的铜器为主要研究对象，内容涉及青铜器的装饰纹样、铸造技术、政治制度、文化传承等，作为中国艺术与考古领域最杰出的西方学者之一，她在探讨"成套"青铜器物在商周礼制社会中的作用所取得的成果是值得我们重点关注的。旅美学者巫鸿 1995 年出版了 *Monumentality in Early Chinese Art and Architecture*（译名：《中国古代艺术和建筑中的"纪念碑性"》），他的多部著作近年均有译本出版，因其对中国文化的深刻理解及其对艺术史卓有见地的观点，为国内艺术史学研究提供了新思路。另有旅美历史学家杨晓能 2000 年出版了 *Reflections of Early China: Décor, Pictographs, and Pictorial Inscriptions*（译名：《另一种古史：青铜器上的纹饰、徽识与图形刻画解读》），则通过一个新的角度对青铜器的纹饰与铭文展开研究。除了欧洲的汉学家、东方考古学家以及华裔学者的研究成果外，日本学者林巳奈夫和梅原末治对于中国先秦时期的青铜器及其纹饰的研究也取得了许多有价值的成果，在林巳奈夫的《殷周时代青铜器研究》以及梅原末治的《古铜器形态之考古学的研究》、《战国铜器研究》等著作中，对先秦时期的青铜器主要作了考古形态学的研究与划分，特别是梅原末治对于青铜器器形的分类法与传统的分类法有很大的区别，他尝试将古铜器分为皿钵形器、壶形器、提梁附壶形器、矩形器等十三种，他的分类方法受到了"忽以全器为准，忽以器口为准，忽以脚部为准，忽以器名为准，非常混乱，很不合理"的指责，但是我们也注意到他分出的十三种器形中有五类与"壶"相关，分别是"壶形器（尊、觯、觚等）、壶形器（罍、彝、壶、钟等）、提梁附壶形器（以卣为主）、壶形器（以罍为主）、矩形器（彝、偏壶、瓠壶等）"，梅原的分类法固然混乱，但是他注意到青铜壶形器在青铜器中的特殊地位，造成梅原这种混乱状况的原因应与青铜器形间的相互借鉴有关。另外，林巳奈夫在他的著作的《神与兽的纹样学——中国古代诸神》中主要探讨了从良渚文化到春秋时期兽面纹的演变过程，其间不乏对于青铜器兽面纹装饰的研究成果。这些学者都是活跃在世界汉学、史学、艺术史学研究领域的著名学者，他们的研究成果着实让我们大开眼界，同时也为研究的展开提供了许多新的思路和方法。

三　存在的问题

先秦时期本就是一个有着几千年文明的历史时期，特别是史前时期没有文字记载，今人只能凭借可以获知的一些视觉图像对当时的社会形态加以推论，而有文字记载时期又大多是"言简意赅"的文献，表述和含义也与今人的理解有"差距"，这些也为研究工作的开展留下了许多假想与推论的空间。总体看来，不论是国内还是国外与本书相关的研究都取得了一定的成果，但也同时存在有待进一步深入探讨的问题，主要表现在：

1. 重整体，轻个体

对于先秦造物史的研究多是将青铜器作为一个整体来研究，所见的单一研究的文献多为历史学、考古学领域的文献，从造物艺术的角度对先秦时期某一器形的研究的成果较少见。对于数量庞大的先秦青铜造物遗物而言，整体性的研究只能对这一时期造物活动作整体而宽泛的概述，却不利于隐藏于不同器物背后的深层文化心理结构的挖掘。

2. 重形制，轻关联

对于青铜器器形的分类除了器物本身自铭的器物外，多是沿用宋代金石学者的分类，一些具有相同或相近功能的器物被划归不同的类型，而影响器物间相互关系的研究。从造物史的角度而言，对于青铜器的研究不仅要重视单一器形的演进研究，也应重视器形与器形相互间的关联性研究，器形相互间的借鉴与影响实用需求存在某种必然的联系。

3. 重特色，轻比对

多见不同文化类型青铜器专题研究，并注重强调该文化类型青铜器在形制、纹饰等方面的特点，少见不同文化类型或者不同地域器形的青铜器的比对性研究。不同的地域环境、思想观念、政治形态、风俗习惯、历史渊源等，造就了造物活动的地域性特色，这种地域性特色对于器形的演进存在一定影响，对于区域间差异的比对性研究对我们深入了解先秦时期的社会文化状态具有重要的意义。

4. 重形态，轻内涵

对于先秦青铜器的研究，是涉及艺术史学、考古学、历史学、文化学、民族学、神话学、社会学、冶金技术史等学科门类的研究领域，不同学科的学者所切入的角度不同，研究结论各有所长，但是从造物史的角度而言，对于先秦青铜器物的研究不应仅仅停留在形制、纹饰的研究上，而应该将铸造工艺、形制、功能、纹饰、铭文等的发展史与艺术、技术、文化、观念的演变相结合，从而深入探析影响先民造物活动的观念形成与发展的轨迹。

第四节　研究方法与框架

一　研究方法

本书属跨学科研究，其性质决定了研究方法的多样性。本书拟采用的研究方法有如下几种：

第一，历史分析法。历史分析法应从两方面着手：其一，依时间发展的先后顺序，将"壶"形器放置于其本身所存在的社会历史环境中，尽可能地复原社会政治、文化、生活方式对造"壶"产生的影响，而不仅仅拘泥于壶形器的形态本身；其二，是以先秦"壶"形器自身的发展演变过程为依据，通过对其铸造工艺、形制、纹饰、铭文等发展演变过程的逻辑梳理，归纳其发展的主要脉络。

第二，考古学研究方法：依据考古地层学、类型学、文化人类学、图像学等研究成果对先秦时期的生产力发展状况、生活方式和习俗、审美情感、造物观念、宗教信仰等方面进行综合研究。运用考古学研究方法主要包含两个方面的内容：一方面，青铜"壶"形器的研究离不开考古类型学的分析，且青铜"壶"形器的文化属性、出土情况、器物间的共生关系、工艺技术、使用情况、图像纹饰等方面的分析均应以考古地层学和文化因素分析法为基础；另一方面，研究青铜"壶"形器的形制、纹饰、铭文的逻辑发展过程，必须在与之相对应的时空中展开，否则，任何再完美的形态逻辑分析都会缺乏现实落脚点，而经受不起推敲，而这又依赖于考古学文化分期的研究成果。

第三，系统论的方法。"壶"的造物研究——研究先秦青铜"壶"形器的系统特质及其产生、发展的规律，以及不同时期"壶"形器的设计原则、标准和风格特点。"壶"的造物环境研究——研究不同时期、不同地域特色影响下的先秦青铜"壶"形器的综合造物环境，其中界定并强调起决定作用的环境因素（政治性、经济性、技术性、艺术性等）。"壶"的造物组织研究——与"壶"相关的人的因素的研究，包括不同造物环境下人的生活方式的研究及造物制度和管理等方面的研究。

第四，形式分析法。"壶"形器的形式特征研究——采用并更新传统的形式分析方法，通过不断拓展观察范围，研究青铜"壶"形器间的相互联系和相互作用及先秦人们的思想观念、宗教信仰、政治形态、生活方式、地理环境、工艺技术发展等因素对造物活动的影响。

第五，文献分析法。搜集、鉴别和整理古今相关文献资料，并通过对文献中的相关内容的提炼与研究，形成对课题研究内容的材料支撑与补充。

第六，比较研究法：运用比较研究的方法，对先秦青铜"壶"形器因宗教信仰的改变、政治形态的变化、生活方式的进化、工艺技术的发展以及地理环境等影响而产生的相似性和差异性进行研究，从而对影响造物活动的因素进行梳理。

此外，本书在研究过程中还将涉及民族学、神话学等方法。

民族学方法。民族学方法是指对原始民族的实地调查而获得大量的活材料，从不同角度呈现该民族精神和文化特征的研究方法[①]。相对于静态的考古学研究而言，民族学方法具有生动、直观的特点，但是对于材料的释读存在地域性、非原生性以及其历史深度感缺乏等方面的局限性。这也提示我们在进行实证研究时，民族学方法应作为辅助的方法使用。

神话学方法。神话作为一种学术对象，是以生活形态和书面文本两种形态存在和传承的[②]，在本书的研究中主要采用的是书面文本的形态。神话学研究方法在帮助我们深刻认识先民的认知能力和创作动因方面具有十分重要的作用，但是神话本身所具有的夸张、想象甚至幻想的特质也决定了自身的局限性。所以在本书的研究中，神话学方法亦只能作为辅助方法使用。

二　写作思路与研究框架

本书共分为六章：

第一章，引言。对与课题相关的国内外研究现状进行综述，并对课题研究的意义与目的、研究方法、研究框架以及写作思路、相关概念作适当的说明。

第二章，先秦青铜"壶"形器的铸造技术与工艺。立足于与研究内容相关的考古发掘报告和研究成果，对先秦时期青铜"壶"形器的发生与技术演进进行逻辑梳理，强调铸造技术与装饰工艺的发展对壶形器形制、纹饰的发展所产生的重要作用。

第三章，先秦生活方式和造物观念对青铜壶形器的影响。将青铜壶形器置于先秦时期特定的社会生活和文化背景之中，运用历史分析法、文献分析法、民族学研究和神话学研究等研究方法，就先秦时期顺天从

[①] 参见张晓凌《中国原始艺术精神》，重庆出版社2005年版，第23页。

[②] 参见刘惠萍《中国现代神话学研究的学术反思》，《民间文化论坛》2005年第2期。

命、取象比类、因物赋形、审曲面势、技以载道、器以藏礼等造物观对青铜壶形器的影响做展开论述。

第四章，先秦青铜"壶"形器的形制与功能。以相关的考古类型学研究成果为基础，从器物的类型与形制演变两个方面分先秦早期、先秦中期、先秦晚期三个时间段，归纳青铜壶形器器形演进的逻辑秩序，并结合器物功能的多元化发展与社会政治、宗教形态转变之间的关系，对壶形器的形制与功能的演变与传承作出分析。

第五章，先秦青铜"壶"形器的纹饰与铭文。以相关的考古类型学的研究成果为基础，对先秦时期青铜壶形器上的纹饰与铭文进行类型学分析，并就其形式与宗教信仰、政治形态、社会变迁、地理环境等外在因素之间的影响梳理其逻辑演化秩序与规律，并对风格特征做出分析归纳。

第六章，先秦青铜"壶"形器的审美理想。以第二章、第三章、第四章的分析、论证为基础，对先秦青铜壶形器所呈现的由距离感到亲切感的变迁，功能与审美的完美统一，以及对于和合之美的追求进行分析论述，重点分析先秦不同阶段宗教信仰、政治形态、地理环境、人的意识的觉醒等对壶形器的审美特征产生的影响。

第七章，结论。在前六章分析、论证的基础上，对全文的主要观点做总结性陈述，并对下一步研究工作的展开提出大致思路。

第五节　相关研究范畴的界定

一　先秦的界定

对于"先秦"，学术界主要有两种不同的界定方式。其一，将秦统一中国之前的全部历史归于此[1]；其二，专指春秋战国时期[2]。

本书所谓"先秦"，取第一种界定方式，即秦以前全部的历史时期。这样的界定主要出于如下考虑：造物的发展有一个漫长的演变过程，

---

[1] 按此方法界定的有吕思勉著《先秦史》等史学文献，也有林会承著《先秦时期中国居住建筑》、陈振裕著《先秦漆器概述》、邵学海著《先秦艺术史》等其他文献。

[2] 李泽厚先生在《美的历程》第三章"先秦理性精神"开篇指出："所谓'先秦'，一般均指春秋战国而言。"

"壶"形器的出现不是一个偶然的结果,它存在自身的承继和演化过程,这样的过程是不以史学的断代为依据的,也不以王朝或者国家的确立为标志,它有自己更深远绵长的发展历程。然而,由于本书研究的对象是青铜"壶"形器,青铜在中国历史上出现最早可以追溯到仰韶文化时期,但是当时还没有掌握青铜容器的铸造工艺,直到二里头文化,该时期遗址出土的青铜容器中有一件与该期陶器形制基本一致的铜盉,而考古学意义上的壶形器的首次出现是在二里冈上层期。这也就是说,本书研究的时间范畴大约界定在二里头文化到秦统一中国之前。二里头文化也被认作是夏文化,所以本书中所研究的先秦的时间也就是通常所谓的夏商周时期。根据《夏商周断代工程 1996—2000 年阶段成果报告(简本)》所划定的时间界限,夏的起止年限为公元前 2070 年至公元前 1600 年,商的起止年限为公元前 1600 年至公元前 1046 年,西周的起止年限为公元前 1046 年至公元前 771 年。①

文中出现先秦早期、中期和晚期的时间大致划分为:先秦早期指二里头(夏)和商时期,先秦中期主要指西周,先秦晚期指春秋战国时期。

二 研究区域的界定

由于"中国青铜文化十分复杂,在每一个发展阶段都可以分为若干文化区,代表几个不同系统的文化。其中以夏商周文化为主体的中原文化区始终是发展的中心。随着时间的推移,它不断把周围文化区和其他系统的文化的精华纳入自己的体系,从夏时期只占黄河中游一段,发展到春秋末年便已包括黄河中下游、长江中下游和长城南北的广大地域了"②。

> 达彼殷武,奋伐荆楚。
>
> 《诗经·商颂·殷武》

《诗经》的这段描述也告诉我们商王武丁的势力已到达荆楚地区,这一点也与殷墟甲骨文上的记载相印证。近年来,湖北湖南也相继出土了

---

① 参见夏商周断代工程专家组《夏商周断代工程 1996—2000 年阶段成果报告·简本》,世界图书出版公司北京公司 2000 年版,第 86—88 页。
② 李伯谦:《中国青铜文化的发展阶段与分区系统》,《华夏考古》1990 年第 2 期。

数量相当多制作精美的商代青铜器，这些青铜器有的形制、纹饰与中原商代晚期类同，有的甚至有商代晚期多见的铭文。所以，本书研究的先秦青铜壶形器也是以中原文化区为主体研究区域，兼有楚文化区的典型器物。其他的青铜文化类型暂不纳入研究范围，如四川广汉三星堆、巴蜀文化、滇文化类型、两广古越族青铜器等都不在研究范围。

三 关于"壶"形器

本研究对"壶"形器的界定是以现代人对壶的认识为主要标准的，《现代汉语辞海》中"壶"这一词条是这样描述的："壶，一种盛装液体的器皿，一般有盖，有嘴，还有柄或提梁。"① 而《现代汉语词典》中的解释是："壶，陶瓷或金属等制成的容器，有嘴，有把儿或提梁，用来盛装液体，从嘴往外倒。"② 通过这两条释词，我们可以大致归纳出现代人对壶的认识："壶"是盛装液体的容器，有嘴，有柄（把儿）或者提梁。《辞海》中对于"壶"的解释有四条，分别是：（1）古器名。深腹，敛口，用以盛酒浆或粮食。新石器时代已有陶壶。商、周时代青铜壶往往有盖，多为圆形，也有方形或椭圆形的。到汉代，方形的叫"钫"，圆形的叫"钟"。后为盛液体的敛口深腹器的通称。如：茶壶，酒壶。亦指某些固体物质的容器。如：药壶；鼻烟壶。（2）通"瓠"。瓠瓜。《诗·豳风·七月》："八月断壶。"特指盛药的葫芦。（3）古代投矢所用器具。（4）姓。汉代有壶遂。③ 而古人对于"壶"的认识则是"壶，昆吾圜器也。象形，从大象其盖也。凡壶之属皆从壶"④。清代段玉裁批注"缶部曰。古者昆吾做匋。壶者，昆吾始为之。聘礼注曰。壶，酒尊也。公羊传注曰。壶，礼器。腹方口圆曰壶。反之，曰方壶。有爵饰。又丧大记狄人出壶，大小戴记投壶，皆壶之属也"⑤。甲骨文专家罗振玉称：上有盖，旁有耳，壶之象也。古金文中《而姬壶》壶字作"壺"，其盖形与此

---

① 《现代汉语辞海》（第2卷），光明日报出版社2002年版，第465页。
② 《现代汉语词典》，商务印书馆1984年版，第472页。
③ 参见夏征农、陈至立《辞海》，上海辞书出版社2009年版，第917页。
④ （东汉）许慎撰，（清）段玉裁注：《说文解字注》，上海古籍出版社1988年版，第495页。
⑤ 同上。

略同。契文诸壶字上象盖旁有两耳，从〇者盖象腹上环纹，下象其圈足或象旁有提梁之形（元嘉：七九），或象腹上纹饰（乙．三八六四）……①甲骨文中可以被认为是"壶"字的原形并不多见，李孝定在《集释》中举了七个例子。自北宋以来，古器物学家所类别为壶形器的已在形制上有若干差异，其中有有盖者，有无盖者，有具双耳者，有无耳者，有长方者，有椭圆者，有瘦长形者，有短粗者。②除了本名即为"壶"的器皿外，本研究中还将与现代人对"壶"的认识相近的两种青铜器引入研究的范围，其一是青铜"卣"形器，其二是青铜"盉"形器。第一，王国维在《说觥》中指出："凡传世古礼器之名皆宋人所定也。"③而宋人为何把一些器皿称为"卣"、一些称为"盉"已无从考证。青铜"卣"本无自名，究竟何种器物被称为"卣"一直是学术界争论的问题，马承源先生就说："习称之卣，有圆体壶形、扁圆体、筒形和方形、鸟兽形卣等五类，第一类形体很清楚是壶，已归于壶属。"④一般来讲，安装提梁的壶被称为"卣"。这种命名源自于吕大临的《考古图》，该书名"卣"的根据是所谓的"乐司徒从卣"的自名。但是也有学者对其提出异议，认为该器自名应释为"㽵"，而非"卣"。所以认为将提梁壶称为"卣"是缺乏依据的。西周早期提梁壶有自名为"甫"或者"㽵"，甫字与壶字古音相近，这类从北宋以来被误称作"卣"的器物，也许本名就应该是"壶"。孙华认为自宋代以来，在给青铜器物定名和归类的过程中，将一些提梁壶划归卣类是错误的⑤。本书将六位学者对于五件在学术界备受关注的壶形器的不同认识列成对照表（表1—1），从表中我们不难看出，这六位专家未对五件壶形器中的任何一件达成共识。

本书虽涉及考古学领域，但不属考古学研究的范畴，对于考古学专家学者们都没有完全定下结论的问题，本书不敢妄下推论。

第二，将"盉"也列入研究的范围，主要是因为秦汉以后，青铜器

---

① 参见李孝定《甲骨文字集释》，载李济《殷墟青铜器研究》，上海人民出版社2008年版，第397—398页。
② 参见李济《殷墟青铜器研究》，上海人民出版社2008年版，第398页。
③ 王国维：《观堂集林》（卷三），中华书局1959年版，第147页。
④ 马承源：《中国青铜器》，上海古籍出版社2003年版，第216—217页。
⑤ 参见孙华《商周铜卣新论——兼论提梁铜壶及铜匜的有关问题》，载《洛阳博物馆建馆四十周年纪念文集》，科学出版社1999年版。

物渐渐从先民的生活用器中消隐，取而代之的是漆器、瓷器等，而在漆器、瓷器、金银器中的"壶"形器通常具有一个功能体——管状"流"（即壶嘴），在先秦青铜器物中唯有"盉"和"角"具备这一特征，角是饮酒器，主要见于商代遗物，早期的角有管状流，之后形制与爵渐同，容积是爵的四倍。西周时期即已消亡。

表1—1　　　　　六位学者对于"壶"与"卣"的形制不同认识对照表

	马承源①	朱凤瀚②	张亚初③	王辉④	高西省⑤	曹玮⑥
郑州向阳兽面纹壶（卣）	壶	卣	—	—	—	卣
盘龙城李家嘴细颈提梁壶（卣）	壶	卣	—	卣	—	—
四祀邲其壶（卣）	壶	—	壶	卣	壶	—
小屯壶（卣）	壶	卣	—	卣	壶	—
伯矩壶（卣）	壶	—	—	卣	—	—

第三，无论是"卣"还是"盉"，都具有现代人对于"壶"的认知的某些共同特点：卣，有提梁；盉，有盖，有流。同时，壶、卣、盉在先秦青铜器中都被归属于酒器。

所以，本书拟从造物史研究的角度，以现代人对于"壶形器"认知的视角，以设计学研究的方法将"壶"、"卣"、"盉"归作"壶形器"作相关研究。

四　造物史与设计史

关于造物与设计产品的区别，李砚祖先生在《造物之美》中这样写道："所谓造物，即指人工性的物态化的劳动产品。是使用一定的材料，

---

① 参见马承源《中国青铜器》，上海古籍出版社2003年版。
② 参见朱凤瀚《古代中国青铜器》，南开大学出版社1995年版。
③ 参见张亚初《商周卣壶考述》，载《容庚先生诞辰百年纪念文集》，广东人民出版社1998年版，第360页。
④ 参见王辉《卣之定名及其他》，载《容庚先生诞辰百年纪念文集》，广东人民出版社1998年版，第371页。
⑤ 参见高西省《西周青铜壶研究》，载宋镇豪、郭引强、朱亮《西周文明论集》，朝华出版社2004年版，第116—131页。
⑥ 参见曹玮《周原遗址与西周铜器研究》，科学出版社2004年版，第84页。

为一定的使用目的而制成的物体和物品，它是人类为生存和生活需要而进行的物质生产。造物活动是指人类造物的劳动过程、方式及其意义。"①"在造物的大千世界中，工艺美术或者说艺术设计的产品，属于艺术质的造物，而不同于一般的造物。作为艺术质造物的工艺文化，是人类用艺术方式造物的文化，它以其独特的艺术品格和文化累积性、承传性和深刻性而成为人类物质文化的代表。"② 由此可见，造物是比设计更为宽泛的范畴。人类最初造物的目的是"使用"，随着造物活动的不断发展，这个目的也逐渐被赋予新的内涵，如"实用"、"适用"、"美观"等，伴随着造物目的的不断丰富与明确，设计应运而生。造物作为人类生存能力的延续，从本质上来说，是人和工具的关系，是人类以技术在和自然相处中，如何把握自己的问题，而设计史中的艺术因素的分析也可归结到这一点上③。人类造物活动是早于设计活动而展开的，那么造物史也就是早于设计史而开篇的。从这个意义上来说，造物史应该比设计史的涵盖面更为宽广，它们之间不能完全地画等号，此其一。

其二，"造物"一词在英文中对应的是 creation，其主要含义是创造、创建等，"设计"一词在英文中对应的是 design，其含义有安排、规划、意图、图案等。"设计"这个词在汉语中，"设"与"计"各具含义，"设"有安排、构筑、建立等含义，"计"有计划、计算、策划等含义，《辞海》对于设计的释义有两个：分别是"（1）定下计谋。（2）在正式做某项工作之前，根据一定的目的要求，预先制定方法、图样等。"④ 所以造物史和设计史在字面的内涵上也是有区别的。

其三，广义上的"设计史"指的是 18 世纪英国工业革命以来，欧美等发达国家在面向生活的物质制造方面的"进步"历史，也是在全球化背景下欧洲中心文化的产物⑤，而本书以上古时期的物质制造活动为研究内容，"造物"二字更贴近先民创造活动的本质，同时也为了区别于"进步"历史，故用"造物史"来限定本书的研究范围。

---

① 李砚祖：《造物之美：产品设计的艺术与文化》，中国人民大学出版社 2000 年版，第 21 页。
② 同上书，第 23 页。
③ 参见杭间《中国的工艺史与设计史问题》，《装饰》2008 年第 1 期。
④ 夏征农、陈至立：《辞海》，上海辞书出版社 2009 年版，第 1989 页。
⑤ 参见杭间《"设计史"的本质——从工具理性到"日常生活的审美化"》，《文艺研究》2010 年第 11 期。

第二章　炼火攻金　执简驭繁

——先秦青铜"壶"形器的铸造技术与工艺

在青铜器出现以前，在华夏大地生活着的先民们一直使用木质、石质、蚌质、骨质等制作的器具，在距今13000年左右，开始使用陶制的器具。迄今为止，已知中国最早的陶器出土地是长江中游的湖南道县玉蟾岩、江西万年仙人洞及华北桑干河畔的河北阳原虎头梁[1]。这是人类运用"火"改变物质材料的本来属性，使其具有与之前截然不同的物质属性的创造性活动，也成为人类造物史上第一次质的飞跃。在陶器烧造成功之后，人类造物史的又一次质的飞跃当属铜的冶炼铸造技术的出现和逐渐成熟。人类能够成功冶炼青铜后，青铜就成为先秦时期制造器物的主要原料，可以说人类学会冶炼青铜是科技革命史上一个意义深远的成就[2]。

第一节　冶铸技术的开端

1819年，丹麦人汤姆森（Christian Jurgensen Thomsen）以丹麦皇家博物馆馆藏文物的制作材料为依据，提出了史前时代分为"石器时代"、"铜器时代"和"铁器时代"，1836年，他进一步将青铜时代定义为"以

---

[1] 参见严文明《稻作、陶器和都市的起源》，文物出版社2000年版，第6页。
[2] 参见陈振中《青铜生产工具与中国奴隶制社会经济》，中国社会科学出版社1992年版，第2页。

红铜或青铜制成武器和切割工具的时代。"① 张光直先生认为中国的青铜时代是指青铜器在考古记录中有显著的重要性的时期,这一时期大约是公元前 2000 年至公元前 3 世纪秦代止,至少持续了 1500 年之久②。中国的青铜时代是以大量的青铜礼器和兵器为主要特征,而非生产工具,青铜器具在社会生活中所具有的重要地位与其作为社会财富的主要构成成分是分不开的,由铜矿开采、冶炼、加工、制模、铸造、运输等一系列环节所建构的生产加工系统是以其背后强大的政治权力为支撑的,所以,对于先秦青铜壶形器的研究也要从这个系统的最初始环节开始。

一 冶铜术的萌生

人类历史上的任何一项重大的科技发明都必然与其产生时的生产劳动、生产力水平以及物质基础密不可分,新技术的产生都是植根于它所处的社会文明程度和生产力发展水平的基础之上的。冶铜术也不例外。冶铜术的发生是一个极其复杂的文化和技术现象,在人类历史发展的长河中具有划时代的意义。

对于中国冶铜术的起源及其发生发展的自身规律和特点的认识是探索中国古代文明起源中至关重要的问题。在我国古代的文献中,有许多和冶铜术相关的记载。

黄帝采首阳山铜,铸鼎于荆山下。

《史记·黄帝本纪》

禹收九牧之金,铸九鼎,象九州。

《史记·封禅书》

黄帝既与西王母会于王屋,乃铸大镜十二面,随月用之。

《黄帝内传》

昔夏之方有德也,远方图物,贡金九牧,铸鼎象物,百物而为之备,使民知神奸。

《左传·宣公三年》

---

① 杨建华:《外国考古学史》,吉林大学出版社 1999 年版,第 15 页。
② 参见张光直《中国青铜时代》,生活·读书·新知三联书店 1999 年版,第 2 页。

蚩尤以金为兵。兵有五,一弓二殳三矛四戈五戟。

《世本·作篇》

禹穴之时,以铜卫兵,以凿伊阙,通龙门。

《越绝书·卷十一》

这些文献记载的虽然多是古史传奇或神话传说,却也隐含着某些历史事实。因循这些文献记载提供的线索,结合考古发掘的实物资料和研究成果,我们尝试着探索和追寻我国冶铜术发生和发展的历史脉络。

人类对于铜的冶炼技术的认识,大概可以分为两步:首先是人类对于红铜的认识。所谓红铜,即粗铜,是自然铜,是一种软质金属,熔点在1000℃左右。其次便是对青铜的认识。所谓青铜,是红铜加锡、铅等的合金,因其颜色青灰而得名。加锡的目的是降低铜的熔点,加强铜液的流动性,以便于铸造,同时加锡也能提高青铜的硬度。由于原始先民烧造陶器的时候,已可以将窑温提升到1000℃,而青铜的熔点在700℃—900℃,这为冶铜、铸铜工艺的出现提供了必要的技术准备。

昔者先王未有宫室,冬则居营窟,夏则居橧巢。未有火化,食草木之实,鸟兽之肉,饮其血,茹其毛。未有麻丝,衣其羽皮。后圣有作,然后修火之利,范金合土,以为台榭宫室牖户;以炮以燔以亨以炙,以为醴酪。治其麻丝,以为布帛。以养生送死,以事鬼神上帝。皆从其朔。

《礼记·礼运篇》

通过《礼记》的描述,我们可以推断出,虽然上古之世人们对于物质文化发展的认识并不完整,但是对于"火"的利用,却充分体现出原始先民们对于高温技术和热能的运用。其间"修火之利"便强调了"火"在生产生活中的重要性,而"范金合土"则是指制作模范,熔铸金属器具。

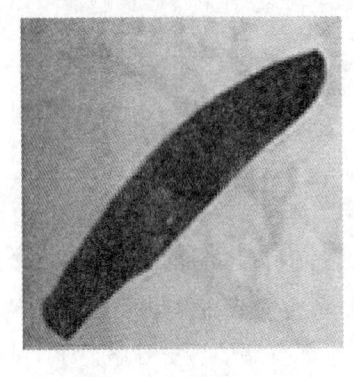

32　抚壶论道

图2—1　马家窑出土铜刀

一直以来，考古界对于"能否把青铜的萌生阶段称为'铜石并用时代'或者'红铜时代'"是存在争议的。据考古发掘的资料，迄今为止我国已知最早的铜件是1973年在陕西临潼姜寨仰韶文化遗址发现两件铜片。一件残缺成半圆形，含铜66.54%，含锌25.56%；另一件由铜片卷成管状，含铜69%，含锌31%，从成分上这两件铜片都属于铜锌合金的黄铜。[①] 这两件铜片出自一期文化层中，为仰韶文化中典型的半坡类型，距今约6600年。另据报道，辽宁建平牛河梁红山文化遗址出土有铜环，为红铜材质，含铜99%。[②] 而对于青铜是如何被发明的，专家们一直存在两种意见：第一种意见认为青铜是在冶炼红铜的长期实践中逐渐发明的，只有首先学会制造红铜器，才有可能进一步掌握合金技术。这也是多数学者的看法。第二种观点则认为在开采和冶炼红铜矿时，因为矿石成分不纯，含锡、铅等元素较多，冶炼不完全，便偶尔会炼出青铜。[③] 青铜与红铜相比具有熔点低、硬度较高、熔液的流动性好、便于铸造等优点，所以青铜一经发现，很快就替代了红铜。

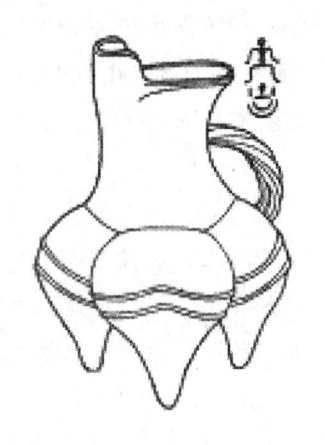

图2—2　周子孙匜（铜鬶）

目前考古发现最早的青铜器具为1975年甘肃东乡林家马家窑遗址出土的青铜刀（图2—1），单范铸成，年代是3000B.C.；甘肃永登连成蒋家坪马厂文化遗址出土的残铜刀，年代是

---

①　参见韩汝玢、柯俊《姜寨第一期文化出土黄铜制品的鉴定报告》，载西安半坡博物馆、陕西省考古研究所、临潼县博物馆：《姜寨——新石器时代遗址发掘报告》，文物出版社1988年版，第544—548页。

②　参见韩汝玢《近年来冶金考古的一些进展》，载《中国冶金史论文集》，北京科技大学出版社1994年版，第6页。

③　参见朱凤瀚《古代中国青铜器》，南开大学出版社1995年版，第5页。

2300B.C.—2000B.C.，都是青铜器。① 这表明，在公元前3000年至公元前2300年我国已经出现了青铜器物。青铜容器的出现较青铜器物的出现要晚一些。从考古发掘来看，属龙山文化晚期的山西襄汾陶寺3296号墓葬中出土铜铃较为典型，含铜量97.8%，合范铸造，是公元前两千年以前龙山文化时期的红铜铸造器②；河南登封王家岗遗址的龙山灰坑中出土的一件铜片，被认为是铜鬶腹与袋足的残片，据金相观察，含锡量大于7%，无疑属于青铜③，但未见完整的青铜容器。对于龙山文化晚期即有青铜容器的说法还只是考古学界的一种推论，并没有强有力的证据来证明这一推断。值得注意的是，《西清古鉴》卷三十二著录一件名为"周子孙匜"的铜器，卷中的说明这样描述道："右高九寸八分，深六寸三分，口径三寸四分，重九十二两，有流，有鋬，三足。"该铜器器形与龙山文化陶鬶的形制一致（图2—2）。该器久已佚失，考古研究所图书室藏有《西清古鉴》的着色残本，上有"乾隆御览之宝"等印章，当系清宫旧藏依据实物的着彩摹本，载有该器的具体形象，器身遍布绿锈并杂有褐斑，可以窥见实物的原貌，证实确有铜鬶的存在④。如果登封王城岗出土的青铜容器残片能得以证实的话，那将弥补从早期铜器到二里头三期青铜礼器之间的缺环，从而能够更加清楚地为人们展现中国古代青铜冶铸技术一脉相承的发展演变过程。

从所掌握的资料来看，最早的青铜容器，当属河南偃师二里头文化出土的青铜礼器，所出的爵、斝、鼎是已知最早的青铜礼器组合。它们用由多件范、芯装配而成的复合陶范制作，和其后的同类器件相比，虽形制较为原始，但器形规整，壁厚仅2毫米左右，已具有相当高的技艺水平。所有铜器都由铸造成形，已明确地显现了金属成形以铸造为主这一早期工艺传统的确定走向⑤，也标志着中华文明从二里头文化开始正式步入具有古代中国特色的"青铜时代"。

---

① 参见孙淑云、韩汝玢《中国早期铜器的初步研究》，《考古学报》1981年第3期。
② 参见张岱海《山西襄汾陶寺首次发现铜器》，《考古》1984年第12期。
③ 参见刘诗中《中国青铜时代采冶铸工艺》，江西科学技术出版社1997年版，第2页。
④ 参见安志敏《中国早期铜器的几个问题》，《考古学报》1981年第3期。
⑤ 参见华觉明《中国古代金属技术——铜和铁造就的文明》，大象出版社1999年版，第17页。

二 先秦铜业分布

新石器时代中晚期，由于石质工具的增多以及耕地面积的扩大，农业经济在原始先民的生活中逐渐占据主导地位。与此同时，畜牧业和手工业也得到了长足发展。随着劳动生产率的不断提高，劳动产品的不断增多，引发了人类历史上第一次社会大分工：畜牧业从农业中分离出来。（游牧部落从其他的野蛮人群中分离出来。）"在这一阶段工业的成就中，特别重要的有两件。第一是织布机；第二是矿石冶炼和金属加工。铜、锡以及二者的合金——青铜是顶顶重要的金属；青铜可以制造有用的工具和武器，但是不能排挤掉石器；这一点只有铁才能做到，而当时还不知道冶铁。"[1] 恩格斯的这段话告诉我们：到新石器时代中晚期，农业、手工业和工业技术的发展，为冶铜术的萌生提供了充分的技术准备和物质基础。

冶铜术的萌生有三个必要的条件：矿石资源、冶铸高温以及还原焰[2]。前者属自然条件，而后二者则与制陶技术的发展水平有着不可分割的联系。铜矿资源是冶铜技术萌生的首要条件。常见的含铜矿石有：孔雀石、硅孔雀石、绿松石、磷铁铜矿等。其中孔雀石的含铜量最高，达57.4%，硅孔雀石的含铜量为33.%，绿松石的含铜量为7.8%，磷铁铜矿的含铜量最低，仅为6.4%。

先秦时期的铜器种类繁多，有烹饪器（蒸煮器）、食器、水器、酒器、兵器、乐器等，仅曾侯乙墓就出土青铜器6239件，总重量约10.5吨[3]。以此我们可以估量出先秦时期青铜的用量是惊人的。

然而，古代文献的记载以及现代地质勘探的资料都表明，安阳、镐京、洛邑及其周边地区都没有大的铜矿资源。安阳地区虽有至今仍在开采的铜矿，但储量很小，远不能满足殷商时期铸造青铜器的需求。那么先秦时期大量青铜器铸造所用的铜料又是从哪里得来的呢？又是在哪里铸造而成的？

---

[1] [德] 恩格斯：《家庭、私有制和国家的起源》，人民出版社1999年版，第167页。

[2] 还原焰，也称"还原气氛"，指在烧窑时窑内空气不充分，由于缺少氧气而造成燃烧不充分的一种火焰气氛。如若充分供给窑内氧气，则称"氧化焰"，也叫"氧化气氛"。

[3] 参见王纪潮《曾侯乙墓和曾侯乙编钟》，载湖北省博物馆《曾侯乙墓：战国早期的礼乐文明》，文物出版社2007年版，第18页。

（一）长江中下游先秦矿冶遗址分布

迄今为止，已知最早的先秦采冶铜矿的遗址是江西瑞昌铜岭。该遗址位于今铜岭铜铁矿山一侧，分布范围大约 0.5 平方公里。主要矿物为次生的孔雀石和蓝铜矿，由露采、开挖槽坑转入地下开采，以及采用大型木槽选矿，均为国内首次发现。该矿已经采用井巷联合开拓，木支护结构随着年代循序演进。所出坑木经 C^{14} 测定的年代最早为商代中期，其后开采直至战国早期。该遗址另有陶器、竹器等具有时代特征的古时矿工生产生活用具出土，它们的年代与 C^{14} 测定的年代基本相符[1]。该遗址地处长江中游，规模之大和年代之久远都令人叹为观止，由于保存完好，受到学术界的高度重视。根据该遗址的考古发掘我们可知，商代中期的采矿技术业已完备，并已经具有了较高的技术水平，我们可以推断在其之前应该还有更为古老的铜矿。在先秦古籍中也有与铜矿分布或铜制品的产地相关的记载：

淮、海惟扬州：彭蠡既猪，阳鸟攸居；三江既入，震泽底定……厥贡惟金三品，瑶、琨、筱簜，齿、革、羽、毛惟木……厥包橘、柚，锡贡。沿于江、海，达于淮、泗。

荆及衡阳惟荆州：江、汉朝宗于海，九江孔殷，沱、潜既道，云土梦作乂……厥贡羽、毛、齿、革，惟金三品，杶、干、栝、柏，砺、砥、砮、丹，惟箘、簵、楛，三邦底贡厥名。

《尚书·禹贡》

东南曰扬州，其川三江，其浸五湖，其利金、锡、竹箭……荆州其利丹、锡、齿、革……

《周礼·职方氏》

燕之角，荆之干，妢胡之笴，吴粤之金锡，此材之美者也。

《周礼·考工记》

在先秦文献中我们看到的"金"并不是我们现在所指的黄金，而是

---

[1] 参见江西省文物考古研究所铜岭遗址发掘队《江西瑞昌铜岭商周矿冶遗址第一期发掘简报》，《江西文物》1990 年第 3 期。

"铜"。从上面这些记载中，我们可知古时的扬州、荆州是金、锡的主要产地。已知的先秦古矿冶遗址中以铜绿山古铜矿遗址最为显赫，其地理位置与文献中的"扬州"、"荆州"都不算太远，铜料的运输相对便利。该古铜矿遗址地位之显赫不仅因其规模最为宏大，也因它的科学技术内涵最为全面和丰富，对其进行的 C^{14} 年代测试的结果可知这一矿区最早的开采时间大约在殷早期，最迟的开采时间不晚于西周。[①] 就其 40 万吨的铜炼渣推算，古代提炼的红铜应当在 4 万吨左右。[②] 先秦时期值得关注铜矿冶遗址还有皖南古矿冶遗址群，迄今为止已发现先秦矿冶遗址近 20 处，主要包括凤凰山矿冶遗址、江木冲冶炼遗址、木鱼山冶炼遗址等。从皖南古矿冶遗址的分布面积、采炼规模、技术水平及其在先秦青铜文化中所起的作用，堪与古荆州矿冶媲美。[③]

长江中下游除江西瑞昌铜岭古铜矿遗址、湖北大冶矿区的铜绿山古铜矿遗址、皖南古矿冶遗址外，还有位于湖北阳新县开采于西周晚期至春秋早期的港下古矿遗址、丰山洞矿冶遗址，与铜绿山开采同期的位于湖北鄂州市的汀祖矿冶遗址，位于湘西沅麻盆地主要开采于战国时期的麻阳采矿遗址等。长江流域先秦时期冶铜业的兴盛表明这里是中国青铜文化赖以生存的物质基础，同时也是中国青铜时代重要的战略要地。

（二）黄河流域先秦冶铸遗址分布

黄河流域已知的古铜矿遗址以中条山矿区最为重要。其中山西省垣曲胡家峪铜矿的店头遗址所存门字形木支护构件经中国社科院考古研究所做 C^{14} 年代测定为距今 2315±75 年，树轮矫正年代 2325±85 年，约为公元前 4 世纪初，即战国晚期[④]。它的研究意义不仅是因为它是位于黄河流域的主要采冶基地，更值得重视的是它的地理位置临近夏县东下冯遗址、安阳殷墟、洛阳北窑西周铸造遗址和侯马晋国铸铜遗址。还有位于黄河中上游河套平原的照壁山遗址，已发现春秋时期的竖井、巷道、冶

[①] 参见胡永炎、胡静《铜绿山古铜矿遗址》，《湖北文史资料》1997 年第 3 期。
[②] 参见夏鼐《铜绿山古铜矿的发掘（代序）》载黄石市博物馆《铜绿山古矿冶遗址》，文物出版社 1999 年版，第 1 页。
[③] 参见华觉明《中国古代金属技术——铜和铁造就的文明》，大象出版社 1999 年版，第 48 页。
[④] 参见李延祥《中条山古铜矿遗址初步考察研究》，《文物季刊》1993 年第 2 期。

炼厂多处①。

　　作为中原文化区的中心，黄河中游地区的主要先秦历史遗存还包括大量的青铜器铸造遗址。位于河南省偃师县的二里头铸铜遗址，是我国迄今所知时代最早的大型铸铜遗址，该遗址第三期早商文化层出土了泥质熔铜残块以及铸造青铜的泥范和熔渣、青铜刀、青铜铃、青铜爵等。该铸铜遗址延续使用的时间有300年左右，从二里头遗址第二期到第四期一直存在，在我国考古学和冶金学研究中具有特殊意义。②

　　位于河南省郑州市商城以南的南关外铸铜作坊遗址，依据出土的同时代的陶器可以判断这里是商代前期的铸铜遗址。位于郑州市商城北墙外约300米处，是紫荆山铸铜作坊遗址，1956年曾在那里发掘出相当于商代中期的二里岗上层的房基、窖穴、铸铜场地等遗迹，还有孔雀石、木炭、铅块、铜渣、陶范，以及铜质的钺、镞、钩等。③位于河南省安阳市小屯东南1公里的苗圃北地铸铜作坊遗址，从考古发掘的情形推断该作坊的面积不少于1万平方米。该遗址出土了大量的铸造青铜方鼎、圆鼎、觚、爵、斝、卣、方彝的陶范，数量达三四千块。④位于殷墟的孝民屯铸铜作坊遗址经前后三次发掘，分东、西两区三处铸铜遗址，总面积超过五万平方米，是殷墟迄今为止发现的最大的一处商代铸铜遗址。在该铸铜遗址的历次发掘中，发现的铸铜遗迹有范土备料坑、范块阴干坑、大型青铜器铸造场所、与铸铜活动有关的祭祀坑等，最多的是原料取土坑和铸铜遗物废弃堆积。⑤目前发掘规模最大的一处西周铸铜作坊遗址是北窑村铸铜作坊遗址，它位于河南省洛阳市老城区北约1公里的北窑村一带，面积约28万平方米，已发掘的遗迹、遗物有房基、地下水管道、炼铜炉残块、烘范窑和大量铸造青铜器的陶范。出土的陶范不仅包括方鼎、圆鼎、甗、盉、卣、爵等青铜容器，还有青铜乐器、车马器、兵器和生产工具的陶范。另有铸造搭建青铜容器装饰的牛头范、羊头范、象

---

① 参见《中卫发现十多处古铜矿遗址》，《中国文物报》1990年12月13日第11版。
② 参见郑光《二里头遗址的发掘——中国考古学上的一个里程碑》，载中国先秦史学会、洛阳市第二文物工作队《夏文化研究论集》，中华书局1996年版，第66—80页。
③ 参见刘诗中《中国青铜时代采冶铸工艺》，江西科学技术出版社1997年版，第178页。
④ 同上。
⑤ 参见岳占伟、王学荣、何毓灵《河南安阳市孝民屯商代铸铜遗址2003—2004年的发掘》，《考古》2007年第1期。

头范等。从出土的陶范我们可以看出它是一处以铸造青铜容器为主，兼铸车马器、生产工具和兵器的综合性铸铜作坊。① 有代表性的东周时期的铸铜遗址有位于河南省新郑县东城内偏东部的大吴楼铸铜作坊遗址，分布面积约10万平方米，除发掘出土大量的陶范模具以外，还首次发现了春秋时期可以提高铸造工效的新型陶范——立式叠铸的镢范。② 位于山西省侯马市牛村古城一代的牛村古城铸铜作坊遗址，是东周时期晋国铸造青铜器的手工作坊遗址。该遗址分为两处，从两处铸造遗址出土铸造遗物的差异可以看出，当时晋国依据所铸造的青铜种类的不同而有了分工。牛村古城遗址出土了种类繁多的陶范，揭示了东周时期青铜器铸造技术及其工艺水平。③

三 青铜容器的发端

前文已提到，在制陶业发展到一定阶段，烧制陶器的窑内高温和还原焰技术的掌握，为铜器的冶铸提供了必要的条件。换个角度，我们也可以说，中国青铜冶铸业是在制陶业的基础上发展起来的。烧制陶器对窑内高温的控制为冶铸青铜创造了一个必备条件，还原焰技术的掌握为青铜冶铸提供了可能，原始陶器的形制为青铜器的铸造提供了必要的思路。在先秦文献中，常将"陶"、"冶"并提：

> 以粟易械器者不为厉陶冶；陶冶亦以械器易粟者，岂为厉农夫哉？且许子何不为陶冶，舍皆取诸其宫中而用之？何为纷纷然与百工交易？何许子之不惮烦？
>
> 《孟子·滕文公上》
>
> 昔者夏后开（启），使蜚廉折金于山川，而陶铸之于昆吾。九鼎既成，迁于三国。
>
> 《墨子·耕柱篇》

《孟子》中的"陶冶"指烧制陶器、冶铸农具的人。《墨子》中的

---

① 参见刘诗中《中国青铜时代采冶铸工艺》，江西科学技术出版社1997年，第181页。
② 同上书，第182页。
③ 同上。

"陶铸"就是指用陶范制作铜器，同时告诉我们在"夏"时先民已经掌握了用陶范铸造青铜的技术。王世襄先生曾经说过："任何一门艺术，到了某一时期，呈现出前所未有的灿烂光辉，因而被称为黄金时代，都是从它的前一时期的成就继承、发展而来的。"① 中国青铜器的黄金时代便是从原始陶器的成就继承发展而来的。对于青铜铸造而言，物质材料和技术条件的准备至关重要。铜矿资源的开采与冶炼为青铜器的出现提供了物质可能，先进的制陶技术则为青铜器的出现提供了技术准备。二里头文化作为中国青铜时代的开端，这一时期的遗址中出土的青铜礼器主要有：爵、斝、鼎、盉。盉，封顶，管状流立于顶侧，三空锥足，形同于同时的陶盉，惟顶部圆鼓、足带棱，与陶盉不同。②

在铸造工艺上，二里头遗址铜器的铸造技术都是块范铸造法，而且是从单范铸造发展到多范铸造，并采用了复合陶范法。由于铜器形制往往是仿自同期或略早的陶、石等器，所以铸造上还保留一定程度的原始性，代表着中国青铜器的起源和早期发展的重要阶段。③ 冶金史学者通过观察二里头文化第三期的陶范，认为当时在铸造过程中对泥范曾进行预热处理，以适应冶铸某些复杂器物的需要。其中技术含量最高的当属青铜盉和青铜铃的铸造。④ 金正耀等人对二里头遗址出土的青铜器的铅同位素比值数据表明，二里头文化的后期，已经开始

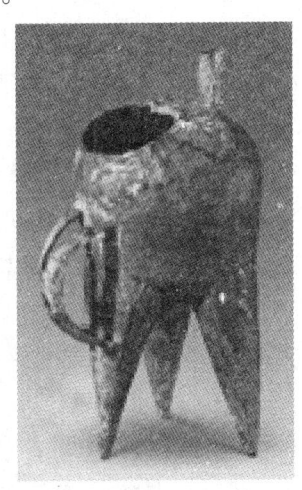

图2—3 铜盉（二里头）

尝试铸造高铅含量的青铜，而高铅的合金配比可以增强铜液的流动性，易于浇注成型，对于当时铸造器壁较薄、造型复杂的青铜容器来说，应用这一技术是非常必要的。这也反映出二里头文化晚期对于铅金属的性质已经有了较多了解。二里头遗址出土的铜盉（86YLⅡM1：1）（图2—

---

① 王世襄：《谈古论艺》，生活・读书・新知三联书店2010年版，第38页。
② 参见朱凤瀚《古代中国青铜器》，南开大学出版社1995年版，第595—597页。
③ 参见梁宏刚、孙淑云《二里头遗址出土铜器研究综述》，《中原文物》2004年第4期。
④ 参见李京华《关于中原地区早期冶铜技术及相关问题的几点看法》，《文物》1985年第12期。

3）经专家焊接修复而呈现当初的形态，錾细小，三空心锥状足。该铜盉几乎找不到铸造的范线，专家推测至少采用了两或三块外范、一块腹部泥芯、一块錾的泥芯、一块足底范组成铸型①。金正耀认为二里头早中期的锡青铜铸造、稍晚的铅锡青铜的发明，都是夏代青铜工艺的重要成就，可以说，青铜时代主要合金类型锡青铜和铅锡青铜的配置技术，在夏代已经基本形成，并为商代青铜文明的高度发达奠定了基础②。

第二节　范铸技术的形成与发展

商周青铜器因其形制与纹饰所具有的鲜明的民族特点和时代风貌，而被公认为中国古代文明的象征、民族文化和艺术的瑰宝。其铸造技术之精湛，为世人所称誉，在世界艺术史和冶铸史上都有着重要的历史地位。克里尔曾说过："就是把欧洲和美国最好的铸造技师集中到一起，采用现代的冶铸技术，也很难做得比商周青铜器更好。"③ 香取忠彦也盛赞中国古代的青铜器，将其推崇为"世界最有名的艺术珍品"④。第一个运用现代科学技术对中国青铜器进行研究的美国学者盖顿斯（R. J. Gettens）曾不无感慨地说："也许商周青铜器铸造的秘密，需要等到下一代才能最终得以揭开。"⑤

然而，仅仅凭借有限的文献记载我们是很难窥见商周青铜冶铸工业的全貌的，我们只能依托于考古研究工作者的研究成果来梳理出商周青铜冶铸技术发展的主要脉络，并依此推断出青铜壶形器形成之初最基本的物质材料准备情况。

---

①　参见廉海萍、谭德睿、郑光《二里头遗址铸铜技术研究》，《考古学报》2011年第4期。
②　参见金正耀《二里头青铜器的自然科学研究和夏文明探索》，《文物》2000年第1期。
③　H. G. Creel, Studies in Early Chinese Culture, First Series, American Council of Learned Societies, Studies in Chinese and Related Civilizations, No. 3, 1938.
④　[日]香取忠彦：《古代铸造技术》，《金属》1976年第8期。
⑤　R. J. Gettens. The Freer Chinese Bronzes. Vol. II, Technical Studies. Freer Gallery of Art, Oriental Studies, No. 7, Washington. C. 1969.

一　冶铸器具的实用性

商代的青铜铸造技术已经发展到了一个较高的水平。目前发现的商代铸铜遗址规模都比较大，根据这些遗址出土的大量的陶范、泥芯、陶模、坩埚、铜炼渣等遗物，可以明显地看出当时青铜冶铸技术的水平及其规模。根据这些出土的遗物我们还可以看出商代铸造青铜器已经有了明显的分工，有的铸铜作坊铸造生产工具，有的生产礼器，有的生产武器等，极大地提高了生产效率。

商代青铜器的铸造器具主要是熔炉和模、范等。

目前已知的商代前期铸铜遗址主要是前文提到的郑州市南关外铸铜遗址和紫荆山北地铸铜遗址。根据两个遗址出土的遗物来看，商代前期的熔铜工具主要有三种：

第一种是泥质灰陶大口尊改制成的熔铜坩埚，口径36.8厘米、壁厚2厘米、残高55.4厘米。这是二里冈商文化常见的一种器物，改制时在器壁内外都涂有较厚的草拌泥，以加固器壁，由于高温，器内壁都变成了青灰色，并附有一层铜渣。[①]

第二种是砂质红陶大口缸改成的熔铜坩埚，大小与泥质灰陶大口尊相近，都只适宜铸造小型的青铜器物。其耐火程度要比泥质灰陶大口尊高，所以只在外壁涂草拌泥。经过高温，缸的胎壁都烧成了砖红色，内壁也黏附有一层铜渣。[②]

第三种是用黏土堆制而成的坩埚，外部敷有较厚的草拌泥，椭圆形口。坩埚内外黏有一层铜渣，有的口部还有破裂痕迹，可能是由于高温形成的。此外在郑州南关外遗址还发现有铜制的鼓风嘴，其用于何种工具尚不能肯定，估计是用于较大型的炉式工具。[③]

商代后期的铸铜技术进一步发展。目前已知的主要商代后期铸铜遗址是前文提到的殷墟苗圃北地铸铜作坊遗址和孝民屯铸铜作坊遗址。根

[①] 参见杨育彬《夏和商早、中期青铜器概论》，载中国青铜器全集编辑委员会《中国青铜器全集（1）夏商（1）》，文物出版社1996年版，第51页。转引自李玉洁《黄河流域的青铜文明》，科学出版社2010年版，第89页。

[②] 同上。

[③] 同上。

据商代后期铸铜遗址的情况分析，商代后期的常见熔炉大致也有三种：

第一种是土炉式熔炉，即建筑在地面上的竖炉。由出土的熔炉残块可以得知，炉底与炉壁相交处有一直径约5厘米的洞口，据发掘者推测，可能是铜液的出口①。

第二种是土坑式熔炉。土坑呈圆形或者椭圆形，口径约1米，深约0.5米，平底或者圜底。坑壁上平抹有草拌泥，被烧成流。② 以上两种熔炉体积较大，都是用来铸造大型青铜器时使用的。

第三种是小型陶制炼铜器皿夹砂炉，即商代前期常见的坩埚。质地包括粗砂硬胎和细沙泥胎两种。陶质均很坚硬，是铸造小型青铜器的工具。③

商代后期用于青铜器铸造还有一种被称为"将军盔"④ 的陶质器具，该器具大口、口沿外张、圆唇、深腹、腹壁斜直、下腹收敛成尖状、小平底。较小的将军盔高30厘米左右、口径20余厘米、壁最厚处3厘米，较大的将军盔高超过40厘米、口径在30厘米以上、壁最厚达5厘米以上，质地均为夹砂粗红陶。⑤ 根据出土的将军盔的内壁保存有较厚的铜渣，以及内壁比外壁的火烧痕迹严重等使用痕迹，专家推断将军盔的用途有两种：熔铜和浇铸。⑥

上述商代各种不同类型、不同大小的熔铜设备熔化铜的方法皆属于"内加热"式。这种加热方式不同于古代西方外加热的坩埚熔铜法，"内加热"可以达到更高的实际熔铜温度，且由于木炭与铜接触，避免了铜液的氧化。"外加热"时，铜液易被氧化，所以还需在浇注前进行脱氧，"内加热"法则无须此程序，因而"内加热"法节省了劳动，提高了铸件的质量⑦。

---

① 参见中国社会科学院考古研究所《殷墟发掘报告（1958—1961）》，文物出版社1987年版，第58页。

② 同上。

③ 参见朱凤瀚《古代中国青铜器》，南开大学出版社1995年版，第498页。

④ "将军盔"因其形状颇似戏剧剧装之将军盔，参加殷墟发掘工作的工人戏以此为称，后来就成了此种铸铜器皿的专用名称。

⑤ 参见李玉洁《黄河流域的青铜文明》，科学出版社2010年版，第91页。

⑥ 参见朱凤瀚《古代中国青铜器》，南开大学出版社1995年版，第498页。

⑦ 同上书，第500页。

> 凡铸金之状，金与锡，黑浊之气竭，黄白次之；黄白之气竭，青白次之；青白之气竭，青气次之，然后可铸也。
>
> 《考工记·攻金篇》

先秦时期没有现代的温控设备，对于铜溶液温度的控制是靠眼睛来判断的，《考工记·攻金篇》的这段文字就告诉我们，熔铸青铜时，随着温度的升高，合金的颜色会逐渐改变。由于合金热辐射的规律与温度有关，所以古人根据热辐射的颜色和温度之间的关系来掌控合金的浇铸温度，是有科学依据的。将需要冶炼的铜、锡加入熔炉，在温度较低的时候，合金主要发射红外线，人的肉眼是观察不到的，所以呈"黑浊之气"；随着熔炉内的温度不断升高，可见光的辐射逐渐为肉眼所感知（可见光的波长范围为7700—4000埃），波长不同的辐射光的颜色不同，肉眼可见光的颜色依次为黄白、青白、青，这个颜色的变化真实而科学地表达了用肉眼观察到的合金的单色发射本领最大值自长波段向短波段推移的过程。可以说《考工记》所言"铸金之状"，就是用肉眼来观测的一种光测高温技术[①]。

二 铸造方法的科学性

马克思说："各种经济时代的区别，不在于生产什么，而在于怎样生产，用什么劳动资料生产……机械性的劳动资料比只是充当劳动对象的容器的劳动资料更能显示一个社会生产时代的具有决定意义的特征。"[②]

商代的青铜铸造方法主要是块范法。块范铸造法在二里头时期就已开始使用，是应用最为广泛和普遍的青铜铸造方法，前文提到的二里头时期的铜盉就是使用块范法铸制的。这种方法的制作大致可以简述如下：以铸造形制较为简单的青铜壶形器为例，先根据预铸壶形器的形状用陶土制成模型，铸造工艺上被称为"模"或"母范"；然后再将陶泥依次敷在模型的外面，得到预铸件外廓的铸型组成部分，在铸造工艺上称为"外范"，外范之间有"榫卯"连接，以便于从模上脱下；"母范"和

---

① 参见戴吾三《考工记图说》，山东画报出版社2003年版，第50页。
② ［德］马克思、恩格斯：《资本论》（第一卷第三篇第五章），人民出版社1975年版，第204页。

"外范"制好后,还要用泥土制成一个体积与容积内腔相当的"芯",通称为"内范",然后使外范与内范套合,外范与内范中间的间隔即是预铸器物的厚度;最后将熔化的铜液注入此空隙内,待铜液冷却后,除去"外范"与"内范"即得到所欲铸器物。块范法分为浑铸法和分铸法两种。

浑铸法多用于可一次性完成铸造的器形较为简单的青铜器物。该方法先将范、模、芯制好,将器身范、附件范组合到一起,然后浇铸铜液,完成青铜器物的铸造。二里冈时期的圆鼎、斝等器物,根据其器底的范痕推断都是浑铸法一次铸成。

分铸法过去曾被认为是春秋时期才出现的青铜铸造方法[1],近年来的考古发掘证实,这种铸造方法不仅在商代已被运用,且在商代前期的二里冈文化时期已经被运用于青铜器的铸造中。分铸法是指铜器经多次浇铸完成,主要用于器物上的附件的浇铸,如提梁壶上的提梁等附件多是运用分铸法完成铸造的。分铸法又分为后铸、先铸和插接三种形式。根据青铜器铸造技术的发展序列,是先有后铸法,再有先铸法。后铸法是先铸器物的主体部分,然后再在其上浇铸附件。例如妇好鸮卣的錾就采用后铸法,立耳有芯,耳在根部断裂,鸮卣顶部有预铸的接榫,为增加局部强度,还特地将卣体的泥芯去除一部分,因此鸮卣的内壁形成凸块。[2] 先铸法是先将附件浇铸好,在铸造器物主体部分的时候将附件放入主体部分的陶范中,再进行浇铸。插接法是分别铸造器物的主体和附件,铸造主体时在附件的位置预留孔洞,等附件铸好后,将附件插接到主体上。商代晚期是"后铸法"和"先铸法"并存且以"后铸法"居多。[3]

图2—4 兽面纹提梁壶

---

[1] 参见郭宝钧《关于戟之演变》,载郭沫若《殷周青铜器铭文研究》,科学出版社1961年版,第209—218页。

[2] 参见华觉明《中国古代金属技术——铜和铁造就的文明》,大象出版社1999年版,第137页。

[3] 《安阳殷墟五号墓座谈纪要》,《考古》1977年第5期。

  1982年河南省郑州市向阳食品厂窖藏出土的兽面纹提梁壶（图2—4）就是反映商代前期高超青铜铸造水平的器物，它运用多范分铸而成，先用两块外范铸好套环链，然后把套环链的一端在铸盖钮时与之相连，另一端穿以先铸的半圆形铜环并和后铸的提梁相焊接；用四块腹外范、一块内范以及四块半圆形外范合铸成带半圆形环耳的壶体；铸提梁时，在二环耳内各加一块小范，提梁浇铸后，去掉小范，形成间隙，使提梁通过环耳和壶身相连，而又能活动，正是出于对分铸技术的运用，才解决了几个部件既相连又不可拆卸的技术难题，从而向铸件复杂化迈进。

表2—1　　　　殷墟出土青铜"壶"形器的铸造工艺分析比对

类别	器名	器物编号	形制	轮廓大小		铸造方法	铸造工艺		浇注位置
							制范	制芯	
圈足器	方壶	791	长方口高圈足	通高	64.4	分铸	壶颈8 壶腹8 龙头4×2 盖体8 顶范1 盖钮4	壶体1 圈足1 龙头1 盖纽1	壶体出圈足端部立浇
				盖高	16				
	卣	765	带盖，有提梁	通高	33	分铸 套环先铸，提梁、盖钮分铸，多次焊接	卣体2 卣盖1 盖钮2 套环2 半圆环2×2 提梁4	卣体1 圈足1 卣盖1 提梁1	卣体由圈足端部立浇，卣盖由底部浇注
				口径	8.7				
三足器	盉	858	小口，环耳，款足，素面	通高	38.7	分铸 鋬后铸	盉体3 流2 鋬2	盉体1 流1	盉体由足端立浇

资料来源：华觉明《中国古代金属技术——铜和铁造就的文明》，大象出版社1999年版，第145—146页。

殷墟出土有附饰和附件的盉、卣、方壶等都采用了分铸法（见表2—1），说明这一时期分铸法已发展得较为完备，为铸造复杂的器物提供了可能，同时也实现了对器物使用功能的要求，分铸法的熟练组合运用，昭示了这一时期青铜铸造工艺的成熟性。殷墟出土有铸造工艺十分复杂的青铜卣，卣体两侧铸有半圆形的耳，其上用类似铆接的铸接方式加铸提梁。由于环耳里侧敷有泥料，浇注后除去，形成间隙，使提梁略能活动但不能与卣分离。盖和纽之间的套环是预先铸就在铸接纽和盖前放入的，套环两端的圆孔中又穿以先铸的半圆形铜环，在浇注提梁时和梁铸接[1]。伯各卣的提梁就是采用这样的铸接方式，提梁能有相对的转动空隙，以满足功能的需要。

焊接法是分铸法发展到一定阶段的技术进步，它的铸接方式不是采用后铸、先铸和插接的方法，而是将同一器物的每个部件都分别铸造完成，然后用熔点较低的铅锡合金焊料将各部件组合到一起。通常认为焊接法是春秋时期被广泛采用的青铜铸造方法，和早期的分铸法不同的是，早期的分铸法是先铸主体，附件后铸，此时则可以采用附件先铸，或者附件和主体分别铸造的方式。曾侯乙墓出土的联禁铜对壶就是使用这种铸造工艺制作完成的，从该壶器表经过打磨的范痕看，该壶的壶体分三次铸接，器内壁有凸起的铸痕，龙耳是经焊接法焊接于壶身，该对壶也是迄今为止出土的最大铜壶。

分铸法的使用解决了一些运用浑铸法不能完成的铸造问题，不仅改进了铸造工艺，提高了生产效率，而且分别铸制的范片、附件等对于已熟练掌握浑铸技术的人而言，铸造这些"零件"可谓是"易如反掌"，华觉明认为郭宝钧先生以"执简驭繁，寓巧于拙"来评价中国青铜时代的青铜铸造技术观念及其工艺体现是非常中肯的，同时他还认为这个概括甚至可以被作为中国传统手工制造业的通行法则。[2] 总的来看，随着铸造技术的不断发展，先秦时期的壶形器多是由多种铸造方法与工艺结合铸制的，铸造技术的发展也为壶形器器形的丰富与多变提供了可能。

---

[1] 参见华觉明《中国古代金属技术——铜和铁造就的文明》，大象出版社1999年版，第140页。

[2] 参见华觉明《观念转变与技术创新——以陶范铸造和失蜡法为例》，《自然辩证法通讯》1999年第1期。

三 范铸技术的规范化

器物形制的发展演变总要经历一个由简入繁的过程，总是先有主体的器形，然后再逐步增设附件和功能体。从青铜冶铸技术的发明到殷商时期，青铜器的铸造方法不论是浑铸法还是分铸法，都已逐渐形成了一套完整的制作规范。

浑铸法浇铸青铜器主要分以下几个程序[1]：

（1）制模。模亦称为"母范"，原料可以选用陶或木、竹、骨、石各种质料，已铸好的青铜器亦可以用作模型。具体选用何种质料要视铸件的几何形状而定。[2] 对于壶形器来说多是选用陶土，以便于铸塑。根据所要铸造的器物的形状用陶土制成泥模，并刻画上纹饰，阴干焙烧后成为陶模。泥模的制作可以分为全模和分模。全模是指将直接制成器物的完整形状作为模，主要用于铸制小型的鸟兽尊或不对称形的小件器物。分模即分型制模，是指利用器物的对称性，模子只做成相当于器形的一部分，重复使用就可以代替全模[3]，有效地提高了生产效率。

（2）制范。包括制作外范和内范。商代制范的材质主要有石范和泥范两种，石范主要用于铸造简单的生产工具和兵器，广泛使用的是泥范铸造，壶形器都是使用泥范铸造。外范铸造分为两种：整模制范和分模制范。整模制范又分为泥片堆贴和夯筑两种方式。从模上翻范的技术性很强，是块范铸造法的中心环节。外范的制法是先用薄泥片印在模上，而后再将泥片加厚而成。腹范的厚度视铸件之大小而定，小件器物的腹范一般厚2—3厘米。实验证明，翻范时必须掌握好挤压泥范时的方向与力度，使泥与模紧密贴合，不使之推移，才能将模上的花纹完整而清晰地翻印在范上。翻花纹需使用分型剂。花纹较复杂者一般都是从模上翻下来，但有的纹饰（如弦纹）则可能是在腹范上雕刻而成的。商到春秋早期，纹饰图案皆用手工刻成。几块腹范的范泥不是同时一起堆贴到模

---

[1] 参见朱凤瀚《古代中国青铜器》，南开大学出版社1995年版，第528—535页；中国青铜器全集编辑委员会《中国青铜器全集（1）夏商（1）》；杨育彬《夏和商早、中期青铜艺术概论》，文物出版社1996年版，第16—17页。

[2] 参见朱凤瀚《古代中国青铜器》，南开大学出版社1995年版，第528页。

[3] 参见北京钢铁学院中国冶金简史编写小组《中国冶金简史》，科学出版社1978年版，第28—29页。

上的，而是逐次堆贴的，当第一块范泥堆贴好后，将分型面修齐并挖出榫、卯，涂上分型剂，然后再在模上继续贴另一块范泥①。榫卯结构使在合范时不至于错位。外范制好后，还需分范，分范的方式有两种，分别是垂直分范和水平分范，一般从器物的范缝就可以分辨出该器物是使用何种分范方法。从二里头遗址出土的青铜盉等器物器壁匀薄等特点，专家认为二里头时期已经掌握了比较合理的分范技术和各范之间的严格定位技术②。从安阳孝民屯东南地出土的陶范来看，商代普遍采用水平方向的分范方法，这种工艺利于控制外范的大小与高度，也方便外范脱模，降低了外范在制作过程中变形的可能性。湖北省博物馆藏垂鳞纹方卣（图2—5），该卣的提梁遗失，专家通过对该器的分析，认为该器铸造盖、器均使用四块外范，范缝经过扉棱靠短边的一侧。圈足和器盖内各设长方形的底范和芯范，由于与外范的界限不规整，因此该卣的器口与圈足底边边缘不甚平直。

图2—5 垂鳞纹方卣

内范也被称为"泥芯"，经专家复原研究制法有三种：第一种制法是翻制好外范后，利用模子来制内范。这种方法是将模型表面进行削刮，削刮的厚度即是即将铸造的青铜器器壁的厚度③，对于这种制法学术界存在不同的看法，认为该方法存在局限性，不适宜广泛运用。第二种制法是把模型制成空心的，从其腹腔中脱出芯④。第三种是利用外范制芯。

（3）合范。通过预留在内外范上的榫卯或者支钉、定位销等，将制好的内外范组合起来，使其扣合严密。然后将其外壁涂抹草拌泥，使其在干燥过程中受到约束，减少变形，并保证范的严密性。之后将其放在适宜的环境中阴干，最后入窑烧造，烧制成一套完整的陶范。一般研究

---

① 参见朱凤瀚《古代中国青铜器》，南开大学出版社1995年版，第531页。
② 参见廉海萍、谭德睿、郑光《二里头遗址铸铜技术研究》，《考古学报》2011年第4期。
③ 参见万家保《古代中国青铜器的失蜡法和块范法铸造》，《大陆杂志》1984年第2期。
④ 冯富根、王振江、白荣金：《商代青铜器试铸简报》，《考古》1980年第1期。

人员会根据器表的范缝推断铸制器物时使用内外范的情况和合范的技术。方壶和圆壶的合范技术基本相同，以湖北省博物馆藏曾中斿父壶为例，外腹范四块，器表四角有明显的范缝痕迹。

（4）浇注。青铜器的浇注是将范埋入砂中，以防"跑火"。烧制好的陶范立即进行浇铸，可以防止浇铸中产生气泡。如果陶范已经冷却，需要对陶范进行预热，方可浇铸。浇铸时要在陶范外涂抹草拌泥以加固陶范，留出与外范相对应的浇口和排气排渣的冒口（冒口仅在铸造大型青铜器时才用），将坩埚中的铜液从浇口中浇入陶范。三足器、四足器等容器的浇口设在足端。三足器中的一足为浇口，另两足为排气孔。四足器可能两足作浇口，另两足排气。圈足器浇口设在圈足端部，圆形容器按腹部分型面，小件器物有二、三、四分浇口，大型器物有三、六分浇口。方形器物，小件有两个浇口，大件有2—4个浇口。底部中心常有条形残茬，应是排气孔。总之容器是倒着浇铸的，这样气孔、渣滓都集中于器底。器物上部较为致密，较少瑕疵，花纹清晰美观。①

（5）脱范修整。待铜液冷却后，脱掉陶范，然后对青铜器器表进行打磨、锯锉，去除多余的毛刺、铜屑等，使青铜器表面光洁，纹饰清晰完整。

浑铸法主要用于铸造器形简单的器物，它是分铸法的基础，对于形制较为复杂的青铜壶形器来说，则多是采用每一个组件先由浑铸法铸造而成，最后以铸接法组合成器的分铸法铸造而成的。从安阳孝民屯东南地殷代铸铜遗址发掘出土的480件卣范分别有：卣盖范（图2—6）、盖钮范、卣腹范、提梁范等均说明殷商时期已经熟练掌握分铸法，并运用其铸造形制较为复杂的器物②。

如果说浑铸法的规范化操作为青铜壶形器的批量生产提供了可能，那么随着青铜铸造技

图2—6　卣盖范

---

① 参见刘诗中《中国青铜时代采冶铸工艺》，江西科学技术出版社1997年版，第127页。
② 参见岳占伟《2000—2001年安阳孝民屯东南地殷代铸铜遗址发掘报告》，《考古学报》2006年第3期。

术的不断进步，铜质芯撑的使用则为青铜壶形器形制的规范提供了保证。早期铜器铸造器壁均匀是依靠工匠对于铸造技术的掌握，芯撑的使用则能保证所铸器物器壁都是均匀的。早期的芯撑多采用泥质，由于泥质芯撑与泥范质地相同，铸造会出现孔洞，还需修补，铜质芯撑则解决了这个问题。1989年江西省文物考古研究所在新干县大洋洲商墓中发掘出土了一件晚商时期的兽面纹方卣（图2—7），该卣通高27.8厘米，口径7.3厘米，腹宽11厘米，圈足径8.3厘米；有盖，盖顶设一盘蛇钮，钮一侧与提梁相连；圆敞口，细颈，斜肩，肩两侧置扁平提梁，提梁两端铸龙首；腹部呈方形，四面中央各开一长方形十字孔道，四孔相通连，水平断面为十字形；腹下为外撇圆形镂孔高圈足。[①] 该卣最为突出的特征是其器腹的十字孔道，据研究人员介绍铸造这样的孔道，腹芯须有相应的十字形空腔，内装体形略小的十字形泥芯，泥芯须由三件小芯拼合而成，四个芯端分别安装与四件腹范相应部位的芯座中，腹芯空腔和十字形泥芯之间的配合必须十分精确，方能保证一定的壁厚，不致因安装不当而出现孔洞。[②] 这些都说明在范铸技术不断成熟的基础上，规范化成为技术的新追求。

图2—7 兽面纹方卣

四 合金配比的标准化

前文我们已经提到，青铜是红铜加锡、铅的合金，加锡和铅的目的是为了降低铜的熔点，加强铜液的流动性，以便于铸造，同时加锡也能提高青铜的硬度。既然是合金，那么铜、锡、铅的比例又是如何决定呢？铜、锡、铅的比例不同，青铜的质地一样吗？

[①] 参见孙华、李水城、李宗山《中国文物大典》，中国大百科全书出版社2001年版，第111页。

[②] 参见华觉明《中国古代金属技术——铜和铁造就的文明》，大象出版社1999年版，第151页。

> 攻金之工：筑氏执下齐，冶氏执上齐，凫氏为声，栗氏为量，段氏为镈器，桃氏为刃。金有六齐：六分其金而锡居一，谓之钟鼎之齐；五分其金而锡居一，谓之斧斤之齐；四分其金而锡居一，谓之戈戟之齐；三分其金而锡居一，谓之大刃之齐；五分其金而锡居二，谓之削杀矢之齐；金、锡半，谓之鉴燧之齐。
>
> 《考工记·攻金篇》
>
> 金柔锡柔，合两柔则为刚。……白所以为坚也，黄所以为韧也，黄白杂，则坚且韧，良剑也。
>
> 《吕氏春秋·别类篇》

从这些先秦文献中我们可以获知，通过长期的实践摸索，古人不仅了解在红铜中加入不同比例的锡所得到的合金的质地是不一样的，而且他们还将这样的发现运用到不同类型器物的铸造中，使青铜合金的性能符合所要铸造器物的要求。《考工记》中关于"六齐"的配比标准的记载也是世界上最早关于铸造青铜器物所用合金成分比例的明确记载[1]。对于其中"金"的含义，专家对其持不同的意见。有的专家认为"金"就是指铜，也有的专家认为"金"是指青铜合金，由于对"金"字的理解不同，对《考工记》中所记载的"六齐"的比例也就产生了不同的观点（见表2—2）。

虽然专家对于"六齐"的配比认识不一，但从形式上看，"六齐"排列规整，以"钟鼎之齐"为首，"金"与"锡"的比例成反比，依次递减与递增，正如陈梦家先生所说"这种合金公式代表战国时代整齐化了的方式"[2]。有专家对979件先秦青铜器的1040件样品做了检测试验，其结果是先秦青铜器的含锡量主要介于4%—20%，虽然与"六齐"记载的比例有所出入，但是金、锡含量从"钟鼎"向"鉴燧"的递减与递增的趋势是没有改变的[3]。

---

[1] 参见戴吾三《考工记图说》，山东画报出版社2003年版，第42页。
[2] 参见陈梦家《殷代铜器的合金成分及其铸造》，《考古学报》1954年第7期。
[3] 参见苏荣誉、华觉明、李克敏《中国上古金属技术》，山东科学技术出版社1995年版，第307页。

表 2—2　　　　　　　专家对"六齐"铜锡含量观点对比表

	戴 震	梁 津	陈梦家	郭宝钧	王 琎	张子高
	合金：锡	合金：锡	合金：锡	铜：锡（%）	合金：锡（%）	铜：锡（%）
钟鼎之齐	6:1	6:1	7:1	85.71:14.29	83:17	86:14
斧斤之齐	5:1	5:1	6:1	83.33:16.67	80:20	83:17
戈戟之齐	4:1	4:1	5:1	80:20	75:25	80:20
大刃之齐	3:1	3:1	4:1	75:25	67:33	75:25
削杀矢之齐	5:2	5:2	7:2	71.43:28.57	60:40	71:29
鉴燧之齐	1:1	2:1	2:1	66.66:33.33	50:50	67:33

资料来源：梁津：《周代合金成分考》，《科学》1925 年第 10 期；陈梦家：《殷代铜器》，《考古学报》1954 年第 7 期；郭宝钧：《中国青铜器时代》，生活·读书·新知三联书店 1963 年版，第 12 页；张颖：《对于"六齐"成分诸见解的思考》，《阜阳师范学院学报》（自然科学版），1994 年第 1 期。

先秦时期在熔铸青铜的时候不能像现代工业冶铸做取样化验，因此铜与锡的比例关系主要是指熔铸下料之比，并不是铸成后的铜锡比例关系，因在高温熔铸的过程中，铜、锡都会发生氧化反应，尤以锡的氧化最为迅速，所以，当青铜器铸成之后，铜锡的成分比与下料之比是不会完全相同的。从生产实践来看，含锡量达到 25% 以上的工具都非常脆而不能使用，至于含锡量达到 50% 的青铜，稍经撞击即碎裂。马承源认为郭宝钧先生所持观点是较为合理的，是符合生产实践要求的铜锡之比。[①] 先秦时期的人们所掌握的金属只有铜、锡、铅等数种，他们只能依靠不同金属间的配比关系来满足对于器物铸造和使用的不同要求。近年，华觉明等人利用数理统计的方法对商周青铜器的合金成分数据进行分析，认为殷墟时期铸造二元高锡青铜器的技术已经成熟，西周时期已有较严格的成分控制方法铸造三元高锡中铅青铜器。[②] 中国社科院考古研究所先

[①] 参见马承源《中国青铜器》，上海古籍出版社 2003 年版，第 498 页。该页表三的数据与本书"专家对'六齐'铜锡含量研究对比表"中郭宝钧先生所持观点完全一致。

[②] 参见华觉明、王玉柱、朱迎善《商周青铜合金配制和"六齐"论释》，转引自《第三届中国古代科学技术史国际学术会议论文集》，1984 年。

后对殷墟妇好墓、殷墟西区墓葬群、郭家庄M160等墓葬出土青铜器的化学成分做了大量的检测分析工作,认为当时的工匠对于青铜合金配比与机械性能的关系已经有了相当深入的认识,并且对于操作也有相当严格的控制。[1] 他们的研究结果主要来源于殷墟及其周边地区出土的先秦时期青铜器的研究。杰西卡·罗森依据对大英博物馆藏西周早期中心地区的青铜卣和西周中期偏早东南地区的青铜卣的成分进行了原子吸收光谱分析的数据,并对比了同样出自江苏地区的青铜盘的分析数据,认为中心区器物的铜的比例高于东南区,铅和银的成分则低于东南区,并指出,这也许是巧合,但也含有一定的暗示性。同时她还指出中心区的器物的器壁比东南地区厚重,纹饰也清晰,这和制范所用陶土的成分有一定关系。[2]

"六齐"是先秦铸铜工匠们长期生产实践的科学总结,为不同使用功能器物的铸造提供了规范的铜锡配比参照标准,从而提高了器物铸造的成功率,降低了原材料的损耗。

五 失模工艺的先进性

从早期利用石范铸造简单的器物,到运用合范法铸造青铜容器,再到掌握分铸、焊接技术生产较为复杂的铜器,中国先秦时期的青铜器铸造技术在冶铸工匠们的生产实践中不断进步。除了运用最为广泛的范铸法以外,工匠们还先后发明了熔模(失模)、叠铸等方法铸造铜器。叠铸法是一种层叠铸造工艺,是指将多个泥范逐层叠合起来,形成一整套的模范,再从一个共用的浇口浇注熔液,一次可以得到多个铸件。叠铸法的运用不仅能大幅度地提高生产效率,同时还节省材料,大幅度地降低了铸造成本,规范了铸件的形制,多用于形状较为简单、重量较小的器件的批量生产,如钱币等。迄今已知,中国的叠铸技术起源于一型多铸,形成于春秋晚期,叠铸法的出现是铸造技术高度发达的一个重要标志。

失模法,也称熔模法,是一种用低熔点的易熔材料(或易燃材料)制作"母范"的青铜铸造工艺,由于母范的熔点低或易燃,外范与内范

---

[1] 参见刘煜《殷墟青铜礼器铸造工艺研究综论》,《华夏考古》2009年第1期。

[2] 参见[英]杰西卡·罗森《祖先与永恒:杰西卡·罗森中国考古艺术文集》,邓菲、黄洋、吴晓筠等译,生活·读书·新知三联书店2011年版,第57—60页。

制好后，不脱范，对内外范加热（使用易燃材料则将其烧成灰烬），低熔点的"母范"遇热熔化后从预留口留出，母范的熔液流净后（易燃材料则将灰烬排空），再进行青铜熔液的浇注，待熔液冷却后，器形与"母范"一致。在东方和西方，或早或迟使用木材、植物纤维、油脂、蜂蜡等可失性材料作模料。"模的可失观念之建立，是铸造工艺思想的一大飞跃，为提高器形、纹饰的复杂程度提供了极大的可能。"[①] 此种方法一般用来铸造细密精美的镂空铸件。可失性材料选择蜡、镴[②]的铸造方法亦被称为"失蜡法"（Lost-wax Approach）或"失镴法"（Lost-pewter Approach），如果母模选用易燃的草绳，则被称为"失绳法"（Lost-cord Process）。已知的研究表明，失绳法要早于失蜡法，从出现的器形推断，其使用的时间至迟可上溯到商代晚期，直到战国晚期类似的工艺仍有应用。[③] 这样的铸造方式常被运用于提梁器物提梁的成型。谭德睿对上海博物馆藏中原所出晚商青铜戈枭卣进行了考察，该卣的提梁呈绞股绳索状，双耳部位有范缝，并有细线捆扎的痕迹，其他部分无范缝，也不见磨砺范缝的痕迹，认为该卣的绳索状提梁应为失模法铸造而成。[④] 用类似方法铸造的提梁壶有中国社科院考古研究所藏1980年河南大司空村539号商墓出土发掘的，属殷墟中期偏早的大司空村枭卣的提梁，陕西历史博物馆藏兽面纹壶的提梁（图2—8）等。

失蜡法的发明是人类冶铸史上的重要成就。B. L. Simpson 甚至将失蜡法与火

图2—8 兽面纹壶提梁

---

① 华觉明：《中国古代金属技术——铜和铁造就的文明》，大象出版社1999年版，第179页。
② 镴是锡和铅的合金，通常被称为"焊锡"或"锡镴"。
③ 参见华觉明《中国古代金属技术——铜和铁造就的文明》，大象出版社1999年版，第180页。
④ 参见谭德睿《中国早期失蜡铸造问题的考察与思考》，《南方文物》2007年第2期。

和轮的发明相提并论①。对于失蜡法在中国的起源与发展一直是考古学界、冶金史学界研究的重要课题，特别是对于先秦时期是否掌握失蜡法的铸造技术，学术界一直存在争论，对这一问题的重视主要由于它直接关系到商周青铜器制作奥妙能否全部揭开，而此问题的难以解决又是因为经过铸造加工的器件很难判断其是用失蜡法还是用块范法铸造的。可见的关于失蜡法最早的记载是《唐会要》卷八十九，引郑虔《会粹》说，唐初铸造"开元通宝"，文德皇后在看铸钱的蜡样时，在样上掐了指甲痕。关于失蜡法制作工艺的文献，最早可以看到的是南宋金石学家赵希鹄在《洞天清禄集》中的记载。

> 古者铸器，必先用蜡为模。如此器样，又加款识刻画，然后以小桶加大而略宽，入模与桶中。其桶底之缝，微令有丝线漏处。以澄泥和水如薄糜，日一浇之，候干再浇，必令周足遮护。讫，解桶缚，去桶板，急以细黄土，多用盐并用纸筋固济于元澄泥之外，更加黄土二寸。留窍，中以铜汁泻入。然一铸未必成，此所以为贵也。
>
> （南宋）赵希鹄《洞天清禄集》

除《洞天清禄集》外，宋代的另一位金石学家王黼也曾根据周召公尊上的指痕，认为该尊是失蜡法所制。

> 以蜡为模，以指按蜡所成也。
>
> （宋）王黼《宣和博古图》

然而中国古代工匠运用失蜡法铸造铜器却比文献记载至少要早一千多年。1978年5月河南省淅川下寺楚王子午墓出土的多件青铜器均有失蜡法铸造的痕迹，王子午鼎腹外的六只怪兽是以失蜡法铸造成形后再与鼎体铸接为一体的；蟠螭纹盏的盏足、盏耳及盖顶握手都是由失蜡法铸

---

① B. L. Simpson, *Development of the Metal Casting Industry*, Chicago: American Foundrymen's Association, 1948, p. 49.

就后，再铸接到盏腹或盏盖上的。这些青铜器中以青铜禁的铸造尤为精美，该铜禁四周游龙围绕，纹饰结构复杂的框边是用失蜡法铸造的，据称错综结构的内部支条尚可见蜡条支撑的铸态。这些铜器是中国目前已知最早的失蜡铸件[①]，这也表明，失蜡法在中国的起源至少应该是春秋晚期之前，对这批失蜡铸件的确认，并不否认更早的失蜡铸件的存在。提起失蜡法，常被提及的便是1978年湖北随县曾侯乙墓出土的"曾侯尊盘"，出土时尊置于盘内，两件器物风格一致，尊以盛酒，盘以装水，二者合为一器。该尊盘造型精美，铸造工艺精湛，堪称失蜡法铸造的典范之作。

由于蜡料的优异性能，在很长的一段时间，失蜡法占据着可失模料的统治地位，无论在东方或是西方都是如此。但是制范用的蜡料配方中虽然加入了松香、蜂蜡、动物油脂等原料，以提升蜡料的塑形性能，但是在塑造延展性强的母范的时候，蜡料存在一定的局限性。1923年秋在河南省新郑县城南门外李家园圃中出土的113件铜器，其中有四件大方壶十分引人注目，那就是莲鹤方壶和蛇网盖冠龙虎方壶各一对。台北故宫博物院张光远先生在对"蛇网盖冠龙虎方壶"（图2—9）的铸法进行论证的时候，就提出了关于模料的问题。他认为该壶的盖冠是以失模法制成，但是使用的模料不是"蜡"，而是"镴"，因为该器的蛇网冠盖若48条小蛇交错缠绕，蛇头翘起，呈透空网状，若要使用"失蜡法"铸成冠盖的母范，需要用手捏制48条细长形的蜡条，然后将它们规整地交错缠绕，编制成高7.5厘米的长方形网状冠身，并要使其挺立，撑住外翻37.5厘米的长方形瓶顶，然后再一一雕刻出蛇身，而当倒置浇铸时，蜂蜡制成的细软蛇身将难以承受

图2—9 蛇网盖冠龙虎方壶

[①] 参见苏荣誉、华觉明、李克敏《中国上古金属技术》，山东科学技术出版社1995年版，第310页。

重压，以致塌倒，塑形不再。如果将制作母范的蜡料改成铅锡合金料，这个问题便能迎刃而解了。铅的熔点是372.5℃，质地很软，锡的熔点是232℃，质地也很软，若铅与锡按3∶2的比例配置成合金（1978年曾侯乙墓曾有这样配比的合金出土），熔点将降至183℃，质地依然甚软，且其韧性却较细蜡条坚挺，不易折，亦不易熔，而在外范预热的过程中，铅锡合金熔化泻尽，空留外范以浇铸。因铅锡的合金，古称为"镴"，亦称"焊药"，所以这种方法被张氏称为"失镴法"。同时，张氏认为，这种镴料没有一定的配方，是中国古代工艺全由经验累积而得的一种"非科学之科学"的文明成就。[1]

直至现代，随着科学技术的发展，传统失模法经改造成为精密铸造技术而得到广泛应用，可失模料使用的是水银、无机盐、工业尿素等，铸件精度可以达到4级，表面光洁度可以达到▽7。

第三节 装饰工艺的推陈出新

随着冶铸技术的不断发展，铸造出的青铜器物也随之变得愈发精美，然而先秦的人们并没有满足于器形的多变，也许是他们对青铜单一的青灰色泽产生了"审美疲劳"，也许是他们对铸造技术提出了挑战，于是他们渴望看到青铜器能被其他颜色渲染、点缀。每一种新技术的发明，总是和人们对生活的追求和对美的欲望分不开的，青铜装饰工艺应运而生。这些新兴工艺在青铜壶形器的装饰中也较为多见。

一 镶嵌工艺

早在新石器时代，绿松石、彩石、玉石等物件就被镶嵌于陶、骨、牙器上用于装饰。甘肃马家窑文化马厂类型就有嵌有骨珠的石雕人头像，山东大汶口文化类型也有嵌有绿松石的骨质指环等出土。随着青铜时代

---

[1] 参见张光远《中国最早失镴法——春秋中期"蛇网盖冠龙虎方壶"的铸法论证》，《东南文化》2002年第1期。

的来临，镶嵌技术日臻成熟，并最早应用于青铜装饰工艺。考古发掘的资料显示，早在二里头时期人们就已经掌握了成熟的青铜镶嵌工艺。1981年河南偃师二里头遗址出土嵌绿松石饕餮纹牌饰，长14.2厘米，宽9.8厘米，由精心磨制的各种绿松石小片互相吻合且精巧地镶嵌于青铜牌上，粗线条组成的图案，雄浑、大方，透着饕餮的霸悍之气。商代的镶嵌工艺多应用于青铜兵器、玉器、牙器、骨器等，如妇好墓出土的青铜戈、玉援铜内戈、嵌绿松石象牙杯等，这些器物均是以绿松石来装饰的，而以绿松石装饰的青铜容器较为少见，迄今为止仅发现一件通体镶嵌绿松石的嵌绿松石兽面纹方罍，传1934年出土于河南安阳，该器高10.8厘米，口径5.8厘米，现藏于中国国家博物馆。

西周至春秋早、中期的镶嵌制品较少，已知的有陕西岐山贺家村出土的镶嵌绿松石的两件铜戈。据说早年在河南省浚县辛村西周墓葬中曾出土过一件镶嵌蚌贝的青铜戈，现藏于华盛顿Freer美术馆①。寿县蔡侯墓、淅川下寺楚墓均出土有春秋晚期嵌绿松石的兵器、车马器等。战国时期，非金属镶嵌工艺臻于鼎盛，镶嵌物有绿松石、玉石、琉璃、玛瑙、螺钿等，装饰形式不拘一格，表现出这一时期高超的镶嵌装饰技巧。嵌琉璃的器物较少见，据载洛阳金村曾经出土镶嵌有琉璃的青铜壶和铜镜。②

镶嵌工艺的制作方法是在器物上先铸成阴文的纹饰，然后根据纹饰的规格制作相应的填充物的片块，使用树胶、漆或桐油等物质做黏合剂，将填充物的片块嵌入纹饰中，最后再经打磨，就完成了。现藏于国家博物馆的战国中晚期嵌绿松石方壶（图2—10）便是其中的一件珍品，该壶通高53厘米，盖盝顶，置四环纽。器口，敛颈，溜肩，鼓腹。两侧有铺首衔环，平底，圈足。盖装饰

图2—10 镶嵌绿松石方壶

---

① 参见李学勤《谈美澳收藏的几件商周文物》，《文物》1979年第12期。
② 参见［日］梅原末治《增订洛阳古墓聚英》，东京同朋舍1984年版。

有云纹，颈部饰蟠龙纹，腹和圈足饰方格络带纹，方格间嵌绿松石。1988年山西省考古研究所在太原市金胜村附近的晋国正卿赵氏墓中发掘出土的春秋晚期铜质酒器——高柄铜方壶（图2—11），堪称一件镶嵌工艺独到之作。该壶口径4.4厘米，通高27.8厘米，为方口瘦腹细高柄形。该壶的独到之处在于花纹的制法：先在器身铸制凸起的纹饰，在周围凹下的部分填充镶嵌一层深褐色的矿物质，再打磨光滑，纹饰十分精美。

总体来说，伴随着战国时期镶嵌工艺在青铜器上的普遍使用，镶嵌装饰工艺应用于青铜壶形器的器物也较为多见，战国时期的铜壶镶嵌工艺已十分纯熟，直至西汉早期也基本延续战国时期的工艺方法。据专家考证，1968年出土于河北满城县西汉中山靖王刘胜墓中的长乐宫甄氏铜壶（图2—12）就基本保持了战国时期的制作工艺和装饰传统，该壶是西汉时期长乐宫中使用的酒器或水器，通体高45厘米，口径14.5厘米，足径17.9厘米，重11.2千克。壶上有盖，盖上立三个云形纽，壶身小口微侈，圆肩，鼓腹，圈足外侈，肩腹两侧施一对铺首衔环。器表均统一的斜格乳丁纹为装饰，其中壶盖的斜格如六角星形，壶身的斜格则有两道鎏金银的横向宽带分为上、中、下三组。斜格由鎏金的箍带组成，箍带的交叉点上镶嵌银乳丁，斜格内填嵌斜格乳丁纹的绿琉璃。[1] 该壶与传出土于河南洛阳金村古墓的错金银琉璃壶（图2—19）在

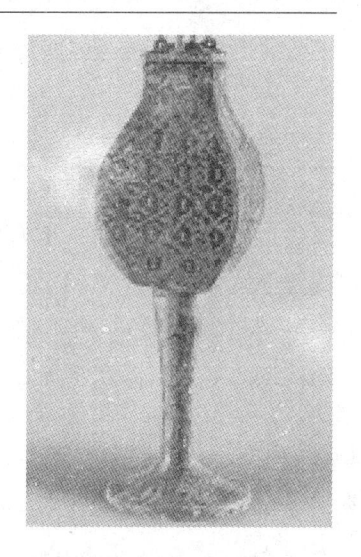

图2—11　高柄铜方壶

图2—12　长乐宫甄氏铜壶

---

[1] 参见孙华、李水城、李宗山《中国文物大典》，中国大百科全书出版社2001年版，第315页。

工艺、造型和纹饰等方面均相近。

二 错嵌工艺

错嵌工艺也是一种镶嵌工艺，它与镶嵌工艺同源，只是嵌入物为金属，是镶嵌工艺的进一步发展。中国古代在金属器物的表面镶嵌黄金片或黄金丝，称之为"错金"或"金错"；根据嵌入物的不同，又有"错银"、"错铜"和"金银错"之分。错嵌工艺的使用表明人们对金属性能的认识的不断加深和掌握。

最早的错嵌工艺是错红铜，传世的商代青铜器上就有北京故宫博物院所藏以错红铜工艺装饰的青铜戈。据李学勤撰文，美国旧金山亚洲艺术博物馆藏有一件商代错红铜装饰的青铜钺[1]。这些藏品均表明早在商代，人们已经掌握了错金属工艺。错嵌工艺的工序大致可以分为四道：

第一道工序是铸器。一般认为铸造错嵌工艺的铜器时，大多在制作陶范的时候，就依据纹饰在母范上预留凹槽，待器物铸成后，在凹槽内嵌金属。山西侯马东周铸造遗址就曾出土过铸作错金属的陶范[2]。史树青则以满城汉墓出土的V形金银错铜帽凹槽转折处的锯齿状錾痕为证，认为凹槽是器物铸成之后再錾刻的。[3] 朱凤瀚认为装饰特别精细的纹饰时，是在铜器铸成后于器表用墨笔绘出纹饰，按纹样用硬度较大的工具錾刻浅槽，纹饰或铭文浅槽底面皆需制成凹凸不平状。然后在浅槽内嵌入细薄的金银片或金银丝[4]。

第二道工序是镂金。铜器铸成后，之前预留的凹槽还需进一步加工錾凿，使凹槽的切面呈燕尾状，以便嵌入的金属牢固不脱。

第三道工序是镶嵌。将金属丝（片）适当加温，再捶打如凹槽之形，使之与器物结合妥帖。对于不便捶打的小型或薄胎器物，则需要用玉石或者玛瑙制成的"压子"将金属（片）挤入槽内。

---

[1] 参见李学勤《谈美澳收藏的几件商周文物》，《文物》1979年第12期。
[2] 参见侯马市考古发掘委员会《侯马牛城古村东周遗址发掘简报》，《考古》1962年第2期。
[3] 参见史树青《我国古代的金错工艺》，《文物》1973年第6期。
[4] 参见朱凤瀚《古代中国青铜器》，南开大学出版社1995年版，第547页。

第二章 炼火攻金 执简驭繁　61

第四道工序是磨错。金属丝（片）镶嵌完毕，铜器表面并不是平整的，还需要用错石加以磨错。《诗经·小雅·鹤鸣》有云："它山之石，可以为错"。有学者认为，"错"应为"厝"，是一种细砂岩制成的厝石，用以将嵌入的金属厝磨得与铜器表面"严丝合错"，器表再用木炭加清水打磨，使之光滑平整。某些器物还经皮革反复打磨，使之更为光亮。[①]

西周至春秋中期，错嵌工艺制作的青铜器几乎未见。从传世和出土的错嵌工艺装饰的青铜器来看，春秋晚期的错嵌青铜器不多见，较多见的是兵器，有几件青铜壶形器是以错嵌工艺装饰，但是用以装饰的金属纹饰相对简单，也多采用嵌入红铜。如上海博物馆藏嵌红铜龙纹壶（图2—13），仅在壶腹部凸起处装饰有八条头部向右侧的爬行龙。到战国中期错嵌工艺达到鼎盛，这时的错铜、错金、错银、错金银等器物层出不穷，形成了战国中期青铜装饰工艺的一大特色。故宫博物院藏嵌红铜鸟兽壶、嵌金银鸟耳壶（图2—14）、嵌红铜狩猎纹壶、嵌红铜象纹壶，保利艺术博物馆藏错红铜鸟兽纹壶等都是战国早期的作品。美国旧金山亚洲艺术博物馆藏一件嵌红铜龙纹壶更是其中的精品，该壶盖有四环钮，小口长颈，肩两侧有兽首

图2—13　嵌红铜龙纹壶

图2—14　嵌金银鸟耳壶

衔环，通体被分割为九个装饰带，分别装饰红铜镶嵌的各种形态的龙纹，布局讲究，工艺精湛。保利艺术博物馆藏两件错嵌蟠螭纹扁壶（图2—

[①] 参见苏荣誉、华觉明、李克敏《中国上古金属技术》，山东科学技术出版社1995年版，第334页。

15)，口沿、颈及腹部错嵌红铜装饰，其中腹部用红铜嵌出五层方格栏，格内再填饰羽状蟠螭纹，蟠螭纹虽极细密，但蟠螭凸起的眼睛都表现得相当清晰。这样造型的扁壶最早发现于战国时期，嵌红铜者存世数量不过十多件。错嵌工艺为青铜壶形器的装饰提供了新的思路，有时也与镶嵌工艺结合使用，如故宫博物院藏战国前期嵌金银鸟耳壶，颈部嵌金勾云纹与嵌绿松石云纹相呼应，简洁中见变化。1966年陕西省宝鸡市出土的蟠螭云纹壶，以镶嵌绿松石和错嵌金银片组成变形的蟠螭纹和云纹图案；1972年江苏省涟水县出土的立鸟镶嵌几何纹壶，以镶嵌绿松石和错嵌金银丝组成遍布壶身的几何纹样，灿烂而炫目。这说明先秦工匠已经熟练掌握错嵌工艺，并广泛应用于壶形器的装饰工艺中。

图 2—15　错嵌蟠螭纹扁壶

三　鎏金工艺

张子高认为我国早在西周时期就有了鎏锡工艺①，但是这个论断并未经科学证实。华觉明则认为鎏锡工艺较为简单，春秋晚期青铜工艺和装饰手段发生重大变革促生了这一工艺形式，而鎏金工艺也在这一时期形成。②鎏金工艺又称汞镀金或是火镀金，是我国早期金属文明的又一项重大发明，比西方早几个世纪③。关于鎏金工艺的记载，最早见于《后汉书》。

> 建武三十年……禅泰山……（玉）检用金镂五周，以水合金以

---

① 参见张子高《从镀锡工艺谈到鎏字本义》，《考古学报》1958年第3期。
② 参见华觉明《中国古代金属技术——铜和铁造就的文明》，大象出版社1999年版，第189页。
③ 埃及在公元3世纪有金汞合金用于镀金的记载，罗马人普列尼（Pliny）在公元1世纪有金能熔于水银的记载。

为泥。

《后汉书·祭祀上》

鎏金工艺主要分四个工序：

第一步煞金。把金箔剪成碎片，放入坩埚中加热至400℃左右，然后倒入水银，用铜棒搅动，使金完全熔于水银之中，然后加冷水使之冷却，制成银白色泥膏状的金汞合金，俗称"金泥"。

第二步抹金。用磨炭打磨掉铜器表面的铜锈，用铜质的"涂金棍"将"金泥"与盐、矾的混合液均匀地涂抹于预鎏金器物的表面，边涂抹边推压，以保证金泥在器物表面黏附牢靠。

第三步是开金。以炙热的木炭烘烤器表，令水银蒸发，将黄金流于器表，其色泽也由银白色转为金黄色，同时用鬃刷拍打器表，使鎏金层紧贴器表。

最后一步是压光。使用玉石或者玛瑙制作的"压子"沿器物表面进行压平、磨光，使鎏金层与铸器牢固结合，呈现出金光闪烁的效果。

目前所见最早的鎏金青铜实物为1983年浙江省绍兴市狮子山春秋战国之间墓葬出土的一件鎏金嵌玉扣饰[①]，山东省曲阜市春秋末期战国初期墓葬出土的一个鎏金长臂铜猿[②]。战国时期鎏金器开始增多，鎏金工艺也由最初应用于饰物等小件器物逐步扩展到青铜容器的装饰。美国塞克勒美术馆藏一件战国早期的错金银鸟纹壶（图2—16），敞口，敛颈，鼓腹，平底，矮圈足，肩部设一对铺首衔环耳（缺一环），颈、腹部共有三周错金银的鸟纹，腹部装饰带间有三周弦纹，器口、颈部、腹部及圈足四

图2—16 错金银鸟纹壶

---

① 参见浙江省文物管理委员会等《绍兴306号战国墓发掘简报》，《文物》1984年第1期。
② 参见叶小燕《我国古代青铜器的装饰工艺》，《考古与文物》1983年第4期。

个鎏金带将三个装饰带隔开，该器纹饰布局疏密有致，错金银与鎏金工艺结合使用使整器显得华贵大方。

鎏金工艺到西汉时发展到高峰，汉代贵族墓葬多有鎏金器物随葬，且多是大件器物，如长信宫灯、南越王鎏金壶。广州象岗南越王墓出土的鎏金壶，高37厘米，口径12.9厘米，典型的汉代铜壶的造型，细颈大腹，腹部最大直径是颈部的三倍多，圈足与圆口比例得当，更显雍容，通体鎏金，金光闪烁，愈显华贵，不失为皇家器具。

四 刻纹工艺

关于青铜器刻纹工艺的兴起，李学勤根据出土遗物的分布认为是南北方同时兴起的[①]，叶小燕则认为刻纹铜器的出土地虽不同，但同类器物的形制、质地、图案都基本相同或相似，可能是某一地区为专业的工匠所经营和生产的青铜器物，并作为商品流通到其他地区[②]。

刻纹工艺的发明和成熟与铁器的使用与推广是分不开的，其制作方法是要用一把极为锐利的铁质刻刀，在铸好的铜器上刻画。前期刻画以錾凿为主，刻纹多由楔形点组成，刻纹的下刀处粗深，尾端细浅；后期多为分段刻画，花纹纤细，线条流畅。

1978年河南省博物院等单位在固始县侯古堆1号陪葬墓坑中发掘出土了一件造型与工艺均堪称完美的线刻对虎纹三足壶（图2—17）。该壶通高19厘米，器表满刻花纹，除肩部为一周带状回环纹外，其余均是以梭形纹相隔的对虎纹，该壶造型独特，纹饰流畅。

图 2—17 线刻对虎纹三足壶

刻纹工艺到战国早、中期趋于成熟，除了用以刻镂青铜器表的纹饰外，也被用以镂刻器上铭文。如中山王𰯼墓出土的铜方壶，其四面共刻铭

[①] 参见李学勤《东周与秦代文明（增订本）》，文物出版社1991年版，第229页。
[②] 参见叶小燕《东周刻纹铜器》，《考古》1983年第12期。

文 448 字，字数之多居先秦青铜壶形器之冠。

五　髹漆工艺

漆是漆树的树脂，具有防腐蚀耐酸碱的特性。中国是世界上最早发明和使用漆的国家，浙江余姚河姆渡遗址就曾出土一件朱漆木碗，至商代，漆器工艺已十分发达，商代的许多墓葬中都有精美的漆器出土。在青铜器表面髹漆，其功能有二，一是装饰，二则可防锈蚀，而就早期的青铜髹漆器物而言，对其器表的装饰作用更为重要。1979 年河南罗山张天湖商代晚期墓地出土三件青铜鼎，鼎上装饰的饕餮纹阴线部位髹填黑漆，髹漆后的纹饰更为清晰。

西周的髹漆漆器几乎未见，春秋至战国时期，楚国的漆器工艺最为发达，这一时期的楚式青铜器髹漆者不在少数，如和尚岭填漆云纹铜鼎、漆绘夔凤纹铜镜、漆绘龙凤纹铜镜[①]等，绘制精巧，色彩艳丽，独具特色。战国时期，铜器的髹漆装饰不仅仅局限于填错纹饰，并开始与错嵌工艺等结合，使青铜器异常的精致美观。1977 年河北省平山出土，现藏于河北省文物研究所的勾连云雷纹铜方壶（图 2—18），是战国中期的作品，该壶与嵌绿松石方壶形制相似，只是遍布器表的是勾连云雷纹，在铸好的沟槽中不仅镶嵌有绿松石，还镶嵌有红铜，同时还填以蓝漆，使该壶更显其雍容华贵。

图 2—18　勾连云雷纹铜方壶

早期的金石学家一直以商周作为中国青铜铸造工艺的顶峰，至战国而逐渐衰落。通过以壶形器为例，对先秦青铜器的铸造技术和装饰工艺的梳理，不论是铸造技术还是装饰工艺，在春秋中期以后都有了新的发展，青铜铸造技术不仅仅拘泥于块范铸造，一些新技术的发明（如焊接

---

① 参见孙华、李水城、李宗山《中国文物大典》，中国大百科全书出版社 2001 年版，第 241、249 页。

法、失蜡法等）为复杂器物的铸造提供了可能，同时青铜装饰工艺的推陈出新，使青铜器一改商周时期青灰的单一色泽，呈现出更为华丽的面貌。战国中期以后，各种青铜装饰工艺日渐成熟，更出现了集多种工艺于一身的青铜器物，青铜壶形器也是如此，如前文曾提到的，传出土于河南洛阳金村、现流藏海外的错金银琉璃壶（图2—19），该壶为对壶，两件形制相同，图为其中一件，通高51厘米，腹径34.7厘米，自壶颈至腹饰以络带状菱格纹，菱格中嵌琉璃涡纹，络带上错金银云纹，该壶造型端庄秀丽，错金银与嵌琉璃使其光华灿烂。再如1982年江苏盱眙县南窑庄窖藏出土的金银错铜丝网套壶（图2—20），该壶自铭为"重金络罍"。壶通高24厘米，口径12.8厘米，足径13.8厘米。外形似圈足圆壶，造型复杂，铸造精致。整壶由内外三层构成：外层是套在肩下的一圈横箍带，其上有四个铺首衔环和四个虎形竖耳交错相间，箍带、铺首衔环和虎形竖耳上装饰有细如毛发的错金银流水云纹，兽首上曾镶嵌有绿松石（现已脱落）；中层是由96条卷龙和576枚梅花钉交错套扣而成的金银错铜丝网套，给人以镂空透雕的感觉；内层是壶体，侈口长颈，圆肩，圈足。口沿铭文字体为燕体；外缘刻铭记载了这件器物是齐宣王五年（公元前314年）陈璋伐燕得到该壶的经历，依据铭文断定此壶为战国中期燕国宝器，此壶铭文与陈璋方壶铭文记载内容相符，也记载了陈璋伐燕的史实，比对现藏于美国宾夕法尼亚大学博物馆的陈璋方壶铭文，方知两器本为"兄弟"，因此也被称为"陈璋圆壶"，只可惜如今骨肉离散。该壶的铸造工艺技术使用了先秦时

图2—19 错金银琉璃壶

图2—20 金银错铜丝网套铜壶

代几乎所有的金属铸造工艺和装饰技术，包括浑铸法、分铸法、铸接法、失蜡法、错嵌工艺、玉石镶嵌工艺等，由壶身、装饰套和圈足底座三部分套装连接而成，至今难以复制。此壶造型复杂，工艺精湛，风格独特，是先秦晚期楚文化圈以外少见的失蜡法铜器制品，虽然年代晚于楚文化，但工艺水平毫不逊色。

本章小结

西里尔·史密斯曾说："古代的艺术和技术是互为表里的，技术在某种程度上已经决定了艺术品的风格。"[1] 对于造物艺术而言，技术是决定其走向的重要因素。对于青铜铸造技术与工艺的研究是帮助我们对先秦青铜壶形器展开深入研究的敲门砖。对于技术与工艺的了解与认识，可以帮助我们理解青铜壶形器形制与装饰的演变进程，新形制与新装饰的出现，应以新技术和新工艺的出现为前提。

通过对先秦青铜冶铸技术以及造壶工艺的梳理，我们了解在先秦时期，首先，人们通过加入铅和锡改变了贵重金属红铜的软质特性，使其成为能铸造大型青铜器物的硬质合金，为青铜壶形器的铸造提供了物质准备。其次，与鼎、盘等器物相比较而言，壶形器因其造型相对复杂，有提梁、流、盖等附饰（件），因此铸造技术相对烦琐，也正是由于铸造造型复杂器物的需求和挑战，技术领域取得了不断的进步。二里头至商早期，壶形器的铸造以浑铸法为主，商中期开始使用分铸法，商晚期已经熟练掌握分铸技术，并开始使用铜质芯撑来保证器壁的厚薄均匀，还有失模法、焊接法等技术的不断成熟，为青铜壶形器形制的多变提供了技术支持。最后，装饰工艺的不断推陈出新，通过范铸技术、镶嵌工艺、错嵌工艺、鎏金工艺、刻纹工艺、髹漆工艺等技术的单一或综合运用，为青铜壶形器器表样态的丰富提供了工艺保证。

技术领域一次次的更新与完善，"执简驭繁"的技术原则，多种金属工艺的综合运用，为先秦青铜壶形器异彩纷呈的局面提供了必要的技术支持。

---

[1] Cyril Smith. Art Technology and Science, *Technology and Culture*. Vol. 11, (No. 04): 493.

第三章　备物致用　藏礼于器

——先秦生活方式和造物观念
对"壶"形器的影响

丹纳曾经说过:"要了解一件艺术品,一个艺术家,一群艺术家,必须正确地设想他们所属的时代的精神和风俗概况。"[①] 这句话不仅适用于纯艺术领域研究,在造物艺术领域也具有指导性。先秦时期经历了中国历史上两个十分重要的阶段,第一个阶段是夏商至西周之际,这是从氏族社会向阶级社会过渡的时期,即由"公天下"向"家天下"转变的时期;第二个阶段是春秋战国时期,这个时期是礼乐崩坏,思想意识领域的大碰撞时期,不论是人们生活方式的改变,社会政治形态的变革,还是思想意识领域的变迁,对造物艺术都产生了重要影响。

作为人类历史上主要的文化活动和文化形态,造物是一个民族文化发展进步的重要标志,人类学家和考古学家们通过对造物遗物的研究,来确定它们所存在时代的文化形态。"一个文化界说为与同样的房屋和具有同样葬仪的埋葬一起重复出现的一组器物。器具、武器、饰物、房屋、葬礼和仪式中所用物品的人工性的特征,我们可以假定是把一个民族团结起来的、共同社会习俗的具体表现。"[②] 先秦青铜造物艺术具有鲜明的

[①] [法]丹纳:《艺术哲学》(上册),傅雷译,天津社会科学院出版社2004年版,第28页。

[②] Oslo: Institute for Sammenlignende Kulturforkning, 1950, p.2. 转引自张光直《考古学专题六讲》(增订本),生活·读书·新知三联书店2010年版,第71页。

民族特点，在世界造物史上独树一帜，先秦造物观念对中国造物艺术史的发展所产生的积极影响越来越引起学者们的广泛重视。先民造物观念对造物活动的影响，正是包括政治、经济、文化、信仰、艺术、道德、法律、习俗、生活方式、行为规范、思维方式、价值观念在内的早期社会现象和历史现象的反映，造物观念的演变过程则是一个国家和民族发展进步的文化轨迹。造物文化所具备的文化完整性是其他文化形态所不具备的，造物活动所具备的文化连贯性也是其他文化活动所无法与之相比的。在人类历史的长河中，造物文化被历史性地赋予了文化使者的角色，它是不同时代科学、技术、文化、思想成就的代言人，它巨大的信息包容量是人类历史文化研究取之不尽的神秘宝藏。因此深入理解先秦造物观念及其民族特征，对于研究先秦造物艺术史乃至中国文化发展史都是十分重要的。

第一节　先秦生活方式对造"壶"的影响

随着农业手工业的生产力发展水平渐次提高，先秦人们的物质生活条件也渐而丰富，社会面貌为之改变，人们对于青铜铸造技术的掌握和装饰工艺的不断出新，使得青铜器在社会生活中所充当的角色日益凸显。先秦时期是中国古代礼制孕育和成熟的重要时期，同时也是古代礼制最为规范的时期。青铜器物只有在使用的具体过程中，各自所具有的特性才会得以展现出来，器物的使用也营造出不同的情境。

探讨作为酒器的壶形器，必然离不开酒。早在陶器时代，原始先民使用陶鬲、陶甗煮粥蒸饭，偶有残余，可能因为久置遗忘，数日后发现腐败发酵的食物生出异味，有香甜之感，遂成就了酿酒之术。我国目前考古发现的新石器时代早期阶段的诸文化面貌来看，特别是伴随着新石器时代而到来的农业振兴，制陶术的出现，表明谷物酿酒的物质条件已基本具备，酿酒术由此肇兴。到了仰韶文化时期，许多部落已掌握酿酒的技术，酿酒、喝酒已成为社会生活的重要内容。在龙山文化时期，粮食更多了，酿酒逐渐普及，并初具规模。①龙山文化遗址出土的陶制尊、罍、盉、斝和高足杯等，学者们多认为是酒器。至殷商时期，人们已熟练地掌握了酒的生产技术，从而酒的种类也随之增多，不同的原料所酿成的酒有不同的名称：用黍酿成的称为"酒"，类似于现代的黄酒；用稻酿成的称为"醴"，类似于现在的甜酒；用秬（也称黑黍）酿成的称为"鬯"，类似于今天未加香料前的白酒。酒的品类的丰富也体现在酒器的丰富上，壶形器多为盛酒、调酒、贮酒之用，用以盛酒的器物称为"壶"，用以盛鬯的器物称为"卣"，用以调酒的器物称为"盉"②，除此之外，还有罍（酿酒之器）、尊（贮酒备斟之器）、斝（温酒之器）、觯（饮酒之器）、斗（斟酒之器）等十余种。

作为文化的又一载体，形成于原始社会的酒文化在殷商时期得到继承与发展。所谓"礼以酒成"，无酒不成礼。不论是各遗址出土的大量酒器，还是文献的记载，都为我们勾勒出先秦酒业发达的图景。社会生活对酒的需求促成了酒业的发展，也促成了对于酒器的广泛需求。作为酒器，青铜壶形器则经常出现在巫术、祭祀、仪礼、宴饮、娱乐以及丧葬等活动之中，在这些活动中，青铜壶形器充当着一种道具，这道具或是与祖先神灵进行交流，或是以此道具表达用器者的身份……因为青铜壶形器的这种道具功能，也使得两千多年后的我们在审视它们的时候，似乎通过它们而窥见了先秦人们的生活。

一 巫术

巫术在一般意义上被认为是宗教的萌芽，是原始宗教最基本的表现形式，是近代人类学家研究原始文化的主要途径。我们可以从有文字记载的历史和大量的考古材料中推断，夏商时期，甚至更早，先民们即已有了神灵信仰。马林诺夫斯基将巫术定义为一种具有实用目的的特殊仪式活动③。陈来则认为用马氏的定义是无法探寻中国早期巫术的踪迹的，而只有将视角放置在中国早期历史文献有关"巫觋"与"卜筮"上面，

---

① 参见赵匡华、周嘉华《中国科学技术史》，科学出版社1998年版，第524页。
② 因有些酒初酿时就呈浆状，需调水后饮用。
③ 参见［英］马林诺夫斯基《文化论》，费孝通等译，中国民间文艺出版社1987年版，第48页。

才是研究中国上古巫术的正途。① 张光直先生认为中国古代文明的最主要的一个特征就是萨满式（shamanistic）的文明。他认为中国古代文明中的一个重要的观念就是把世界分成天、地、人、神等不同的层次，这些层次间是相互隔绝、不相往来的，而其中最为主要的两个层次就是"天"与"地"。中国古代许多的仪式、宗教思想和行为的很重要任务则是在这些不同的层次间进行沟通，进行沟通的人即是巫和觋②。翻看中国早期典籍，我们也可以大致了解这个观念形成的过程。

> 颛顼生老童，老童生重及黎，帝令重献上天，令黎邛下地。
> 　　　　　　　　　　　　　　　　　　　《山海经·大荒西经》

> 若古有训，蚩尤惟始作乱，延及于平民，罔不寇贼，鸱义奸宄，夺攘矫虔。苗民弗用灵，制以刑，惟作五虐之刑曰法。杀戮无辜，爰始淫为劓、刵、椓、黥。越兹丽刑并制，罔差有辞。民兴胥渐，泯泯棼棼，罔中于信，以覆诅盟。虐威庶戮，方告无辜于上。上帝监民，罔有馨香，德刑发闻惟腥。皇帝哀矜庶戮之不辜，报虐以威，遏绝苗民，无世在下。乃命重、黎，绝地天通，罔有降格。群后之逮在下，明明棐常，鳏寡无盖。
> 　　　　　　　　　　　　　　　　　　　　　　　《尚书·吕刑》

对于《山海经》和《尚书》中的这两段文字，我们通过"重献上天，黎邛下地"和"绝地天通"，即可知天与地的划分，但却感觉语焉不详，仍然会生出许多疑问，让我们再读《国语·楚语》：

> 昭王问于观射父，曰："周书所谓重、黎实使天地不通者，何也？若无然，民将能登天乎？"对曰：非此之谓也。古者民神不杂。民之精爽不携贰者，而又能齐肃衷正，其智能上下比义，其圣能光

---

① 参见陈来《古代宗教与伦理：儒家思想的根源》，生活·读书·新知三联书店1996年版，第19—20页。
② 参见张光直《考古学专题六讲》（增订本），生活·读书·新知三联书店2010年版，第4页。

远宣朗,其明能光照之,其聪能听彻之,如是,则明神降之,在男
曰觋,在女曰巫。是使制神之处位次主,而为之牲器时服,而后使
先圣之后之有先烈,而能知山川之号、高祖之主、宗庙之事、昭穆
之世、齐敬之勤、礼节之宜、威仪之则、容貌之崇、忠信之质、禋
洁之服,而敬恭明神者,以为之祝。使名姓之后,能知四时之生、
牺牲之物、玉帛之类、采服之仪、彝器之量、次主之度、屏摄之位、
坛场之所、上下之神、氏姓之出,而心率旧典者,为之宗。于是乎,
有天地神民类物之官,是谓五官,各司其序,不相乱也。民是以能
有忠信,神是以能有明德,民神异业,敬而不渎,故神降之嘉生,
民以物享,祸灾不至,求用不匮。及少皞之衰也,九黎乱德,民神
杂糅,不可方物。夫人作享,家为巫史,无有要质。民匮于祀,而
不知其福。烝享无度,民神同位。民渎齐盟,无有严威。神狎民则,
不蠲其为。嘉生不降,无物以享。祸灾荐臻,莫尽其气。颛顼受之,
乃命南正重司天以属神,命火正黎司地以属民,使复旧常,无相侵
渎,是谓绝地天通。

《国语·楚语下》

读阅了这段《楚语》,我们对"绝地天通"的由来就基本清晰了:古
时本有巫觋专门负责天地间的沟通,后因九黎乱德,人人都可以做神的
职分,就分不清神和人了,于是上天派了重和黎来,重管神事,黎管人
事,从此将天地隔绝开来。同时我们也明白了一个事实,那就是历史进
入了一个新的阶段,在氏族共同体的社会结构基础之上,早期的宗法等
级制度开始逐渐形成和确立,社会成员开始了阶级分野。在上层建筑和
意识形态领域,以"礼"为旗号,以祖先祭祀为核心,具有浓厚宗教性
质的巫史文化开始了。它的特征是,原始的全民性的巫术礼仪变为部分
统治者所垄断的社会统治的等级法规,原始社会末期的专职巫师变为统
治者阶级的宗教政治宰辅。[①]

巫觋在巫术活动中又是如何与天地沟通的呢?张光直先生认为中国
古代巫师在沟通天地的时候所用的工具与全世界萨满式文化使用的工具

---

① 参见李泽厚《美的历程》,天津社会科学院出版社 2001 年版,第 47—48 页。

是大致相同的，即神山、若干种树木和各种动物，除此之外还有的就是歌舞、音乐等，而最后就是各种药料以及酒。在张氏看来，古代巫师通天地时所不可或缺的是酒，"巫师要喝醉了，造成一种迷糊状态。在这种状态下他说不定便可以看到祖先，看到死去的人或是所沟通的对象。所以对于巫师来说，酒也许是必不可少的'工具'。"① 巫术仪式上酒的出现，我们自然会由此联想到酒器，虽然我们并未能从各种文献中找到确凿的证据证明壶形器在巫术仪式上的出现，但是巫师要以酒为引，方能与天地沟通却是必然。巫术仪式上除了巫师要饮酒，还要有大量用以祭天地的明水、玄酒，其盛酒之器皿为何物则不得而知了。

二 祭祀

中国上古时代的巫文化曾很发达，从个体巫术到公众巫术的发展，逐步孕育出"神"的观念，导致了自然巫术向神灵巫术的发展。② 从宗教学的进化角度来说，祭祀文化是在巫觋文化的基础上发展而来的，同时祭祀还具有它本质的理性表现。祭祀与巫觋不同的是它借助的不再是巫术的力量，而是通过更多献祭和祈祷，并逐渐形成了一整套完整的祭祀行为规范。我们虽然不能准确地将巫术与祭祀之间做准确的时间分割，但从有限的文字记载，我们大体可以知道夏以前是巫觋文化，殷商时期已是典型的祭祀文化。

> 殷人尊神，率民以事神，先鬼而后礼，先罚而后赏，尊而不亲。其民之敝，荡而不静，胜而无耻。
>
> 《礼记·表记》
>
> 在养神，笃在守业。国之大事，在祀与戎。祀有执膰，戎有受脤，神之大节也。
>
> 《左传·成公十三年》

---

① 张光直：《考古学专题六讲》（增订本），生活·读书·新知三联书店 2010 年版，第 9 页。
② 参见陈来《古代宗教与伦理：儒家思想的根源》，生活·读书·新知三联书店 1996 年版，第 95 页。

这里的"祀"与"戎"都是指古时的祭祀活动，"祀"是祭祖的仪式，而"戎"则是出征前的祭社仪式，也就是说，先秦时期国家的大事就是祭祀，祭祀的主要目的大致可以分为三种：消灾害、祈福祉、谢神赐。"中国早期文化的理性化道路，是先由巫觋活动转变为祈祷奉献，祈祷奉献的规范——礼由此产生，最终发展为理性化的规范体系周礼。"①

　　　　凡治人之道，莫急于礼。礼有五经，莫重于祭。
　　　　　　　　　　　　　　　　　　　　　　《礼记·祭统》
　　　　凡家造，祭器为先，牺赋为次，养器为后。
　　　　　　　　　　　　　　　　　　　　　　《礼记·曲礼下》
　　　　子云："敬则用祭器。故君子不以菲废礼，不以美没礼。"
　　　　　　　　　　　　　　　　　　　　　　《礼记·坊记》

　　从《礼记》中的这些记载，我们可知在先秦礼学中，器物被分为"祭器"和"养器"，"祭器"是祭祀用器物，"养器"是日常生活中使用的器物，它与作为礼器的祭器有着明确的界限。从宗教学的角度来看，这样区分是基于神界与俗界两个世界的理论，即鬼神的幽暗世界和生人的光明世界，这两重世界的不同，也就产生了人世的种种禁忌。

　　　　君子虽贫，不粥祭器；虽寒，不衣祭服；为宫室，不斩于丘木。
　　　　　　　　　　　　　　　　　　　　　　《礼记·曲礼上》

　　由于宗庙祭器是用以侍奉祖先的器物，这些器物是归属于祖先的，"祭服"作为"交接神明"的必不可少的道具，"丘木"本就是种植在墓地周围，以庇兆域的树木，它只属于地下的祖先。如果要表达尊敬的心情，则要使用祭器。祭器的神圣性决定了它的使用只能在特定的时间、场所，与日常生活相区别，从而保持祭器的神圣性。"神圣的世界是神灵、神秘力量居住或作用的地方，而世俗世界则属于日常生活常识的领

---

① 陈来：《古代宗教与伦理：儒家思想的根源》，生活·读书·新知三联书店1996年版，第11页。

域。神龛、神像、圣物、祭物、祭坛等都是神圣之物；神灵、祖先精灵等也是神圣之物；除此之外，某些活着的人，如首领、巫师、活佛等宗教领袖也属于神圣的范畴。出家修行的人由于生活在圣地，生活在神圣氛围之中，因而也变得神圣起来。"①

上古之时，中国的酿酒主要来源于谷物酿酒。只有获得了充足的粮食，具备一定的经济实力，才有可能大批量地酿造各种酒类。酒是粮食的精华，是天赐之美醴，拥有酒是经济实力、身份、权力的象征。正因如此，酒也就成了祭祀中所不可或缺的东西。许慎在《说文解字》中这样解释祭奠的"奠"字，"奠，置祭也。从酋，酋，酒也。兀其下也，礼有奠祭。"② 也就是说"奠"是指祭祀时将祭祀用品放置于神前。奠字下面的"兀"是指凡是用以放置祭祀物的东西，如果将祭祀物放在席子上，则席子就是"兀"；奠字上面的"酋"，指的就是酒。通过许慎对"奠"字的解释，我们便知先秦时期祭祀时必有"酒"。

既载清酤，赉我思成，亦有和羹。

《诗经·商颂·烈祖》

凡祭祀，以法共五齐三酒，以实八尊。大祭三贰，中祭再贰，小祭壹贰，皆有酌数。唯齐酒不贰，皆有器量。

《周礼·酒正》

有以大为贵者。宫室之量，器皿之度，棺椁之厚，丘封之大，此以大为贵也。

有以小为贵者。宗庙之祭，贵者献以爵，贱者献以散，尊者举觯，卑者举角。五献之尊，门外缶，门内壶，君尊瓦甒，此以小为贵也。

《礼记·礼器》

故玄酒在室，醴盏在户，粢醍在堂，澄酒在下。陈其牺牲，备其鼎俎，列其琴瑟、管磬、钟鼓，修其祝嘏；以降上神与其先祖。以正君臣，以笃父子，以睦兄弟，以齐上下，夫妇有所。

《礼记·礼运》

---

① 金泽：《宗教禁忌》，社会科学文献出版社2002年版，第32页。
② （东汉）许慎撰，（清）段玉裁注：《说文解字注》，上海古籍出版社1988年版，第200页。

从这些文字的记载中，可以看出，自商以来，在宗庙举行的祭祀活动中，酒都是必不可少的，而盛放酒的器皿"壶"因形制比缶小，所以比缶珍贵，而被放置在宗庙之门内，不论是玄酒、醴盏、粱醴、澄酒都会被盛装在盛酒的器皿中，根据《礼记》中的规定放置在相应的位置上。除了从典籍的记载中我们了解壶形器在祭祀中的用途，从器物的铭文中我们也可以了解先秦时期壶形器在祭祀活动中的作用，如中山王嚳墓出土的方壶，壶上所刻铭文中有："择燕吉金，铸为彝壶，节于禋□，可法可尚，以飨上帝，以祀先王。"其意是说，选取燕国优质的铜来铸造该壶，按照禋礼的规定装入酒浆，用来祭祀上帝和先祖。

三 仪礼

商时，贵族嗜酒成风，被后人认为是因酒而亡国。从各商代遗址出土的大量酒器，我们便可窥见商时酒事的重要地位。商代前期的青铜礼器虽然不多，其中酒器占了近70%，这些酒器中以饮酒器为多，其中包括"盉"，贮酒器主要是壶，商代中期以后，有带提梁的壶形器。《宣和博古图》中就针对先秦壶形器的功能作了如下叙述：

> 礼器之设，壶居一焉，在夏商之时摠曰尊彝，逮于周监二代则损益大备，故烝赏馈献。凡用两壶次于尊彝用于门内，然壶用虽一而方圜有异，故燕礼与夫大射卿大夫则皆用圜壶，以其大夫尊之所有事，示为臣者有直方之义，故用方。以其士旅食卑之所有事，示为士者以顺命为宜，故用圜。壶之方圜盖见于此。至于聘礼，梁在北而八壶南，陈梁在西而六壶东，陈盖东蠢以动，出而有接南，假以大显而文明，乃动而应物以相见之时也。以壶为设岂不宜哉，且诗言韩侯娶妻亦曰清酒百壶，壶非特宗庙之器，凡燕射昏聘无适而不用焉。
>
> （宋）王黼《宣和博古图》

"壶"不仅仅是用于宗庙的祭祀礼器，同时燕礼、射礼、婚礼、聘礼等场合都会看见它的身影。至周时，颁布《酒诰》，以酒为戒来告诫封国：要牢记殷商酗酒亡国的历史教训，饮酒要有所节制。在《酒诰》中周公首先强调先祖周文王在建邦之时就已定下:"饮惟祀"、"有正有事,无彝酒"。即是说,酒是祭祀用品,只能在祭祀活动以及特定的活动的时候饮用。像商时那样大肆饮酒的现象得以遏制,但是同时,由于限制了饮酒,并将酒定义为祭祀和特定活动专用,从另一个侧面也提高了酒的地位,所以当我们翻开《周礼》,我们会发现许多礼仪活动都离不开"壶",而在这些礼仪活动中,壶的主要功能就是盛酒。

尊壶者面其鼻。

《礼记·少仪》

尊与宾席之东,两壶,斯禁,左玄酒,皆加勺。

《仪礼·乡射礼第五》

司官尊于东楹之西,两方壶,左玄酒,南上……尊士旅食于门西,两圜壶。

《仪礼·燕礼第六》

厥明,司官尊与东楹之西,两方壶,膳尊两甒在南……皆玄尊,酒在北。尊士旅食于西镈之南,北面,两圜壶。又尊于大侯之乏东北,两壶献酒。

《仪礼·大射仪第七》

两簠继之,梁在北,八壶设于西序,北上,二以并,南陈……六壶西上,二以并,东陈……壶东上,西陈。

《仪礼·聘礼第八》

在宗教意识尚不发达的先秦时代,祭祀等原始宗教仪式并未像其他民族那样发展成为正式的宗教,而是转化为以礼仪、制度的形式来约束世道人心,《仪礼》就是这样一部详细规范礼仪制度的章程,它告诉人们在何种场合穿何种衣服,站或坐在哪个方向或位置等。从这里所引用《仪礼》篇章中的陈述,我们也看到不论是乡射礼、燕礼、大射仪、聘礼等场合中,都规定了壶的使用数量,摆放位置,以及陈放的程序。甚至什么方位使用方壶,什么方位使用圜壶都有明确的规定。同时我们也发现,壶的使用数量一般都是偶数,特别是成对出现的比较多,这和这一时期遗址常有对壶出土相一致。如1923年秋在河南省新郑县城南门外李家园圃中四件大方壶，分别是莲鹤方壶和蛇网盖冠龙虎方壶各一对，1978年曾侯乙墓出土铜联禁对壶等。

四　宴饮

《宣和博古图》中对壶的使用场合作了介绍，先秦时期许多仪礼活动都会使用壶形器，而宴饮更是如此。殷商时期遗存的大量酒器正说明商人好酒的特点，周人颁布《周礼》以"别贵贱，序尊卑"，宴饮使用的壶形器也有相关的礼制规范：

> 乃席宾、主、介。众宾之席，皆不属焉。尊两壶于房户间，斯禁，有玄酒，在西。设篚于禁南，东肆，加二勺于两壶。设洗于阼阶东南，南北以堂深，东西当东荣。水在洗东，篚在洗西，南肆。……尊有玄酒，贵其质也。
>
> 《礼记·乡饮酒义》

这段记载告诉我们，先秦时主人宴请宾客，会将两壶酒放于斯禁上，置于宴会厅中央，西边放置一壶玄酒，在东侧会放置两把斟酒用的勺。玄酒在当时是一种最为高档的酒类。有专家认为玄酒并不是酒，而是水，也不供人们直接饮用，但是玄酒在礼仪中却比酒更受人尊崇，在各种礼仪仪式时，总是要将盛放玄酒的壶具放置在比其他壶具更为重要、尊显的位置。而天子、诸侯等，往往会用特制的铜镜"取水于月"，以供玄酒之用，这种高级的玄酒被称为"明水"。在各种仪式上设置玄酒旨在表达对远古时代有水无酒，以酒敬客的追念，表达行礼者对先人的缅怀。王国维在《说盉》中写道："其余嘉礼、宾礼、吉礼，其尊也，无不有玄酒，此玄酒者，岂真虚设而但贵其质乎哉？盖古者宾主献酢，无不卒爵，又爵之大者恒至数升，其必饮者，礼也；其能饮或不能饮者，量也。先王不欲礼之不成，又不欲人以成礼为苦，故为之玄酒以节之。其用玄酒奈何？曰：和之于酒而已矣。"[①] 玄酒在礼仪中并不完全是虚设之物，而具备实际用途。他认为参加仪式的人的酒量各不相同，玄酒是供酒量小

---

① 王国维：《观堂集林》（卷三），中华书局1959年版，第152页。

的人使用的，这样就不会使那些没有酒量的人因酒而困，不能终其礼仪。王国维认为玄酒的设置体现了先秦礼制的周密性和人情味。

这里还需提到，在一些文献中，我们可能会看到"酒尊"这个名词，"尊"亦是先秦青铜酒器的一种，北宋王黼在《博古图》中将大口、鼓腹、高圈足的一类铜器通称为"尊"。此后的学者认为宋人对于此类器物的定名缺乏依据，但有没有新的证据另辟新说，所以一直沿用至今。不过，需要强调的是，"尊"不仅仅是一类器物的定名，同时它还泛指盛酒之器，也就是说在古时一些文献中提到的"尊"，不一定特指某种形制的器物，而是泛指酒器，可能是指"壶"，也可能是指"罍"，还可能是指"觚"，等等。

五 娱乐

《礼记》中有一个名篇，记载了：先秦时期宴饮活动中所附带的一种礼仪性的娱乐活动——投壶。郑玄注："投壶者，以其记主人与客燕饮，讲论才艺之礼也。"① 投壶由射礼演变而来，属于吉礼。古时行射礼，燕饮之时，大家切磋射艺，比试箭法，然而并不是所有宾客皆会射箭，于是改为将箭矢投入规定的壶中。

> 投壶之礼：主人奉矢，司射奉中，使人执壶……筹，室中五扶，堂上七扶，庭中九扶。算长尺二寸。壶颈修七寸，腹修五寸，口径二寸半，容斗五升。壶中实小豆焉，为其矢之跃而出也。壶去席二矢半。矢，以柘若棘，毋去其皮。
>
> 《礼记·投壶》

通过该篇，我们不仅可以了解到投壶活动的规则，同时我们还能了解到用于投箭矢的壶的尺寸。投壶的处所有三处，分别是室中、堂上、庭中。"日中则于室，日晚则于堂，太晚则于庭，是各随光明处也。矢有长短，亦随地广狭。室中狭，矢长五扶；堂上稍广，矢长七扶；庭中广

---

① （汉）郑玄注，（唐）孔颖达疏，龚抗云整理，王文锦审定：《礼记正义》，北京大学出版社 2000 年版，第 1565 页。

大，矢长九扶。"① 其中提到的扶是一种计量单位，四指并拢的长度是一扶，五扶是二尺，七扶为二尺八寸，九扶长三尺六寸。无论是在室中、堂上还是庭中投壶，壶都放在距离宾主之席二矢半的位置，所以，在室内投壶，壶放在距离宾主之席五尺的位置，在堂上为七尺，在庭中则是九尺。

对于作为投矢之用的壶，也有明确的尺寸规定：壶颈7寸，壶腹5寸，壶口径为2寸半，并且壶中还会装入小豆，以防止投入壶中的箭矢反弹出来。从《礼记·投壶》给的尺寸，我们大致可以勾勒出投壶的形制应是长颈细口鼓腹器。1977年考古工作者在河北省平山三汲乡中山王墓发掘出土了一件我国最早的铜投壶。该投壶是造型别致的三犀足筒形器（图3—1），该壶器高59厘米，口径20.5厘米，平口深腹，成圆筒形，器底以三只雄姿威猛的矮足独角犀为器足，壶两侧设一对铺首衔环，遍体装饰生动流畅的变形蟠螭纹，中腰饰带状纹一周。器腹上有"左使车工本"五字铭文。另外，和这只铜投壶一起出土的还有一件形制较小的无足铜制筒形器，高约40厘米，口径约10厘米，半口深腹，中空，器身上下各有一道斜格云纹，两侧设一对铺首衔环，专家考证应为一件小型的铜"投壶"。经专家考证这两只筒形器应为投壶，虽然其形制与《礼记》的记载有所差别，但也证明作为一种娱乐活动，"投壶"在先秦时期是确定存在的，壶形器在其时也曾作为娱乐活动的辅助道具。

图3—1 三犀足筒形器

六 丧葬

民间素有"重死轻生，厚葬薄养"的说法，他们认为人由魂与魄两部分组成，魂来自天，属阳，主管人的精神与意识，魄来自地，属阴，

---

① （汉）郑玄注，（唐）孔颖达疏，龚抗云整理，王文锦审定：《礼记正义》，北京大学出版社2000年版，第1568页。

主管人的血肉之躯，魂魄合则人生，魂魄分则人亡，魂升天，魄入地，最终二者归为天地之气，这正是中华民族十分重视丧葬传统的原因。从考古发掘来看，早在原始社会时期，人们就有了丧葬的习俗。

  古之葬者厚衣之以薪，葬之中野，不封不树，丧期无数，后世圣人易之以棺椁，盖取诸大过。

《周易·系辞》

孔颖达注曰："不云'上古'，直云'古之葬者'，若极远者，则云'上古'，其次远者，则直云'古'。"① 从《周易》的成书年代来看，这里的"古"应是指夏时期，即夏的丧葬是十分简单的，既不积土以为坟，亦不立木以标其处。

自陶器时代始，就形成了丧葬时用明器陪葬的风俗，那时的人们认为人死后尚有灵魂存在，还要饮食起居，孝子不忍让自己的亲人受饥寒之苦，所以在亲人的墓葬中为其准备了饮食起居所需的生活用具。

  孔子曰：之死而致死之，不仁，而不可为也；之死而致生之，不知，而不可为也。是故竹不成用，瓦不成味，木不成斫，琴瑟张而不平，竽笙备而不和，有钟磬而无簨虡。其曰明器，神明之也。

《礼记·檀弓上》

  孔子曰：为明器者，知丧道矣，备物而不可用也。哀哉！死者而用生者之器也，不殆于用殉乎哉？其曰明器，神明之也。涂车刍灵，自古有之，明器之道也。孔子谓为刍灵者善，谓为俑者不仁，[不]殆于用人乎哉。

  奠以素器，以生者有哀素之心也。唯祭祀之礼，主人自尽焉尔，岂知神之所飨？亦以主人有齐敬之心也。

《礼记·檀弓下》

  以生者饰死者，大象其生以送其死也。故如死如生，如存如亡，

---

① （魏）王弼注，（唐）孔颖达疏，卢光明、李申整理，吕绍纲审定：《十三经注疏·周易正义》，北京大学出版社2000年版，第355—356页。

终始一也。

《荀子·礼论》

在儒家看来，明器是区别于生者所用的器物，这种禁忌，既有理性基础，也有非理性的恐惧。理性基础是指在先秦时期物质尚匮乏，防止逝者占用有限的资源，而非理性的恐惧，是指由于人们对于生和死的肤浅认识而产生的对于亡灵和另一个世界的畏惧。明器作为为逝者在另一个世界生活所备之物，是生者对于逝者在另一个世界奉养的延续。孔子不赞成用生者之器作为明器，并将"用生者之器"与"用殉"相比对，从这个角度，我们能感受到儒家思想在面对生者与逝者的关系方面，既体现出人道关怀，也反映出理性智慧。"亲人去世了，就把他当作死人看待，是没有仁心的行为，而把它当作活人看待，却也是愚昧的。"

荐器则冠有鍪而毋緌，瓮庑虚而不实，有簟席而无床笫，木器不成斫，陶器不成物，薄器不成用，笙竽具而不和，琴瑟张而不均，舆藏而马反，告而不用也。……象徙道又明不用也，是皆所以重哀也。故生器文而不功，明器貌而不用。

《荀子·礼论》

荀子在这里表现出一种更为冷静的理性精神，他认为不论是祭器还是明器，都是示哀的一种表现形式，他从对亡灵去向的关注转移到对明器的"备而不用"意义的探讨。

与儒家不同，墨子和被称为"杂家"的吕不韦则是反对厚葬之风的。他们从节俭的角度论述了厚葬之弊端，他认为厚葬久丧，不仅使财富被埋葬，同时也让从事葬器生产的人长期不能参与正常的生产劳动，是生产力的浪费。从他们的论述中我们可以勾勒出当时诸侯、王公大人的厚葬场面，也让我们看到了壶形器在丧葬活动中的广泛使用。

存乎诸侯死者，虚车府，然后金玉珠玑比乎身，纶组节约，车马藏乎圹，又必多为屋幕、鼎鼓、几梴、壶滥、戈剑、羽旄、齿革，寝而埋之。
……

> 今王公大人之为葬埋，则异于此。必大棺中棺，革阓三操，碧玉即具，戈剑鼎鼓壶滥、文绣素练、大鞅万领、舆马女乐皆具，曰必捶涂差通，垄虽兄山陵。
>
> 《墨子·节葬篇》
>
> 国弥大，家弥富，葬弥厚，含珠鳞施。夫玩好货宝，钟鼎壶滥，舆马衣被，戈剑不可胜其数。诸养生之具无不从者。题凑之室，棺椁属袭，积石积炭以环其外。
>
> 《吕氏春秋·节丧》

对于先秦时期关于明器认知的探讨，有利于我们对相关墓葬出土器物的研究。对于考古学研究，通常根据一个墓葬发掘出土的丧葬所使用的椁式、棺制以及青铜礼器的形制、规格、纹饰、铭文等，来判定墓主人生前的身份。除了部分传世的青铜壶形器外，大量的器物是窖藏或墓葬出土的器物，这些器物，为研究先秦时期的丧葬礼仪提供了最完备的资料，墓葬中出土的壶形器则帮助我们了解了先秦时期的丧葬仪式中作为礼器重要组成之一的壶形器所承担的角色。

第二节　先秦造物观念对造"壶"的影响

就青铜造壶活动而言，先秦造物观念对其影响是不言而喻的。先秦造物观念具备多维性的特点，它包括伦理观、价值观、材料观、技术理性观等多个方面，其中"物以致用"的适用见我们将留下一章，在"壶形器的形制与功能"中再作阐述。影响造壶活动的有物以致用的、适用观顺天从命的天命观、取象比类的自然观、因物赋形的造型观、审曲面势的材料观、技以载道的技术观、器以藏礼的伦理观等。

一　顺天从命

顺天从命，顾名思义就是对于自然力的绝对服从，亦谓之"天命观"。顺天从命的观念从殷商到西周是有变化的，其变化主要是对于"天"的认识的转变。商人崇拜的神分为祖先神、自然神和天神，在对祖先的崇拜中强调的是自己与祖先之间的血脉关系的身份认同，通过祖先崇拜强调了自身与祖先之间的关联。在"天命玄鸟，降而生商"。的诗句中，玄鸟无疑是商的先祖与"天"之间的桥梁，与其说"商"（或者说是商王）与"天"之间是一种臣属的关系，不如说"商"是"天"的化身，代"天"行使权力。这种授权可以被看作一种象征或者信念，它使人们笃信"天"是得到各种权力和力量的根源。商人所信奉的天神——"帝"，"帝"在商人心目中类似于后世至高无上的"天"的概念，它代表一种无人能及的力量，也是一种非人的存在，是自然的主宰。正如陈梦家先生所说："上帝与人王并无血统关系……殷人的上帝是自然的主宰，尚未赋以人格化的属性；而殷之先公先王先祖先妣宾天以后则天神化了，而原属自然神（如山、川、土地）则在祭祀上人格化了。"① 到西周初年，与后世基本相同的"天"的观念出现了。

　　　　天休于文王兴我小邦周，文王惟卜用，克绥受兹命。

　　　　　　　　　　　　　　　　　　　　　　　　《尚书·周书》

　　　　文王在上，于昭于天。周虽旧邦，其命维新。

　　　　　　　　　　　　　　　　　　　　　　《诗经·大雅·文王》

　　　　有名自天，命此文王。

　　　　　　　　　　　　　　　　　　　　　　《诗经·大雅·大明》

　　　　皇矣上帝，临下有赫，监观四方。

　　　　　　　　　　　　　　　　　　　　　　《诗经·大雅·皇矣》

　　如果说殷商之时"帝"是万物主宰的至上神，那么西周初年开始，"天"就替代了"帝"而成为至上神。这时作为至上神的"天"所具有的神力则超过了"帝"，"天"不再仅仅是自然天象的主宰，他还注重人事，关注人间事物。同时与商之"帝"所不同的，他与"天"是有血脉关系的，周王是"天"之"大子"，人民是"天生烝民"，"天"与祖先神一脉同宗，进而强调"王承天命"，由此建立起上帝即祖先神的一元化

---

① 陈梦家：《殷墟卜辞综述》，科学出版社1956年版，第580页。

宗教①，天命观由此而生。"天"作为至上神，"天"在与人的关系中占绝对主导的地位。这种顺天从命观念形成的原因主要有两点：一是"生命"对于"天"的依存关系。在对于宇宙、自然、生命等的认识还很浅显或者根本无认识的时代，面对日月星辰、风雨雷电充满了惊奇与恐惧，于是先民用"命自天降"、"万物有灵"的观念来解释自然现象以及人生命运，以求得与自然和谐相处。二是对于自然力的不可抗拒，从而信奉祖先神、自然神以及天神，崇拜神祇以及它所具有的神奇力量。"天"既可以创造生命，又可以夺去生命，在这相互矛盾的给与夺之间，"天"就是至上的主宰者。

西周初年，周人用"天"取代"帝"打破了原有部族的狭隘概念，促进了周疆域的统一，"普天之下，莫非王土；率土之滨，莫非王臣"，周王理所应当的成为"天下共主"。在商人的基础上，周为进一步夯实自己的统治地位，捋顺社会等级关系而颁《周礼》，在《礼记》中有：

> 是故夫礼必本于大一，分而为天地，转而为阴阳，变而为四时，列而为鬼神。其降曰命，其官于天也。
>
> 《礼记·礼运》

孔颖达疏曰："'分而为天地'者，混沌元气既分，轻清为天在上，重浊为地在下，而制礼者法之，以立尊卑之位也。"在顺天从命的造物观念中有两层内涵：其一是统治阶级受命于"天"，代"天"行使权力，其二是被统治阶级对"天命"的逆来顺受。正是出于对祖先神、天神的顶礼膜拜，如何与神灵沟通成为当时人类重要活动的主要内容，巫术、祭祀等活动的主要目的就是沟通天地人神，而在与神灵沟通的仪式上不可或缺的是各式的青铜礼器，青铜壶形器就是其中之一。中国进入青铜时代的一个典型特征是青铜的发明并没有被用来制作生产工具，提高生产效率，而是被大量地用来制作青铜礼器和兵器，正所谓"国之大事，在祀与戎。"通过想象而创作的集神秘、威严、智慧超然于一身的兽面纹样被大量地装饰在青铜壶形器的表面，它们是帮助巫觋沟通天地人神的重

---

① 参见王小盾《原始信仰和中国古神》，上海古籍出版社1989年版，第151页。

要助手，它们是天的使者，它们传播着天地间的信息。大量的青铜礼器的铸造，反映出青铜器很快成为宗法神权政治的工具，被赋予的功能则是向祖先神、天神表达人民无比崇敬敬仰的心情。商中期以后多数的青铜壶形器的器内底、器外底、口沿或者器盖内壁等位置开始被铸刻上明显带有氏族徽号形制的文字或者图形，以及商后期出现的"子子孙孙永保用"铭文，也正是在顺天从命的造物观念的影响下，带有明显的家族兴旺的炫耀之意。负载于青铜壶形器上的纹饰、铭文是人们顺天从命的造物观念，以及以天为核心的"天命观"对周围事物的关系分析的产物。同时方壶和圆壶的使用在先秦社会是具备象征含义的，士阶层使用圆壶也是出于"为士者以顺命为宜"的观念。

顺天从命是在"天命观"范畴下衍生出的造物观念，在宗法制度不断完善的先秦时期，是统治者用以维护政治统治的工具。作为青铜礼器重要组成部分的壶形器也成为先秦时期造物观念与宗法制度演变的物化载体之一，它是我们对当时社会的文化现象作出客观诠释的媒介。

二　取象比类

思维方式是一切文化的主体设计者和承担者。世界上每个拥有自己的文化传统的民族都拥有自己的思维方式。作为心里底层结构的外在表现，思维方式也是民族特殊性的重要标志。思维方式有极强的渗透性，它体现在一个民族的科学、道德、宗教、艺术、法律、哲学等各个不同的精神现象领域，贯穿于该民族的政治、经济、外交、生产以及一切日常生活的实践之中，并对它们的形态和特质产生重要影响。[①]

取象比类不仅是中华民族传统思维方式之一，也是先秦造物观念之一。它是指运用直观的概念和符号表达对象世界的抽象意义，并通过类比、象征等手段把握对象世界的思维方法，也被称为意象思维方法。具体地说，就是以"象"为工具，以认识、领悟、模拟客体为目的的思维方法。取"象"是为了归类或比类，即根据被研究对象与已知对象在某些方面的相似或相同，推导在其他方面也有可能相似或类同。取象

---

① 参见张岱年、成中英等《中国思维偏向》，中国社会科学院出版社1991年版，第207页。

的范围不是局限于具体事物的物象、事象，而是在功能关系、动态属性相同的前提下可以无限地类推、类比。在这里我们还要提到一个概念，就是"象思维"。"象思维"是王树人先生从哲学的角度对比西方的概念思维方式提出的理论与方法，对研究中国传统思想文化具有重要意义。象思维不仅是取象比类思维方式的基本特征，也是中国传统思维方式的最根本特征。如果将概念思维和逻辑思维看作理性思维，那"象思维"则属于非理性思维的范畴。王树人认为与概念思维相比较，"象思维"至少具有三方面的优越性：其一，"象思维"具有与对象直接关联的直观（或直觉）的生动性；其二，"象思维"在表象中能显示对象在动态中的整体性；其三，"象思维"借助联想力具有能从一点把握整体的全息性[①]。

"象"，本是一个名词，动物之名称。许慎这样描述："象，南越大兽。长鼻牙，三年一乳。象耳牙四足尾之形。"[②] 在汉文字发展使用过程中"象"与"像"通用，《周易》中有：

象也者，像也。

《周易·系辞下》

象事知器，占事知来。

《周易·系辞下》

以制器者尚其象。

《周易·系辞上》

取象比类的造物观念不仅体现了先秦先民的主体意识，同时也表现出自然对于主体意识所造成的必然影响。王前根据"象"的不同抽象程度，将"象"大体划分为四个层次，分别是物态之象（各种具体事物某一方面的形态，如天象、气象、市井百态等）、属性之象（从各种物态之象中抽象出的事物某一方面的属性）、本原之象（各种属性之象的内在联

---

① 参见王树人、喻柏林《传统智慧再发现——常青的智慧与艺魂（上卷）》，作家出版社1996年版，第63页。

② （东汉）许慎撰，（清）段玉裁注：《说文解字注》，上海古籍出版社1988年版，第459页。

系，揭示事物的本质属性）、规律之象（事物各本质属性间的必然联系）①。对"象"的考察，相应地会以"象"的形式去把握、创造从而与自然世界联系起来②。正是由于对"象"的认知，对于不同物态在其功能上相近相通的认知体验，使得包括阴阳五行在内的许多先秦学说可以在艺术与技术的领域得到广泛的应用。政治、宗教、文化和社会生活等因素激发了主体运用个性因素进行各种造物活动。先秦造物活动的"制器尚象"、"观物取象"、"立象尽意"等都与"取象比类"的造物观念有着直接的关系。

通过先秦壶形器的形制、纹饰、铭文等，我们可以看到先民自发而又自觉地进行"制器尚象"、"观物取象"、"立象尽意"的造物活动，他们以其创新精神创作了大量作品，同时他们又不断地从他们自己的作品中获取灵感，从而不断强化审美形式对主体情感的表现能力和艺术装饰功能，也使得创造物具有浓厚的象征意味。

首先，从形制看。先民从瓠瓜的造型中获得启示，使让他们明白鼓腹的器物可以用来盛装食物，于是他们取"瓠瓜"之"象"而造"壶"。先秦时期大量仿生造型的壶形器也正是先民"观物取象"的创造。而壶形器作为青铜礼器之一，除具备实用功能之外，还具象征的意义，其象征意义既包括对于其所特指的家族身份和社会身份的认同功能，亦包括神权、王权、卿权的象征功能。除此之外，我们还注意到，壶形器的主要形制是方形和圆形的，更有甚者方中见圆，圆中见方，最为典型的有江西新干大洋洲出土商代晚期的兽面纹方壶，颈圆而肩腹方，旧金山亚洲艺术馆藏西周中期凤纹壶，上半圆细，下半椭方。这与"天圆地方"的传统观念不无关系，而天圆地方也正是取

图3—2 曾侯乙联禁对壶

---

① 参见王前《论"象思维"的机理》，《中国社会科学院研究生院学报》2002年第3期。
② 参见李立新《中国设计艺术史论》，天津人民出版社2004年版，第47页。

象比类的结果，从早期玉琮的内圆外方，到青铜礼器的方圆结合，正是天圆地方观念的延伸与拓展。曾侯乙墓出土的联禁对壶（图3—2）是已知最大的铜对壶，壶的形制是模仿同期方壶的形制而作的圆壶，而盛放两壶的联禁则完全以方构成。作为大型祭祀、飨宴才使用的盛酒礼器，在其方与圆的对比与协调中，我们能体会到先民以方圆去象征天地的造壶动机。

其次，从纹饰看。装饰于壶形器上的各种纹饰，无论是狰狞可怖的动物纹，还是仿制绳索的绳络纹，甚至是从自然的秩序中获取灵感而创作的几何纹饰，都具有典型的象形表意的特点。对于器上纹饰的功能，各方学说层出，但是可以肯定的是，这些负载于器物上的纹饰是具有象形表意的功能的，并通过一整套社会行为规范——"礼"，将人与社会、自然结合起来，最终形成一个大型的综合性表意系统。这些纹饰都具有"取象"的特点，或写实、或抽象、或夸张……作为礼器或者祭器的壶形器，器形的作用决定了其器身装饰的神秘与凝重。兽面纹是最为典型的代表之一，借助于先民的想象力，突破时空的限制，将幻想与现实结合起来，我们看到的不仅是狞厉雄浑、繁缛精细的纹饰，还有商人对于鬼神和祖先的崇拜之情。云雷纹则是自然物态秩序感的启发，通过流畅生动的抽象线条与充满节奏感的组织形式，穿插、勾连、重叠、交错，不仅构成了充满秩序与节奏的图形，同时也表现出先民对生命和自然规律的认知。

最后，从铭文看。众所周知，中国文字是世界文字史上使用最持久的象形文字，是一种完全不同于西方拼音文字的文字体系。被称为"六书"的"象形、指事、会意、形声、转注、假借"是汉字造字的基本方法。一般认为，六书中象形、指事、会意、形声属造字之法，转注、假借属用字之法，其中象形是汉字造字的最基本手段，汉字多以形表意或以象形为其根本。象形者，画成其物，随体诘诎。所谓以形表意或借汉字的创造来表达思想，实质上都是源于"取象"。另外铸刻于青铜壶形器上的铭文文字的内容也具有象征性的表意作用，铭文的内容从殷商中期以家族姓氏为主，到商晚期以后的祭祀典礼、称扬先祖、征伐功绩、赏赐诰命等内容，字数也由早期少数几字发展到几十字，直到战国晚期的四百余字，除去铭文内容本身对事件的记载，它们也是神权、王权的象征。

先秦时期"近取诸身,远取诸物"的取象比类造物观念,不仅是运用抽象、象征等手段将对象符号化,也是对象在主体意识中的定型化,更是主体情感表达的方式。

三 因物赋形

所谓因物赋形,是指尊重表现对象的特征与规律,准确而自然地表现对象的形象与特征的造物观念。"物"指客观对象,包括自然事物和社会活动等;"形"指所表现出的客观对象的形态与面貌。造物观念的因物赋形包含两个层面的含义,既包括依物赋形,也包括因形赋纹。

我们知道先秦早期的青铜器制作是在陶器制作的基础上发展而来的,最初的青铜器的器形多数是模仿陶器的形制。陶器的器形最初本是一种简单的对自然界事物的稚嫩仿制,但是随着制作技术的不断发展,稚气褪去,更多地体现出先民对自然界的事物典型特征的把握能力以及颇具装饰意匠的艺术表现能力,这些能力也被青铜器铸造者运用到壶形器的铸制工艺之中。所有的壶形器基本以圆和方为主导,这里除了象征着"天圆地方"外,更值得注意的是,壶形器中的壶和卣多圈足,偶见三足器,而青铜盉常见三足或四足器。三足器是原始陶器中常见的器形,且圆形器的器足多为三足,这样的组合既稳固又美观,说明先民早在原始社会时期就在实践中掌握了审美与力学规则相协调的原则。四足多用于仿生造型的器形和方形的器形,如商代晚期的鸮卣,器形为两鸮相背;西周中期的鸭形盉;商代晚期的左中右方盉等。

图3—3 虎食人卣

青铜壶形器的仿生形态主要是指器形对于自然界生物形态的模仿,先秦早期青铜壶形器的仿生形多为动物形和人兽形,以鸮、鸟、龙等最为常见,形态生动,逼真而富有情趣。如妇好鸮卣,整器为一只安详站立的鸱鸮,体态丰腴,趾高气扬,宽大圆硕的器腹是鸮之躯干,鸮首的后半部分为器盖，鸮尾扁平垂于地面与两粗壮的鸮足正好成为器之三足，构思巧妙，形态逼真。还有虎食人卣（图3—3）亦是一件生动的仿生作品，老虎双目圆瞪，嘴大张，被食的人惊恐的表情，让人看过之后不禁心有余悸。仿生形态所表现的动物被赋予了神性的威力，这正是商人自然崇拜的印迹。在殷商的青铜器上人的形象是较为少见的，除了虎食人卣以外，还有人面盖圈足青铜盉，该盉以人面为盖，五官刻画生动，粗大的双眉，圆睁的双目，以及巨大的鼻和嘴，让人看后过目不忘。先秦中期以后的仿生壶形器不再具有这样摄人心魄的震慑力，褪去了早期的诡异与神秘，仿生的形态更为生动传神，整器为仿生形态的器物多为酒尊，而壶形器中的仿生形多见于盖钮、壶肩腹两侧的附耳、卣提梁两端的兽首、盉流等处。莲鹤方壶上振翅欲飞的婀娜立鹤，它盉上自在游弋的水鸟，龙耳方壶颈侧的匍身回首的双龙等，都让我们有太多惊叹，叹其制作之精，构思之妙，造型之美。金胜村鸟形盉更是一件不可多得的精湛之器，对鸟的形态的准确把握，器表对鸟的文羽概括而细致的刻画，器底为了保证整器平衡而伸出的虎形支脚，用精美绝伦来评价它绝不过分。

  我们注意到这些造型虽然仿自自然和生活中的动物或者人物，它们在运用写实手法的同时也大量地运用了夸张的造型手法，这些仿生器物体现出先民对于自然界事物的细致观察和对生活的热爱，他们在怀揣着渴望与热情逐渐开启未知世界大门的同时，也被自身能力所困扰转而去求助神秘力量的无奈。

  青铜壶形器上抽象的动物纹饰与所有青铜礼器上的动物纹饰一样是统治阶级用以炫耀自己与神的近距离的媒介，借助神的余威使自己的政治统治神圣化，壶形器因此具有浓郁的社会功利属性，所以不论器物还是纹饰都不可避免地涉及宗教与政治的象征意义。器形与纹饰的相得益彰，说明先民在装饰纹饰的同时会考虑器形的功能与用途。杰西卡·罗森认为"所有的装饰纹样在特定的环境之内，都是专为某类型的器物而设定的"[①]。主纹往往被装饰于器腹、肩部、圈足等空间较为宽阔的位置，纹饰图案大而醒目，辅纹则多在空隙处作填充，同时我们也注意到无论

[①] ［英］杰西卡·罗森：《祖先与永恒：杰西卡·罗森中国考古艺术文集》，邓菲、黄洋、吴晓筠等译，生活·读书·新知三联书店2011年版，第5页。

主纹还是辅纹在装饰的空间内总是"因形赋纹"。还是以虎食人卣为例，该卣花纹遍布器表，虎背饰兽面纹，前腿饰龙纹，人的双臂饰龙纹，臀部及大腿饰蛇纹，云雷纹则无孔不入地填满所有空隙。商代中期和晚期先后出现了二重花纹和三重花纹，以动物纹为主纹，以排列整齐密集的云雷纹、羽状纹等纹样为底纹，并通过对动物的角、尾、羽、冠等部位的特性的夸张，使纹样呈现繁缛诡秘的特征。恰到好处的位置安排使得主纹与辅纹间的强弱对比得以调和而形成有机的整体，器物看上去层次分明，井然有序。

先秦中期以后，壶形器纹饰的诡秘色彩逐渐淡化，进而追求形式美感，动物纹褪去了威严规整而富于图案化，大量富于节奏与韵律的几何纹、象形纹的出现，不仅使器物的整体美感增强，同时也是西周青铜纹饰走向规范化、条理化的表现，纹饰的秩序感与西周所颁行的周礼相契合。如散父壶、向壶等器物以垂鳞纹为主纹，"鳞"片层叠，产生立体的美感，使用垂鳞纹的壶形器多为水器，垂鳞纹与波光粼粼的水面有着类同的形式美。先秦晚期现实生活题材的画面出现在壶形器纹饰中，最为典型的是故宫博物院藏战国早期宴乐狩猎水陆攻战纹壶，该壶的三个纹饰带的放置具有典型的因形赋纹的特点，天空、地面和水面三个层次被依照自然界中的顺序由高至低地安置于器表。动物（大雁）不再是主题，而成为人的"涉猎"物，处于画面的次要地位。这种以人为主体的画面充分展示了人们的蓬勃生气，同时也是先秦晚期人们自我意识高度觉醒的表现。

因物赋形的造物观念是先民在造物活动中不断认识自然的结果，创作主体个性化的审美情趣与宗法制度浓厚的教化色彩，在因物赋形观念下被完美地揉为一体，历经几千年之后我们仍能在这些精美的壶形器上看到宗法礼制的"色彩"。

四　审曲面势

审曲面势是指考察材料的曲直纹理、阴阳向背、形状等特点[①]，是中国古代主要的造物观念之一。它揭示了中国传统造物的一个普遍规律：造物活动应从物质材料的特性入手，物质材料的特征与性能决定造物的

[①] 参见戴吾三《考工记图说》，山东画报出版社 2003 年版，第 17 页。

工艺与方法。审曲面势最早见于《考工记》：

> 审曲面势，以饬五材，以辨民器，谓之百工。
>
> 《周礼·考工记》

审曲面势的核心在于"审"，它既是观察又是设想，既是对各要素所作的反应，又是灵活应变的设计。① 《考工记》随后又明确提出了注重内在统一？与自然相融合的造物原则，也可称之为价值标准的"天有时，地有气，材有美，工有巧，合此四者，然后可以为良"。在这个原则中，"天时"、"地气"、"材美"强调的是自然环境与物质因素对造物的影响，"工巧"强调的则是人为因素的影响。对于这个原则，《考工记》中接着说：

> 材美工巧，然而不良，则不时，不得地气也。
>
> 《周礼·考工记》

由此可见，在古人看来，"天时"与"地气"是创制优质产品的核心因素。"天时"是指按季节的变化合理安排造物活动，不可违背自然，更进一层地理解是指造物活动要适应时代的变化，这也正是我们可以从壶形器的工艺、形制、纹饰、铭文等特征判断其属于哪个时代造物遗物的原因。"地气"则涉及地理、地质、生态活动等多种客观因素，这些客观因素既包括自然因素，如天然资源、气候条件，也包括社会因素，如地域文化等。《礼记》也曾记载了地理气候对人们的性情与习俗的影响。

> 凡居民材，必因天地寒暖燥湿，广谷大川异制。民生其间者异俗，刚柔、轻重、迟速异奇，五味异和，器械异制，衣服异宜。
>
> 《礼记·王制》

地理气候对一个民族造物艺术风格的影响，是一个涉及心理学、社会学、宗教学、民族学、文化人类学、体质人类学等知识和材料的庞大课题。黑格尔说："我们不应该把自然界估量得太高或者太低：爱奥尼亚

---

① 参见李立新《中国设计艺术史论》，天津人民出版社 2004 年版，第 57 页。

的明媚的天空固然大大地有助于荷马诗的优美,但这个明媚的天空决不能单独产生荷马。"[1] 黑格尔虽然并不赞成"地理决定论",但是他却肯定了地理因素对文学、艺术风格的影响。在具备了"天时"与"地气"这两个决定性因素之后,第三个因素是材美,"材美"指材料因色泽、肌理、质感等因素而呈现的美感。在第二章中我们也曾提到,在古人看来"燕之角,荆之干,妢胡之笴,吴粤之锡金"均为材美者,而古人对于材料的选择和产地有着很大的关系。所以"材美"不仅仅是材料的美感,还涉及材料的选择。最后则要通过人为的技术工作实现造物活动的结果,那就是工巧。"工巧"顾名思义是指能工巧匠,工巧的关键在于技术,但其核心是人,造物活动的结果最终是由人来实现,"人"是造物活动的核心因素。我们在第二章中曾对先秦时期长江流域和黄河流域的古铜矿遗址、矿冶遗址、铸铜作坊遗址等做过较为详细的介绍,储量丰富的铜资源是先秦青铜铸造业赖以发展的物质基础,青铜铸造业也正是沿着矿脉逐渐发展起来的。

杰西卡·罗森对大英博物馆藏的两件先秦青铜卣作了原子光谱测试,所求得的含铜量有所差异,她认为其中一件为中原地区器物,另一件为东南器物,中原器的含铜量高于南方器,且东南器的器壁较中原器薄,花纹也没有中原器清晰,她认为这与制作陶范的陶土质地有着直接关系[2]。她的结论间接地指出"天时"、"地利"直接影响着铸造器物的质量。这也正是大量花纹精美、器形厚重的青铜壶形器多出土于中原地区的主要原因。青铜壶形器的"材美",包括陶土的质地、铜料的选择、锡铅的比例等,失模法中所要失去的"模"的质地也是设计制作者需要提前考虑的"材美"问题。除了铸造工艺外,青铜壶形器装饰工艺的选材亦十分重要,被装饰于器物上的镶嵌物、错嵌物往往成为瞩目的焦点,在选材与工艺上更是精益求精。如国家博物馆藏战国中晚期镶嵌绿松石铜方壶所使用的镶嵌绿松石工艺,不仅对青铜器的铸造技术有很高的要求,对于嵌于其上的每一片绿松石亦有很高的要求,由于镶嵌用的绿松石片要求小而薄,每一片小小的绿松石嵌片都包含着难度不小的做工,

---

[1] [德] 黑格尔:《历史哲学》,王造时译,上海书店出版社1999年版,第85页。
[2] 参见 [英] 杰西卡·罗森《祖先与永恒:杰西卡·罗森中国考古艺术文集》,邓菲、黄洋、吴晓筠等译,生活·读书·新知三联书店2011年版,第60页。

它们都是严格按照一定的形状和规格研磨削切成的①。除了镶嵌工艺外，我们在第二章提到的错嵌、鎏金、刻纹、髹漆等青铜装饰工艺亦是如此，每种工艺在选材和工艺上都要求精益求精，因为先民早已知道只有这样才能制作出精美绝伦的产品，在我们审视那些历经千年洗礼而光彩依旧的壶形器时，我们深深地明白先民"审曲面势"的造物观念是制作精美器物的关键所在。

五 技以载道

技以载道是涉及技术伦理的造物观念，它形成于先秦时期，对中国传统造物的影响可谓深远。一直以来，我们常提"器以载道"，而在"道"、"器"之间作为实现"器"的手段的"技"则常被忽略，这也正反映出中国传统思想中对于"技"的轻视。"道"是中国传统哲学中特有的一个基本范畴。《周易》这样言"道"：

> 形而上者谓之道，形而下者谓之器。
>
> 《周易·系辞上》

《说文解字》对道的解释是"道，所行道也。从辵首，一达谓之道。"②《辞海》中对于"道"的解释则有十七条之多。"道"除去最基本的含义道路外，还有其他含义，如：法规、法律；方法；宇宙万物的本源、本体；一定的人生观、世界观、政治主张或思想体系；封建伦理纲常等。在"技以载道"的观念中，"技"主要指造物活动中所采用的技术途径与方法，而"道"则在思维层次上超越了人们对于各种具体途径和方法的认知体验，是一个高度抽象的概念，是通过"技"所体现的对规律、途径、方法的认识。可见"技"有形而"道"无形。

先秦诸子对"技"与"道"的关系均有论述，他们的观点虽各不相同，但是却从不同的侧面阐释了技以载道的技术伦理观念。先秦儒家的

---

① 参见北京市玉器厂技术研究组《对商代琢玉工艺的一些初步看法》，《考古》1976年第4期。

② （东汉）许慎撰，（清）段玉裁注：《说文解字注》，上海古籍出版社1988年版，第75页。

造物观念注重器物的实用性，提倡经世致用，反对奇技淫巧。在先秦儒家经典《尚书》中就有载有：

> 郊社不修，宗庙不享，作奇技淫巧以悦妇人。
>
> 《尚书·泰誓下第三》
>
> 不役耳目，百度惟贞。玩人丧德，玩物丧志。志以道宁，言以道接。不作无益害有益，功乃成。不贵异物贱用物，民乃足。
>
> 《尚书·旅獒第七》

《泰誓》中的这句话记述的是商王不扫治宗庙，不举行祭祀活动而用"奇技淫巧"取悦妇人的故事。孔颖达疏："奇技"谓奇异技能，"淫巧"谓过度工巧，二者本同，但"技"据人身，"巧"指器物为异耳。仅凭"过度"二字我们就可以体会出儒家对于技术有"度"的要求，即"适度"，过之则为"淫巧"。《旅獒》篇中所载，清楚地表述了先秦儒家强调节俭的技术评价标准。对于孔子的节用观我们在前文曾论及先民生活方式对于造壶的影响时也曾提到，儒家宁俭勿奢的技术伦理观念与儒家"惠民"的政治伦理主张是密切联系的。

在道家思想中，对于"道"的认识更加深刻，在道家看来，"道"是世界的本原，正所谓"先天地生"。道家关于"技"的论述需要分为两部分来看，第一部分是对于"技"的赞，第二部分是对于"技"的恶，这两部分是互相依存、缺一不可的，它们共同构成了道家"技以载道"的造物观念。

《庄子》关于庖丁解牛、运斤成风、津人操舟、轮扁斫轮的故事，都是关于人在实践活动中"技"能够达到"道"的境界的事例。在这里道家强调的是通过"技"使人与工具和谐统一。这是关于技的"赞"的部分。关于技的"恶"，老庄有这样的论述：

> 天下神器，不可为也。为者败之，执者失之。
>
> 《老子·治国》
>
> 民多利器，国家滋昏，人多技巧，奇物滋生。
>
> 《老子·治国》

> 有机械者必有机事，有机事者必有机心。机心存于胸中，则纯白不备，即神生不定；神生不定这，道之所不载也。吾非不知，羞而不为也。
>
> 《庄子·天地》

显然这是道家对于"技"的"恶"的认知。单独来看这些论述，我们是会得出道家对于技术的厌恶的结论，然而道家的思想是不能仅仅用他们的一两句话来总结的，他们的思想贯穿于道家全部的典籍篇章中，所以将"赞"与"恶"两部分结合在一起来看，道家对于"技"与"道"关系的论述与儒家有相同之处，他们都反对奢侈浪费而提倡节俭，然而儒家的思想因其"入世"的积极政治理想而落实于"惠民"的政治主张，道家"技以载道"的观念则体现在人与技术、工具之间的关系，强调的是人与自然物的和谐相处。

墨家的代表人物墨子不仅是先秦时期著名的思想家，也是一个精通器具制造的匠师，墨家的"技以载道"的造物伦理观注重的是工匠的道德修养与技术的社会影响。墨子关乎"技"与"道"的论述主要有：

> 坚车良马不知贵也；刻镂文采，不知喜也，何则？其所道之然。
>
> 《墨子》
>
> 故所为功，利于人谓之巧，不利于人谓之拙。
>
> 《墨子》
>
> 食必常饱，而后求美；衣必常暖，而后求丽；居必常安，而后求乐，为可长，行可久，先质而后文。
>
> 《墨子闲诂·十五卷》

在《辞过篇》墨子还提倡修建宫室不要为了观赏，而应该以方便生活为目的；制作衣装不应求华美奢丽，而应以方便穿着为目的；制作车船要讲究轻捷便利，方便装载货物。无疑，墨子的思想是讲究实用的，是功利性的。墨家与儒家和道家一样，对于"奇技淫巧"所持的态度是一致的，甚至更为极端地提倡节俭，一度被学术界认为"墨子企图极大地限制甚至取缔人们除基本生存需要之外的一切消费，实际上就违反了社会发展的客观规律，是行不通和不会有什么结果的。而这，就正是小生产劳动者的狭隘眼界的悲剧"①。这是一种误读，墨子所谓的"节俭"是在满足所有人的生活需求的基础上才可以追求"文"，这与当时人民生活的条件与环境有着极大的关系。而结合《墨子》中《备城门》等十一篇关于防御战术、守城门的兵器与工具的研究，以及墨家对于"技"与"道"的论述的观点，我认为墨子关于技以载道的造物观念是落脚于"兼利天下"的功利思想，和他的政治主张也是一致的。

再看法家，法家思想的代表人物有李悝、商鞅、韩非子、李斯等人，其思想主要收录于《韩非子》、《管子》②、《商君书》等典籍中。法家思想的中心是"以法治国"，并提出了一整套的政治主张和治国方法。"法"最初的含义并非法律，而是技术标准。

> 尺寸也，绳墨也，规矩也，衡石也，斗斛也，角量也，谓之法。
> 《管子·七法》
> 先王悬权衡，立尺寸，而至今法之，其分明也。
> 《商君书》

作为技术尺度的"法"的含义最终被引申为道德行为规范的尺度"法律"。

> 法令者，民之命也，为治之本也，所以备民也。
> 《商君书》
> 奉法者强则国强，奉法者弱则国弱。
> 《韩非子》

历史学家认为，春秋战国时期秦国的强大和其"依法治国"有着必然联系，而李约瑟更认为秦国"如果没有某些工艺技术作为他们新的社

---

① 李泽厚：《中国古代思想史论》，生活·读书·新知三联书店2009年版，第54页。
② 《管子》一书成书较晚，其归属学界持不同的态度，有将其归入儒家，亦有将其归为法家。客观地看，《管子》一书以管仲治国的思想为基础，以法家思想为根本，吸收了儒家、道家、阴阳家等先秦学派的思想而成。

会理论的基础,他们怎能竟然取得如此的成功?"① 也就是说,秦国法制的根本在于其关于"尺度"的"技术"理论基础。

法家早期的代表人物李悝曾经几近偏执地反对"奇技淫巧":

> 雕文刻镂,害农事者也;锦绣纂组,伤女工者也。农事害则饥之本也,女工伤则寒之原也,饥寒并至而能不为奸邪者,未之有也……故上不禁技巧,则国贫民侈。
>
> 《说苑·反质》

我们还注意到提倡"重农轻商"的韩非子在《五蠹》篇中将从事工商活动的人贬称为"蠹虫",对于工商活动的敌视,在一定程度上限制了技术活动的开展。《管子》更把"雕文刻镂"称作"末作","锦绣纂组"称作"文巧",并提出:

> 凡为国之急者,必先禁末作文巧。末作文巧禁则民无所游食。民无所游食,则必农。
>
> 审量度,节衣服,俭财用,禁侈泰,为国之急也。
>
> 《管子》

在这一点上,法家与儒道墨是相同的,都反对"奇技淫巧",而其反对的原因是因为他们认为"奇技淫巧"的流行会使劳作的人意志不坚,荒废农事;而从事手工技艺的人都是为了逃避农战。

> 声服无通于百县,则民行作不顾,休居不听。休居不听,则气不淫;行作不顾,则意必壹。意壹而气不淫,则草必垦矣。
>
> 《法经》
>
> 要靡事商贾,为技艺,皆以避农战。
>
> 《商君书·农战》

---

① [英]李约瑟:《中国科学技术史(第二卷 科学思想史)》,科学出版社1990年版,第237页。

《管子》的观点并没有那么偏激，他"立器械以使万物"的思想则是要求人们合理利用自然界所提供的材料去造物，他强调技术对于民生的功用，如果过度地强调技术而不利民生，则不可为。

> 今工以巧矣，而民不足于备用者，其悦在玩好；农以劳矣，而天下饥者，其悦在珍怪，方丈陈于前；女以巧矣，而天下寒者，其悦在文绣。
>
> 《管子》

法家关于技以载道的造物观与其政治观点也是一脉相承的，对于"技"的尺度的掌握是其思想的核心，由于"重农轻商"的政治主张使得"技"的发展受到局限。

纵观先秦儒、道、墨、法关于"技以载道"的造物观念，各自有着隶属于自身学派的特点和主张，然而他们几乎共同地抵制了"奇技淫巧"，只是角度不同，这不禁让我们联想到战国以后的壶形器多数以铺首衔环为两侧饰，而少了商周和春秋时期的龙形、凤形、犀首立耳，并且常有素面器出现，这些形制与纹饰的变化正是这一时期的"技"、"道"关系的写照。同时在技以载道的造物观念中，我们也体会出先秦先民造物活动的根本出发点是物以致用，即实用的原则。不论儒道墨法各家"技以载道"的观念间有着怎样的区别与联系，他们都认为造物活动的根本目的是适用。

六　器以藏礼

器以藏礼是指按照礼的要求而确立的一整套用以显示身份等级的尊卑贵贱的、具有象征使用者的权力与地位的器用制度。被使用的器物实质上是礼的物化，它们被赋予了"礼"的神圣外衣。身着"礼"的外衣的器物我们一般将之称为"礼器"。器以藏礼的观念属于先秦造物伦理观的范畴，其中的核心是"器"与"礼"的关系。《周易·系辞》中对于"道"与"器"关系的陈述，我们可知"器"是形而下的，是有形的，是指具体的事物。"礼"是中国古代传统文化的核心，它脱胎于原始巫术和祭祀活动，从周公旦颁布《周礼》始，"礼"逐渐成为中国古代社会用以维护等级制度的行为规范和道德规范的总称。先秦的典籍中有：

礼，经国家，定社稷，序民人，利后嗣者也。

《春秋左传·隐公十一年》

名以出信，信以守器，器以藏礼，礼以行义，义以生利，利以平民，政之大节也。

《春秋左传·成公二年》

我们知道在禹之前，部落联盟的首领的推举是采用禅让制，尧禅让给舜，舜再禅让给禹，禹禅让给了益，但益在三年后将首领的地位禅让给了禹的儿子启。据《韩非子》、《竹书纪年》、《战国策》等记载，益继位之后，遭到启的排挤，亦有说益被启诛杀……启建立了中国历史上第一个王朝——"夏"，划时代地开中国历史世袭王权之先例，它标志着中国社会由"天下为公"的大同社会进入"天下为家"的小康时代。政权的世袭带来的是特殊公共权力凌驾于社会之上，部落征战与兼并，刑罚法律的制定……社会等级分化，"礼"应运而生：

今大道既隐，天下为家。各亲其亲，各子其子，货力为己，大人世及以为礼，城郭沟池以为固，礼义以为纪，以正君臣，以笃父子，以睦兄弟，以和夫妇，以设制度，以立田里，以贤勇知，以功为己……故圣人参于天地，并于鬼神，以治政也。处其所存，礼之序也；玩其所乐，民之治也……礼义以为器，故事行有考也。

《礼记·礼运》

和谐的大同社会没落，社会失去了原有的秩序，统治者于是通过制定和颁行"礼乐"制度来区分君臣、父子、兄弟、夫妇等级身份，巩固人与人之间的等级关系，并且不断地规范化和系统化。而"礼义以为器"则是指统治者在施行政治统治的时候可以"礼义"为其协助。

李松认为："以器涵礼，礼在器中，道在器中，这是青铜艺术由商代到西周时代在精神内涵方面的一个重大的、质的变化。"① 然而这种精神内涵变化并不是从商代开始的,河南偃师二里头夏文化遗址出土的青铜器就带有礼制的特点,共出土爵、斝、盉、鼎、觚五件器物,已知最早经发掘出土的青铜盉就是其中之一。二里头遗址、宫殿群遗址、宗庙遗址的发现也证明了夏文化的礼制特点。宋镇豪分别对二里头二期的十座墓葬、三期的十一座墓葬和四期的十三座墓葬出土的陶质礼器和青铜礼器作了认真的比对和研究,得出"中国古代青铜礼器的组合是从二里头四期真正开始的。意味着在贵族阶层的礼仪生活领域,铜礼器有逐渐加速了取代陶礼器之势"②。夏作为中国原始社会向封建社会过渡的时期,在其专制集权制度形成的过程中,从原始巫术脱胎而来的"礼"也逐渐露出锋芒,虽然迄今为止并没有夏文字出土,但是从先秦古籍中我们仍然能看到很多与夏之礼制相关的内容:

夏后氏禘黄帝而祖颛顼,郊鲧而宗禹。

《国语·鲁语》

夏后氏以松,殷人以柏,周人以栗。

《论语·八佾》

有虞氏之两敦,夏后氏之四琏,殷之六瑚,周之八簋……有虞氏祭首,夏后氏祭心,殷祭肝,周祭肺。夏后氏尚明水,殷尚醴,周尚酒……

《礼记·明堂位》

夏道遵命,事鬼敬神而远之。

《礼记·表记》

从这些记载中不仅可以推断出"礼"在夏已有区别社会等级的作用,同时参与礼制活动的器物也具有区别等级的功能。进入商代更是如此,随着青铜冶铸业的不断进步,贵重而又耐用的青铜器物很快替代了陶器,而成为祭祀用礼器的"主力军"。从殷商墓葬出土青铜器物以礼器组合的

---

① 李松、贺四林:《中国古代青铜器艺术》,陕西人民美术出版社2002年版,第72页。
② 宋镇豪:《夏商社会生活史》,中国社会科学出版社1994年版,第283—284页。

方式来看，商周青铜器也具有"礼制"的特征。商人嗜酒，最后以致因酒而亡国，所以饮酒之风贯穿着殷商之始终，大量的殷商酒器的出土正是商人重酒的历史痕迹。从早期以觚和爵为核心的酒器组合方式，发展到酒器、食器、水器、礼乐器等器类繁杂而完善的组合形式，在这个过程中壶形器一直都处于较为重要的地位。如河南省罗山天湖晚商息族墓地中，较为大型的墓葬都有"卣"等青铜酒器出土，并配以鼎、甗、尊等其他青铜器①。商与周在礼器上最大的区别就是商以酒器为核心，而周以食器为重点。"明贵贱，辨等列"的"礼"的精神内涵在殷商之时已经深入"器"，酒器的质量和数量成为重要的礼制规范，也呈现出浓厚的政治色彩。

周人将商人崇敬的祖先神、自然神和天神合而为至上神——"天"，并建立了一整套强调伦理纲常，注重血缘关系的宗法制度来维护其政治统治，其目的就是"别贵贱，序尊卑"。王国维先生认为"礼"是周人为政之精髓，范文澜先生说周文化是一种尊礼文化，"礼"是周文化的核心，之后被儒家所继承和发展，所以"礼"也是儒家思想的核心。《论语》中有很多孔子尚"礼"的记载，如：

礼之用，和为贵，先王之道斯为美。

《论语·学而》

恭而无礼则劳，慎而无礼则葸，勇而无礼则乱，直而无礼则绞。

《论语·泰伯》

正是在这一宗法制度的基础上，先民们逐渐在形式上孕育出以儒雅为尚的文化范式，在行为上追求以淡定为尚的道德境界，在仪式上构筑以庄重为尚的人生礼仪。

"器以藏礼"的造物观念对先秦青铜壶形器的影响在本书中多次提及，在这里只做简要概括。总的看来，器以藏礼的造物伦理观影响着造壶活动的每一个环节。首先是材料的选择。先秦时期，青铜作为一种贵重的金属，只可以被少部分人所占有，只有具备一定的社会地位和权力的人才拥有使用青铜器物的资格，所以青铜壶形器本身的青铜质地就具

---

① 参见欧潭生《罗山天湖商周墓地》，《考古学报》1985年第2期。

有"别贵贱,序尊卑"的"礼"的内涵。第二,青铜器的铸造过程复杂,需要耗费大量的人力和物力,但是从问世之日起,青铜器就因其所特有的"礼"的属性而成为统治阶级的专有物,传世之器不谈,在所发掘的先秦墓葬中,我们只能在王公贵族的随葬品中看到以礼器形制出现的青铜壶形器的身影。第三,用途与功能体现的"礼"性。文中涉及的三种壶形器"盉"、"卣"、"壶",均属酒器,但是却具有不同的功能和用途,单从其名称、用途、功能的复杂,我们就能设想出在先秦礼仪活动的过程中,使用壶形器烦琐的规矩与程序。先秦的许多礼仪活动都对造壶活动有所影响,正是不同礼仪活动所用的器物所具有的专用性,使它们的形制也蕴含着身份等级的观念。第四,使用数量所体现的"礼"。《春秋左传·庄公十八年》有云:"名位不同,礼数亦异。"《周礼·秋官·司寇》中关于依据宾客的身份、职位高低而使用不同数量的食器、酒器,以及宴会的等级规定,由此可以看出,除了以器物来"明贵贱,辨等列",器物使用的数量也具有"礼"制的规范。器以藏礼的造物观念使人们强制性地赋予器物以某些特殊的性质,使器具具有"礼"的属性,成为某种社会行为规范和道德规范的符号,最终达到"明贵贱,辨尊卑"的礼制作用。梅珍生认为礼与器之间构成了一个相互诠释的过程:一方面,器具遮蔽了抽象的礼意,同时它又显现了礼意,器物为承载虚玄的"礼"提供了实物形态;另一方面,礼意又使得器具的文化内涵更为丰富①。第五,纹饰所体现的礼制。张光直先生认为"商周青铜器上动物纹纹样实际上是当时巫觋通天的一项工具……也正因此而是商周统治阶级的一项政治工具"②。青铜礼器是统治阶级对于通天的手段的独占,也是其获得和占取政治权力的基础。西周以后,几何纹样的大量运用,其纹饰的规整与秩序与周人追求的礼制秩序不无关系。最后,铭文所体现的"礼"的内涵。由商至周,青铜壶形器上的铭文,从早期的族徽发展到作器者名,再到长篇的涉及祭祀典礼、称扬先祖、征伐功绩、赏赐诰命等内容,其功能也是为了强调权力、身份的拥有,从而起到强化宗法制度的作用。关于纹饰与铭文所体现的礼制内涵,在后面的章节中我们将会作详细论述。

---

① 参见梅珍生《晚周礼的文质论》,博士学位论文,武汉大学,2003年,第58页。
② 张光直:《考古学专题六讲》,生活·读书·新知三联书店2010年版,第94页。

本章小结

  实用的需要和宗教、政治等意识形态的影响，极大地推动了先秦青铜壶形器的发展，这个发展的过程也正是先秦造物观念与审美意识、器与道、技与道之间逐步走向融合的过程。一方面是先民大量的造物实践，一方面是影响造物发展方向的先秦造物观念，这既是中国传统造物艺术观念和理论逐步完善的时代，也是人们的审美意识自发萌生的时代，对后世的造物活动、造物观念、艺术形式、艺术经验都产生了极为深远的影响。

  我们尝试从青铜壶形器的造物实践中探寻先秦造物观念的多种维度，这些传统观念既有积极的一面，亦存在消极的因素，在当代的设计实践中，我们不应该将这些观念奉为教条，而是要汲取其中所蕴含的哲学与人文色彩，那才能更贴近中华民族文化精神和价值内涵。

第四章　制器尚象　绝地天通

——先秦青铜"壶"形器的形制与功能

李济先生认为:"器物的形制不但有它的区域差异,也有时间上的演变。这两种不同的因素所引起的形制演变,表现在实物上可以有大量的偏差,产生出很多的变种,形制差异的变种可能具有同一名称,也可能有不同的名称。至于功能就更难说了。"[①] 通过对先秦青铜壶形器的形制与功能的探讨,我们会发现从技术、结构、功能、尺度、伦理等方面,先秦造物一直是在朝向一个规范化的方向发展,历经夏、商、西周种种历史变数,最终在经历了造物形态的多样化与造物思想的多元性的春秋战国之后,奠定了中国造物艺术发展的基础,确立了中国造物文化的基本框架。

第一节　形制的演变

从二里头时期青铜壶形器的产生,到商周时代的不断发展、创新,壶形器一直是先秦时期青铜酒器的重要组成部分,盉、壶、卣的造型也都有着各自不同的演变轨迹,其功能伴随着形制的演变而不断拓展,现依时间的变迁对盉、壶、卣的发展演变作归纳与分析。

---

① 李济:《殷墟青铜器研究》,上海人民出版社2008年版,第5页。

一 初始的模仿

先秦早期指夏商时期,即从二里头文化开始至晚商,这一时期是青铜壶形器从萌芽走向成熟的重要时期,从二里头文化铸造青铜容器开始,伴随着饮酒之风的盛行,壶形器应运而生,直至商代,青铜铸造工艺技术的进步,使得青铜壶形器逐渐成为青铜礼器的重要品类。

(一) 先秦早期青铜盉

考古工作者判定从偃师二里头遗址出土的陶制酒器有鬶、盉、觚等,并证明这一时期陶制盉已是重要的礼器,同时我们也看到二里头遗址有仿制陶盉的青铜盉出土。许慎《说文解字·皿部》解释:"盉,调味也。"① 吕大临也根据《说文》而在《考古图》中称"盖整和五味以共调也"②。而王国维根据陕西宝鸡出土的一批青铜器中有一盉,而认为"余谓盉者,盖和水于酒之器。所以节酒之厚薄者也"③。虽然陈梦家认为"王国维之说缺乏证据,以前曾加以怀疑,并推测它是和鬯于酒的温器,也仍需加以修正。"④ 其后的学者多从王说。容庚多次断定其说可行,并认为盉应该称作"镣","镣,温酒器也,三足有柄。"⑤ 郭宝钧的观点与容庚相若,认为"有足用立,且备受火,其形合其用"⑥。朱凤瀚则从墓葬出土成组的青铜礼器的组合关系与出土情况分析的角度,认为盉是水器⑦。从早期的铜盉封口袋足的形态来看,铜盉早期应曾是做温器。对于盉是酒器还是水器,诸位学者虽然存在分歧,但是对于器名确有明确的认识。在先秦文献中均未见盉这一器名,但是在周文化的铜盉中却数见自铭为盉的器物,如现藏于美国大都会艺术博物馆的季嬴盉、楚叔之孙盉等。

青铜盉在二里头遗址出土一件,它也是已知最早的铜盉,属二里头文化末期。它的基本形制就是鼓腹,有冲天管状流,主体为三个大的分档袋状足,其与流相对的一侧设鋬以为捉手,形制与同一时期的陶盉相

---

① (东汉)许慎撰,(清)段玉裁注:《说文解字注》,上海古籍出版社1988年版,第212页。
② (宋)吕大临、赵九成:《考古图》,中华书局1987年影印本,第117页。
③ 王国维:《观堂集林(卷三)》,中华书局1959年版,第152页。
④ 陈梦家:《西周铜器断代》,中华书局2004年版,第480页。
⑤ 容庚、张维持:《殷周青铜器通论》,文物出版社1984年版,第47页。
⑥ 郭宝钧:《商周铜器群综合研究》,文物出版社1981年版,第151页。
⑦ 参见朱凤瀚《古代中国青铜器》,南开大学出版社1995年版,第136页。

同，唯有顶部圆鼓，足部带棱。从二里头遗址的墓葬出土的随葬青铜酒器中，青铜爵与青铜盉组合的趋势看，这一时期青铜盉主要是灌酒器。因为青铜盉的造型特征是：封顶，在顶部设口与流。显然这样的形制是不适合把饮的，也不宜用作盛储，而只能将其他容器盛装的酒品注入其中，其功能与之后的"酒壶"颇为相近。根据早期青铜盉都有袋状足的特征，我们认为早期的铜盉是一种温酒器是可以成立的，因为袋状足的作用是为了加大受火面积。

整体来看作为商文化铜器中辅助礼器的青铜盉，上有口以纳容，一侧设管状流以倾注，另一侧置鋬用以执，是这一时期青铜盉的共性特征，而形制的多样也是这一时期青铜盉的典型特征。二里头铜盉的造型一直沿用至商前期。商代后期出现了顶部另加器盖的敞口铜盉，这时的流不再设置在器顶部，而是设在肩部或者腹部，形制变化较多，以形态和器底为标准，可将这一时期铜盉的形制分为：圜底盉和袋足盉。

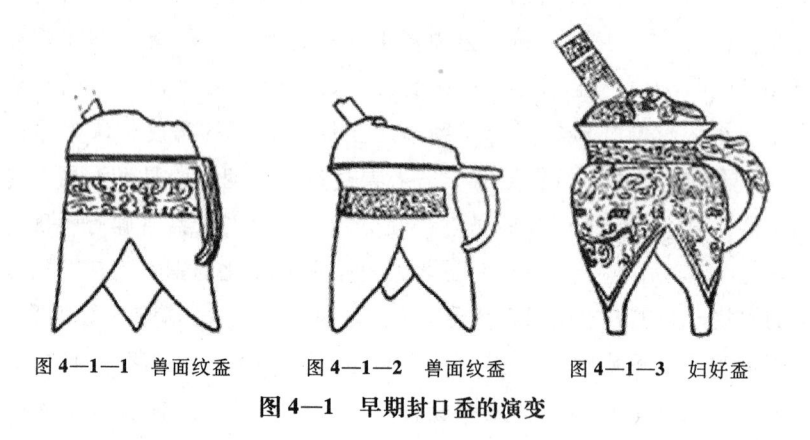

图 4—1—1　兽面纹盉　　图 4—1—2　兽面纹盉　　图 4—1—3　妇好盉
图 4—1　早期封口盉的演变

圜底盉的形制如上小下大的卵形，小口垂腹，足部呈圈足或三足。圜底圈足铜盉主要流行于殷墟中期前后，流行时间不长。圜底三足盉出现于殷墟早期，一直沿用至西周以后。袋足盉出现于殷墟中晚期，分联裆盉与分裆盉，联裆盉多为三足，分裆盉以四足为多。

上面归纳的是先秦早期青铜盉的形制演变大致过程，描述的也只是各时期铜盉的共性特征，然中国青铜艺术的特色在于每一时期的青铜器除了具有共性的特征之外，又都各具个性风采，特别是商代后期，伴随青铜铸造技术的不断成熟，也常见颇具特色的青铜盉。

如1976年河南安阳殷墟妇好墓发掘出土的妇好盉（图4—1—3）。两件成对，形制、纹饰、大小基本相同。其中一件通高38.3厘米，口横6.2厘米，口纵3厘米，重7.8千克；一件通高38.7厘米，重8.5千克。两盉皆封口，顶面隆起呈弧形，颈部内收，高领，边沿宽平，下体如鬲，高袋足，分裆，顶部前端斜立管状流，后端开长方形小口，与流相对的一侧，在颈与足之间设兽首空心鋬。两盉制作精良，保持商代前期封口盉的特色，但其袋足不再是商前期常见的分裆式，而是改为联裆。通过图4—1可以清晰地看出先秦早期封口盉的形制演变过程，妇好盉被称为封口盉演变序列最后一环的代表作。[1]

另有传出自河南安阳市武官村西北岗1001号商代墓葬，现藏日本东京根津美术馆的左中右青铜方盉（图4—2）。三件成套，形制、纹饰、大小均极为接近。三件铜盉为方形，隆顶，高颈，侈口，卷沿，折肩，分裆袋状四足，袋足下接方柱状足跟，顶部前端斜立管状流，后端开圆口，与流相对的一侧，在颈腹之间设兽形鋬，四隅及三外壁的中央均有扉棱（后外壁中央为兽形鋬）。三铜盉的鋬内分别铸铭文"左"、"中"、"右"。左铜盉通高73厘米，中铜盉通高71.2厘米，右铜盉通高72.1厘米。这三件青铜盉形体硕大，为已知铜盉之最，特别是三只铜盉放在一起，更是气势非凡[2]，造型优雅，装饰复杂。

还有一件传为安阳出土，现藏于美国弗里尔美术馆，形制十分独特的人面盖圈足青铜盉（图4—3），是先秦时期以人面为造型的仅有的两件铜器之一。该铜盉以有平角的人面为盖，人面五官俱全，齐眉，圆眼，鼻上翘，嘴外努，圆下颔，人面两耳平出为鋬，鋬中设圆穿与器身兽首贯耳相对，以便于穿贯耳绳索。器身低矮，敛口，短颈，垂腹，腹下部膨出，圈足，管状流设置在器身前部颈肩相交部位。

中国国家博物馆收藏有一件马永圈足青铜盉（图4—4），因内底有铭文"马永"而得名，亦传出自安阳。该铜盉通高25.1厘米，整盉呈口颈

---

[1] 参见严志斌、洪梅《殷墟青铜器：青铜时代的中国文明》，上海大学出版社2008年版，第95页。

[2] 参见孙华、李水城、李宗山《中国文物大典》，中国大百科全书出版社2001年版，第64—65页。

与圈足略微收束的圆柱体状直腹，腹有直棱纹，有盖，盖出沿，盖钮呈菌状，子母口，折肩，颈部设半环形钮套索状提梁，提梁两端小钮做兽首状。该盉通高 25.1 厘米，口径 7.5 厘米，腹深 15.9 厘米。该盉的独特性在于其造型上下似提梁铜壶，而中部似铿，在先秦青铜盉中仅此一例。

图 4—2　左中右盉　　图 4—3　人面盖圈足青铜盉　　图 4—4　马永盉

（二）先秦早期青铜壶

壶的造型源自陶器时代的陶壶，这一点应是毋庸置疑的，而陶器时代的壶最早的起源应是与瓠瓜有关。

七月食瓜，八月断壶。

《诗经·国风·豳风·七月》

壶之象如瓜壶之壶。诗所谓"八月断壶"，盖瓜壶也。上古之时……因壶（瓠）以为壶。

（宋）黄伯思《东观余论》

商前期的青铜壶较为少见，而青铜提梁壶是商文化二里冈上层期新出现的铜器，亦少见。这时的壶如同古文字中"壶"的象形，口上设盖以遮器口，颈肩两侧设耳以方便提携，腹部鼓出增加了容积，器底有圈足便于陈放。此时的壶有方壶和圆壶之分，如前文我们曾提到，在《礼记·燕礼》中就有"司宫尊于东楹之西，两方壶……尊士旅食于门西，两圜壶。"在这方与圆之中，也蕴藏着许多的变化。前文曾提到"壶"与

"卣"的区别，在研究中，笔者注意到，即使是同一器物，在有的文献中被称为"壶"，而在有的文献中被称为"卣"，在引言中对于学者们的不同认识笔者已列表进行比对，但是并没有得出一个可作界定的标准，所以在本节的论述中，将以笔者对"壶"与"卣"的区别与判断来加以论述。商代前期青铜壶的数量不多，笔者将它们都归作"壶"，而商代后期，笔者将有提梁的归入"卣"，无提梁的称为"壶"。

商代前期青铜壶有一般铜壶（无提梁）与提梁壶之分，无提梁的铜壶，迄今已知仅有两件，一件是出土于陕西省城固龙头镇的兽面纹三足壶（图4—5），该铜壶斜肩，深鼓腹，肩部偏上设有双钮，下部为兽首形三足。壶多为圈足器，三足壶较为罕见。该壶的时代与二里冈上层期时代相当。① 另一件商代前期的父壶，现藏于上海博物馆，该壶小口，有盖，长颈，肩部圆滑，有双钮，腹部向外膨出，圈足，足上有三个圆形镂孔。② 在前文我们曾介绍了郑州市向阳回民食品厂内窖藏出土的，以多范分铸技术铸造的兽面纹提梁铜壶，是已知

图4—5 兽面纹三足壶

年代最早的提梁铜壶，该壶通高50厘米，口径12厘米，盖顶隆起，设菌状钮，钮柱上套环链与提梁相连；器身口部微敛，粗颈长腹，腹部深长，下腹渐鼓；颈部两侧环钮内套蛇首提梁；圈足较高，圈足上有四个圆形镂孔。从铸造工艺来看，该壶的器身与提梁采用多次多范分铸而成。该壶形制独特，与以后流行的细长颈鼓腹提梁壶和粗短颈中腹提梁壶形制均存在差异，随着细长颈鼓腹提梁壶的出现，这种壶的形制逐渐消失，当然我们也可以认为，细长颈鼓腹提梁壶是在它的形制影响下发展而来的。该壶属商代前期，在商文化分期中属第二期，即二里冈上层末

---

① 参见王寿芝《陕西城固出土的商代青铜器》，《文博》1988年第6期。
② 参见中国青铜器全集编辑委员会《中国青铜器全集（第1卷）》，文物出版社1996年版，第141页。

期①。还有1974年出土于湖北省黄陂县盘龙城李家嘴1号商墓的李家嘴细直颈提梁铜壶（图4—6），该壶通高31厘米，口径7.8厘米，重1.7千克，直口加盖，肩附索形提梁，有链将盖与提梁相连，小口细颈，鼓腹，圈足，圈足有镂孔。该壶为之后曲颈鼓腹提梁壶的出现作了铺垫。

商代后期壶的数量略有增加，主要可分为两种形制，即圆壶、方壶。商代后期有提梁的壶形器多被归作"卣"，无提梁的则称为"壶"。这一时期的壶多设有贯耳或者环以备穿绳，便于提携。

图4—6 兽面纹提梁壶

圆壶：殷墟早期的壶为小口细长颈。如YM388：R2075壶，该壶鼓腹，细长颈，矮圈足，盖上有菌形钮，颈部饰三道弦纹。② 殷墟晚期的壶，多为椭圆形，颈部回收，设一对贯耳，全器满饰花纹。最为典型的就是妇好墓出土的妇好壶。该壶上小下大呈梯形，椭圆形口，有盖，盖上有钮，钮为四面坡形，长颈，颈部两侧设兽面贯耳，腹部下膨，扁圆形圈足，圈足上端有镂孔，壶体自盖至圈足饰四道扉棱，扉棱突出不大，使壶体既有变化又保持整体感强的特点。

方壶：如妇好墓出土M5：807，司宁母大方壶（图4—7），有盖，盖呈四阿平顶式，中部设四阿式短柱钮，口呈长方形，折沿方唇，束颈方肩，下腹不略内收，长方形高圈足，足上端由方形镂孔，该壶四角四面中部和圈足盖、均有扉棱，肩部四角还分别铸一禽鸟。该方壶

图4—7 司宁母方壶

---

① 孙华、李水城、李宗山：《中国文物大典》，中国大百科全书出版社2001年版，第53页。

② 参见严志斌、洪梅《殷墟青铜器：青铜时代的中国文明》，上海大学出版社2008年版，第93页。

通高 64 厘米，口横 23.5 厘米，口纵 19.5 厘米，重约 31 千克。该壶的时代为殷墟二期晚段①。

李学勤和艾兰编著的《欧洲所藏中国青铜器遗珠》中收录了一件商晚期的父丁壶（图4—8），在刘雨主编的《流散欧美殷周有铭青铜器集录》中被称作"父丁卣"，该壶现藏于伦敦戴迪野行，其形制特殊，盖上有捉手，捉手两侧有穿孔，器有提梁，颈内敛，腹外膨，颈肩侧设管状流，是迄今为止见到的形制较为特殊的一件有管状流的壶。该壶为后世有流壶形器的形制做了最初的尝试。

（三）先秦早期青铜卣

卣是先秦文献中最为常见的器物名称之一，早在殷墟甲骨文中就有"鬯一卣"②或"鬯五卣"③的记载。

图4—8　父丁壶

> 釐尔圭瓚，秬鬯一卣、告于文人。
>
> 　　　　　　　　　　《诗经·大雅·江汉》
>
> 以秬鬯二卣，曰，明禋，拜手稽首休享。
>
> 　　　　　　　　　　《尚书·洛诰》
>
> 秬鬯一卣，虎贲三百人。
>
> 　　　　　　　　　　《左传·僖公廿八年》

在西周金文中更是屡见类似"锡汝鬯一卣"（盂鼎铭文）的铭文，故卣被认为是专门用来盛装秬鬯的酒器。但是在古籍中却没有关于"卣"的器形的具体描述和记载。

> 鬯人掌共秬鬯而饰之。凡祭祀，社壝用大罍，禜门用瓢赍，庙

---

① 参见严志斌、洪梅《殷墟青铜器：青铜时代的中国文明》，上海大学出版社 2008 年版，第 93—94 页。
② 罗振玉：《殷墟书契后编（下）》，民国五年（1916 年）墨拓影印本，七·五。
③ 王国维：《戬寿堂所藏殷墟文字》，民国六年（1917 年）墨拓影印本，二十五·九。

用脩……

《周礼·春官·鬯人》

　　郑玄注："'脩'读曰'卣',卣,中尊,谓献象之属。尊者彝为上,罍为下。"① 郑玄在这里指出了尊是酒器,卣是一种中型大小的酒器之名,为牺象之属,并不是一种特定的器形的专名,但是他对于先秦时期卣的形象也未能描述得更为具体,以至于时至今日,人们对于"卣"的形制存在多种意见。前文提过,将青铜酒器中的这一品类定名为"卣"始于宋人,《考古图》中被归为"卣"的器物大致可以分为三类:第一类:横截面为椭圆形,有盖,颈部内敛,鼓腹,颈侧有提梁,圈足。如卷四立戈父己卣、田卣。第二类:敞口,无提梁,束颈深腹,扁圆形腹,盖或有或无,圈足,如卷四父己卣、木父己卣等。第三类:平底,无足,小口,深腹,器两侧分设双环耳,如乐司徒从卣、龙文三耳卣。朱凤瀚认为第二类实是"觯",第三类应属"瓶"。② 也就是说被朱凤瀚认定为卣的主要是有提梁的一类。李济也认为"有无提梁应为'卣'与'觯'的区别"。③ 提梁卣的出现,应是在提梁壶的形制的基础上衍生的,所以卣是商代后期才陆续出现的器形,有圆体壶形、扁圆体、筒形、方形、鸟兽形等五类,其中第一类的圆体壶形被马承源归纳入"壶"类④。即便如此,将卣和提梁壶明确的分开仍为难事,从查阅的书籍资料来看,也常会发现同一件器物,在不同的资料中可以被称为"卣",亦可能被称为"提梁壶"。这一时期的青铜卣的形制变化较大,依其形态特征大体分为矮圆卣、长圆卣、方卣、枭形卣四类。

　　矮圆卣:邲其提梁卣也是殷墟晚期比较特殊的器物。邲其提梁卣共出三件,作器者均为邲其,而制作年代不同,故一般冠以年代来加以区分,因分别铸于帝辛二年、四年、六年,所以分别被命名为"二祀邲其卣"、"四祀邲其卣"和"六祀邲其卣"。二祀邲其卣(图4—9)和六祀

---

①　(汉)郑玄注,(唐)贾公彦疏,赵伯雄整理,王文锦审定:《周礼注疏》,北京大学出版社2000年版,第602页。
②　参见朱凤瀚《古代中国青铜器》,南开大学出版社1995年版,第105页。
③　李济:《记小屯出土之青铜器》,《考古学报》1949年第3期。
④　马承源:《中国青铜器》,上海古籍出版社2003年版,第217页。

第四章　制器尚象　绝地天通　115

邲其卣形制基本相同，横截面为椭圆形，器身矮胖，属矮圆卣。二祀邲其卣通高38.4厘米，口径16厘米，重8.86千克。盖弧顶出沿，曲壁，钮为花苞形；敛口，器身颈部不显，斜肩，垂腹，折壁式圈足；肩部两侧设半环耳，环内套铸活络扁提梁。盖与器内底、外底皆铸有铭文。六祀邲其卣形制与二祀邲其卣相仿，器身通高23.7厘米，口径7.5厘米×9.2厘米，重1.98千克，铭文与二祀邲其卣不同。这种矮圆卣的形制一直流行到西周初年。

长圆卣：长圆卣器身横截面为椭圆形，器体修长，这类卣多细长颈，龙首形大提梁，提梁与器身在腹部连接。现藏与美国塞克勒美术馆的册告卣（图4—10），传出土于安阳，该器小口，细长颈，鼓腹，矮圈足；鸟形盖钮有链环将其与兽首提梁相连，该卣为殷墟二期的典型长圆卣。四祀邲其卣（图4—11）的形制也属于长圆卣形制，是殷墟四期的器物。四祀邲其卣通高34.5厘米，覆碗形盖，直口长颈，斜肩，腹下部外鼓，圈足微外撇，颈部两侧设半环耳，环内套圆雕犀首提梁。盖与器内底、外底皆铸有铭文。该卣通高34.5厘米，口径10.3厘米，重4.2千克。该卣与其他两件邲其卣均为研究商代历史的重要铜器。[1]

图4—9　二祀邲其卣　　图4—10　册告卣　　图4—11　四祀邲其卣

方卣：方卣的典型特征的器腹呈方形，这类卣的数量极少。有代表性的有殷墟YM331：R2066卣，该卣的造型独特，有盖，盖顶立一圆雕

---

[1] 参见严志斌、洪梅《殷墟青铜器：青铜时代的中国文明》，上海大学出版社2008年版，第79—80页。

鸟形钮，以一虎形链将盖与提梁相连接，呈现猛虎欲扑食飞鸟的动态情境；提梁两端设兽首，提梁中脊设扉棱；口圆体方，长颈，圈足，颈部设四条扉棱。此卣为迄今为止唯一一件考古出土的圆颈方体铜卣，属极其稀见的器形①。前文介绍的1989年江西省文物考古研究所在新干县大洋洲商墓中发掘出土了一件兽面纹方卣亦属此类。还有安阳出土的亚矣卣（图4—12），该器通高39.5厘米，口径11.4厘米，圆口方体，长颈内曲，折肩直腹，立鸟盖钮，有链环将盖钮与兽首提梁相连接，方圈足。

图4—12 亚矣卣　　图4—13 大司空村枭卣　　图4—14 妇好鸮卣

枭形卣：1980年，河南安阳殷墟大司空村出土的枭卣（图4—13），属殷墟中期偏早段，该器通高19厘米，口长11.5厘米，重2千克，造型似两只背部相连、昂首凝视的鸱枭。俯视该器为椭圆形，盖部隆起，为两只相背的枭首，枭喙凸起如錾耳，盖顶上设四阿屋形钮；该器器身口部平直，肩部倾斜，腹部外鼓，圜底；四足矮粗，作枭足之形。在枭身两侧器颈设半环耳，内套索状提梁②。枭卣是殷墟中期开始流行的提梁卣的类型，从西南到湖南南部，西北至黄土高原的广大区域内均有枭卣出土，日本泉屋博古馆等处也收藏有传世的枭卣，但这些枭卣多瘦峻，鸱枭的形态不真切。现藏于中国国家博物馆的妇好鸮卣（图4—14）当是这些枭卣中最为精美的作品，该卣两件一对，大小、形制、纹饰相近，其

---

① 参见严志斌、洪梅《殷墟青铜器：青铜时代的中国文明》，上海大学出版社2008年版，第80页。
② 同上书，第80—81页。

中一件通高45.9厘米，口径16.4厘米，重16.7千克；另一件通高46.3厘米，口径16厘米，重16千克。两件枭卣似一站立的鸱枭，昂首挺胸，收翅垂尾；口开于枭首后部，器盖呈半圆形，上设立鸟在前、夔龙在后的捉手；枭首上立双角，前有勾喙，颈部与后背间设鋬；下垂的枭尾与粗壮的双足稳稳地将卣支撑着。这两只对卣，形体较为肥硕，形态生动，嘴、眼等最能体现鸱枭特征的部位刻画细致逼真，是商代后期青铜工艺的典范之作。枭形象的大量出现，说明"鸱枭"在商时是十分受到重视的鸟类。鸮，鹰科，俗名猫头鹰，亦称鸱枭，在古代文献中常被看作具备神秘力量的禽类。马承源先生认为："商代青铜器上鸱枭的图像，应看作是表示勇武的战神而赋予辟兵灾的魅力，这也是'铸鼎象物'之意。"[①] 值得一提的是，这些鸱枭形象的器物都属于殷墟中期的器物，鸱枭的形象也仅见于这一时期。商晚期，还出现了制作十分精美的铜卣，1990年在安阳市殷墟郭家庄西南160号商墓发掘出土的凤纹卣（图4—15），当是商代后期青铜卣之精品。该器通高35.8厘米，口径在13.5—15厘米之间，俯视呈椭圆形，壶盖作屋形，盖顶设菌形钮，盖两侧出对称的翘耳，器身子口纳于盖壁之；器身直颈，斜肩，垂腹，高圈足；与一般的提梁壶的提梁设置在器身左右不同，为避开盖侧两耳而至于器身的前后，并有兽首设置在提梁两端；壶外壁四轴线出从上至下设宽厚的扉棱；器表分五个装饰带作满花纹装饰，该提梁壶是商代后期新出现的豪华型铜壶的典型代表，也是商代后期青铜铸造技术显著提高的重要例证。还有一件十分特殊的器物，应属于长圆卣，但是其形制特殊，特在这里稍作介绍，就是1934年出土于安阳殷墟西北冈1022号墓葬、现藏于台北"中央研究院"历史文物陈列馆的三节提梁卣（图4—16）。该器通高28厘米，口径7.4厘米，腹径16.3厘米，重约3公斤，容量约为1210毫升；器身可卸分为三节，即器盖、器颈、器腹三部分。该器小口微侈，长颈，垂鼓腹，圈足，提梁的外形与器盖和颈部的弧度相适合，上窄下宽，中部内弯，一蟾蜍形链将兔首提梁与器盖相连，巧妙地掩饰了提梁和器腹的衔接处，器腹为竖环，提梁为横环，套合后可竖立，并可在一

[①] 马承源：《商周青铜器纹饰综述》，载上海博物馆青铜器研究组《商周青铜器纹饰》，文物出版社1984年版，第13页。

定角度内前后摆动。此器最为独特的地方是可拆卸的器颈为一倒扣的铜觚，可卸下作为饮酒的觚使用。在器身与觚口沿、觚底与器盖接合的部位，铸造了上下两个闭合的子母口，当三节相互接合时，盖扣合在觚底，觚扣合于器身，提着走动也不会将卣内盛装的酒浆溢出。这是一件便于提携、使用方便的多功能组合壶形器，商时工匠不仅利用了觚与卣颈造型相近的特点，同时也照顾到两器一为盛酒器一为饮酒器的功能相关性，将卣的颈部卸下，将酒浆倒入，即可畅饮。这件壶形器的设计思路与当代便携水壶的设计有着异曲同工之妙，在惊叹其设计的巧妙与造型别致的同时，先秦早期先民在造壶活动中对于器物"一器多用，功能兼容"的探索和尝试所体现出的创新能力也着实让我们钦佩。

图 4—15　郭家庄凤纹卣　　　图 4—16　三节提梁卣

纵观先秦早期青铜壶形器（包括盉、壶、卣），不难看出，这一时期壶的形制多是以"模仿"为之初形，而模仿的手段大致可以分为三种：

第一种手段是对陶器的模仿。《墨子》中就有相关的论述。

> 采金于山川，而陶铸之于昆吾。
>
> 《墨子·耕柱》

"昆吾"是一个以制陶著称的部落，《墨子》的这段记载也告诉我们制陶与铸铜的密切联系。从人类开始懂得使用材料，几乎每一种新材料的出现，都首先被用来制作、替代或者部分替代某一种旧材料。在青铜没有出现之前，原始先民们用来制作器物的材料主要是陶土，他们用陶土制作生活用器，也用陶土来制造礼器。然而青铜的出现改变了这一状况，青铜器物拥有比陶器更为坚实的特性，同时也打破了陶土在塑造工艺上的局限。早期青铜器的器形几乎都与更早或同时的陶器器形相近，由于铸铜与制陶的密切关系，制陶又早于铸铜，故陶制壶形器的形制对青铜壶形器的形制的影响是不言而喻的。最为典型的当属盉，前文已提到，已知最早的二里头遗址出土的铜盉和同一时期的陶盉的形制基本相同。

第二种手段是对自然生物形态的模仿，其中包括对植物和动物的模仿。前文提到，早期陶制壶的形制来源于对"瓠"的模仿，浙江余姚河姆渡遗址及桐乡罗家角遗址先后出土有瓠瓜的果实及果皮遗存，说明我国瓠瓜的栽培史最早可上溯到新石器时代，而那时人们就懂得将其老熟干燥的果壳用作容器，于是瓠瓜的造型也成为陶器形制的模型，并在此基础上逐渐发展为壶形器，从陶制壶形器再到青铜壶形器。而对于动物形态的模仿，亦不是从青铜时代开始的，1958年陕西华县仰韶文化遗址出土一件极具代表性的陶器作品——鹰鼎，高36厘米，敛翼傲立，与器身合二为一的躯体的背部上开器口，周身光洁，未有纹饰，粗壮有力的双足和尾部稳定地撑立于地，整个器物的造型呈现出桀骜猛厉的气势。[①]青海乐都柳湾遗址和齐家文化遗址也先后发掘出土了大量以枭为母题造型的陶器，这些陶器还被特别突出了羽毛、枭眼等特征，很明显枭留给人们的意象是勇猛、威严和自由，同时枭的生理特征不免也带给人们恐惧，因此仰慕与恐惧的矛盾心理也构成了先秦人们的审美经验。那么在先秦早期青铜壶形器中我们看到大量的以鸮（枭）为题材的造型设计就绝非偶然，而是必然。

第三种手段是器物间的模仿。这种器物间的模仿既包括壶形器之间的模仿，也包括壶形器对其他器形的模仿。在先秦早期壶形器间的模仿，最为典型的当属壶与卣之间的模仿。从出现时间看，当是卣对壶形的模仿。从发展演变来看，早期的壶多设贯耳，方便穿绳以提携，这是从陶制壶延续而来的，然而青铜的质地比陶土坚硬，青铜制作的提梁不仅牢固，也比陶器穿绳提携使用起来更为方便，器物的外形也更为完整、美观。从器形来看，卣与壶（特别是提梁壶）有着许多相近的特点，这也

[①] 参见陈兆复、邢琏《原始艺术史》，上海人民出版社1998年版，第204页。

是诸多学者对于"壶"与"卣"争论的关键所在。正是由于这种器形间的模仿,使得很难对一些没有自铭的器物进行归类。还有现藏于伦敦戴迪野行的"父丁壶",其"流"的形制应该是仿自同时期的青铜盉。这些器物间的模仿,也表明先民在尝试将一些适用的功能体进行必要的组合,使其更加便于使用。

这些模仿的造壶手段也体现了中国传统造物"制器尚象"、"观象制器"的观念。《周易》有云:

> 有圣人之道四焉:以言者尚其辞,以动者尚其动,以制器者尚其象,以卜筮者尚其占。
>
> 《周易·卜辞上》

所谓"制器尚象"和"观象制器",浅层次地理解就是造物活动中的模仿,深层次而言则是通过制作的器物表达一定的象征意义,即前文论及的取象比类的自然观。先秦早期青铜壶形器的器形与形制演变既体现了先民"近取诸身,远取诸物"的造物法则,同时这些器物被赋予的"协于上下,以承天休"的宗教功能,表达了先民渴望通过这些生动的形象与天地神祇沟通的愿望。

二 器形的自觉形式化

先秦中期指西周时期,这一时期的青铜器在承晚商旧制的基础上进一步发展。西周王朝起源于一支生活于关中地区的周人,一般认为周人在灭商以前的经济文化水平都低于商人,周以外服小邦的身份最终取代了商的统治地位。商时周人的青铜冶铸水平较低,灭商以后周人拥有了商王朝大批的工匠,也就拥有了商人的青铜冶铸技术,所以西周早期的青铜器不论是形制还是纹饰都表现出明显地对于商文化的承继。这也符合马克思所说的"野蛮的征服者,按照一条永恒的历史规律,本身被他们所征服的臣民的较高的文明所征服"。[①] 西周早期壶形器的器形虽主要

---

① [德]马克思、恩格斯:《马克思恩格斯全集》第12卷,人民出版社1998年版,第246页。

效仿晚商的形制，但仍可以看到新的特色。西周中期以后由于周穆王喜好征伐，朝政松弛，以致周王朝的国力每况愈下，青铜壶形器的制作也呈现退步的趋势，这应是当时社会政治衰落在青铜艺术上的表现。

（一）先秦中期的青铜盉

西周时期是青铜盉发展的巅峰时期，这一时期的铜盉在商代形制的基础上，变化更加丰富，主要表现在器腹的变化和局部的精巧设计等方面。从这一时期自铭为"盉"或者"鎣"，也有自铭为"盉"的铜匜的情况来看，铜盉在西周时期应属于温器和水器，也用作酒器。根据器形的特征，西周时期的铜盉大致可以分为四种类型：鬲形盉、圜底鼓腹盉、扁体壶形盉、圈足盉。据朱凤瀚先生考证，盉在西周中期和春秋早期，常和盘伴出，且有的匜自铭为"盉"，由此推断当与盘配套使用时，盉属于盥洗器，作用相当于晚出的匜。盉有较高的三足，即使是在作为盥洗器使用时，可能亦用来温水[①]。

鬲形盉：这一类造型的铜盉是由早期的铜盉形态演变而来的。整个盉身的造型如同期铜器中的鬲，有联裆三足盉和分裆四足盉两种类型，其足的形态又有袋足和柱足之分。1975年陕西省岐山县董家村一个西周窖藏出土，现藏于岐山县博物馆的卫盉（图4—17）属于联裆三足盉。该盉通高29厘米，口径20.2厘米，重7.1千克。有盖，盖顶呈弧状隆起，顶中设半环形钮；盉口微侈，束颈，鼓腹，两袋足相交肩部位置设管状流，相对一侧为另一袋足中心位置设鋬；盖与鋬有链相连；联裆；柱足。[②] 1981年出土于北京房山区琉璃河燕国墓地1193号大墓的燕侯克铜盉就是典型的分裆四足盉。该盉通高26.8厘米，口径14厘米。盖呈弧状隆起，顶设半环形捉手，后有小钮套环链与鋬相

图4—17 卫盉

[①] 参见朱凤瀚《古代中国青铜器》，南开大学出版社1995年版，第136页。
[②] 参见孙华、李水城、李宗山等《中国文物大典》，中国大百科全书出版社2001年版，第160页。

连；侈口，高颈，圆肩，鼓腹；裆分为四，下接圆柱状足；前肩部设管状流，流口略高于器口；与流相对的后部设兽首鋬。该盉器沿和盖内铸有相同的铭文六行四十三字，记载了周成王褒扬太保召公奭的功绩，并封其子克为燕侯的事件，是西周时期最为重要的燕国铜器。[①]

圜底鼓腹盉：这一类造型的盉有长腹和短腹两种形制。长腹形盉在殷墟晚期商文化中就有出现，西周早期继续流行，到西周中期以后走向消亡。以三柱足为主，也有少量三棱足。现藏日本泉屋铸古馆的戈初祝父丁盉为三柱足器，陕西陇县韦家庄出土的父已盉，以及兰州博物馆藏火龙纹盉均是三棱足器。短腹形盉是西周初期出现的器物，根据其足部的形状又可分为：锥足型、柱足型、乳足型三种类型。锥足型盉的数量极少，迄今为止仅见美国旧金山亚洲艺术博物馆藏一件西周早期的锥足盉。柱足型的代表器物有陕西泾阳县高家堡出土的戈父戊戌盉、河南平顶山市应国墓地发掘出土的匍盉（图4—18）。特别是匍盉的形制十分别致，该盉长直颈，覆船型盖，盖顶设环状捉手，盖一侧有一半环形钮；一侧腹部设雁颈形流，流口为雁首；与流相对的一侧做一女子环抱盖顶之半环钮，足蹬颈部环钮，成为盖与盉身间的连接；该女子的刻画较为细致，发髻高高挽起，裙褶依稀可见；圜底，下设四柱足。乳足型的器物多为折肩乳足。陕西历史博物馆藏自铭为"盄"的伯百父鋬（图4—19）就是这种类型的代表器物，通高21.7厘米，口径10.3厘米。该盉侈口束颈，广折肩，乳状足，有兽首鋬和管状流，盖作蟠龙顶。乳足型盉出现于西周晚期，春秋早期逐渐消失。

扁体壶形盉：该类型的盉腹为扁壶形，盖多以禽鸟装饰，鋬做兽首状，流有直流和曲流两种形制，足部也富于变化，装饰亦十分精美，这一类型的盉流行于西周晚期直至春秋早期。如陕西临潼县零口乡出土的王盉（图4—20）便是这一类器形的代表作之一。该盉方口，有盖，盖缘与器口吻合，口有方唇，盖为一鸟形，两侧由云形变化而成的一双羽翼微张，尖喙下勾；直颈，下接扁圆形器身；腹前侧有斜直流，流口与器口同高；后设弓身卷尾夔龙状鋬，在鸟尾有一链与鋬相连；四扁足为夔龙。陕西扶风

[①] 参见孙华、李水城、李宗山等《中国文物大典》，中国大百科全书出版社2001年版，第159页。

1963年曾出土一件它盉与此器十分相似，只是它盉在腹部前侧设龙首连身流，流口塑成立耳张口前视的龙头。为达到实用和美观的目的，围绕本颇为单调的扁圆形盉身，添加盖、流、鋬、足等有较复杂曲线变化的功能体，不仅与扁圆的盉身统一为一体，同时也增加了欣赏的趣味性。

图4—18 匍盉　　图4—19 伯百父盉　　图4—20 王盉

圈足盉：这种器形应是在商代后期圈足盉的基础上发展演变而来，如三门峡虢国墓地2006号墓出土的圈足盉便是其中代表，该盉坡式屋顶形盖，扁圆体，一侧为无孔实心管状曲流，一侧为旋角兽首状鋬，高圈足。

（二）先秦中期的青铜壶

作为酒器，在西周时期的许多铜壶都有自铭，如郑懋叔壶自铭"醴壶"，杨姞壶（图4—21）自铭"羞醴壶"，殳季良父壶有铭文"用盛旨酒"等。壶从西周早期开始逐渐成为周文化的重要礼器，往往成对出现，与鼎、簋、盘、匜等构成周文化基本的礼器组合。前文提及《仪礼·燕礼》就有"司宫尊于东楹之西，两方壶……尊士旅食于门西，两圜壶。"再这方和圜之间，我们可知周时壶有方与圆的变化，至秦汉时期，圆壶多称作"钟"，方壶称为"钫"。对于壶的"方"、"圆"之别，前文摘录的《宣和博古图》则有论述："壶用虽一而方圜有异，故燕礼与夫大射卿大夫则皆用圜壶，以其大夫尊之所有事，示为臣者有直方之义，故用方。以其士旅食卑之所有事，示为

图4—21 杨姞壶

士者以顺命为宜，故用圜。"即方壶和圜壶在使用上各具其内在象征意义。西周时期壶的数量大幅度增加，其形制主要以圆壶和方壶为主，在方和圆的基础上有新变化，造型变化仍十分丰富。

图 4—22　鸟盖壶　　　图 4—23　鳞纹贯耳壶　　　图 4—24　三年瘐壶

圆壶：西周铜圆壶依时间可分为早期铜圆壶、中期铜壶和晚期铜圆壶。西周早期的铜圆壶具有明显的早期淳朴的风格，与商晚期的铜壶有着显著区别。依壶耳的形制又可分为贯耳壶和环耳壶。1982 年出土于江苏丹徒母子墩的鸟盖壶（图 4—22）属西周早期环耳圆壶，该壶椭圆形，上小下大；器盖如一只在水中游动的禽鸟，高扬前视的鸟兽即为盖钮，盖上鸟侧塑两翅，作振翅欲飞状，盖缘宽且平；壶颈至腹部逐渐膨起，至壶底略收；壶颈部两侧设半环状耳；圈足。此器造型简朴，纹饰简洁，鸟形盖当属该器之传神之笔。1975 年扶风窖藏出土的鳞纹贯耳壶（图 4—23），也称鳞纹壶属西周中期的贯耳壶，该壶通高 48.7 厘米，口径 12.5 厘米；身高体圆；有盖，盖顶设高沿外撇大捉手；直口，器颈稍敛；颈两侧有对称贯耳，耳呈半圆筒状；腹微膨，下部收敛成枣核形；腹下为外撇圈足，足部有镂孔。此器身高为腹围的 2.5 倍，圈足小于腹围大于口径，器外廓为圆滑曲线，使得器身看上去修长如少女亭亭玉立。颈部的贯耳小而长，不仅让光滑的器表有了些许变化，也使整器和谐，是一件形态优美的青铜圆壶。1976 年扶风窖藏出土的三年瘐壶（图 4—24）则属于西周晚期圆壶，该壶通高 65.4 厘米，口径 19.7 厘米；颈细腹大呈葫芦形，有盖，盖顶为高沿侈口方唇捉手，盖沿与口径直径相同；器口平直与盖沿相吻合；颈部自器口逐渐内敛；腹部膨起；底部收缩；圈足

外撇，外为方沿；颈部两侧设兽首耳，头上小眼、卷口，上有圆角，耳内各衔一圆环。该壶颈长腹膨，盖顶捉手和腹下圈足大小与盖、腹比例相协调，加之外形线条圆润流畅，整器给人沉稳庄重之感。该壶的纹饰也十分特别，我们将留待第五章再来论述。前文提到的1993年山西省曲沃北赵村晋侯墓地63号出土的杨姞对壶、十三年痶铜壶亦均属圆壶类。西周中期以后圆壶的重心下移，为颈部加长，创制出一种视觉上颀长秀美的器形典范，其造型对后世瓷器的造型颇有影响。

方壶：西周时期的方壶多是圆角方形壶，这一类型的壶的腹横剖面为长方形，而四角为圆角，四边略鼓，口与圈足的形制与腹部相同。此类壶在西周中期出现，并逐渐成为较高级贵族墓葬随葬铜壶的主要形制，直到战国时期也颇为流行。西周中期的散车父壶，西周晚期的颂壶（图4—25）、晋侯斯铜方壶（图4—26）、交龙方壶等都采用这一形制，且多为两件成对。晋侯斯铜方壶，1992年山西省曲沃北赵村出土，因作器者为晋侯斯而得名。同出两件，大小、形制纹饰、铭文均相同。该器通高68.8厘米，口径18—22.8厘米，有盖，盖顶设波带状山形捉手；壶身双层沿，颈内曲，斜肩，垂腹，大圈足；颈两侧设双龙兽套环耳；腹部四面各以一高浮雕状突起的龙首为中心，两旁分出龙身，相邻两条龙的龙尾相交。整壶的装饰纹饰设计别出新意。美国旧金山亚洲艺术博物馆藏凤纹壶（图4—27）属这一时期方壶中形制较为特殊的一例。该壶通高36.4厘米，盖为圈钮盖，直口，短颈，溜肩；长腹略外膨；下接圈足；肩两侧设环耳。该壶肩部以上细而圆，肩部以下椭而方。由宽十字带将壶腹分割成八个装饰区，每个装饰区饰有一只花冠大凤鸟。

图4—25 颂壶　　图4—26 晋侯斯壶　　图4—27 凤纹壶

（三）先秦中期的青铜卣

西周时期的铜卣主要流行于西周早期及中期阶段，西周晚期的铜卣主要出现在非中原区，应该是中原卣的余温，这也正符合"礼失而求诸野"的古训。铜卣的形制也在延续晚商形制的基础上发展，这一时期的铜卣以扁圆形卣为主体，另有圆形卣、仿生卣等。

图4—28 伯各卣　　图4—29 曲折雷纹卣　　图4—30 直纹卣

扁圆形卣：西周时期卣身呈扁圆形是主流，承商晚期装饰有扉棱的卣，这一时期装饰有厚大扉棱的卣渐渐多起来，最为甚者当属美国波士顿美术馆藏的鸟纹卣，该卣相传是1927年陕西宝鸡戴家湾出土。该卣通高35.7厘米；圆帐盖，盖顶为一菌状钮，盖沿略似出檐，前后各探出一兽首，兽头圆眼、噘嘴、高耳；器身子口，短颈，腹下部微膨，平底，下接两段式高圈足。盖面四方、器颈两侧、肩部、腹部与圈足四面均施以宽厚的扉棱，肩部的四个扉棱间伸出四只上翘的牛首带耳錾；颈部两侧环钮内套龙首提梁，横跨于卣口短颈之上，提梁近上方各有一牛首。整器造型因高钮、扉棱盖、宽提梁、厚扉棱等，加之器身丰富的浅浮雕、深浮雕的装饰变化，从而突出了立体装饰的口沿和器腹，显得富于变化，给人以凌厉之感。此器被认为是中国已知造型最为复杂的铜卣，它向我们彰显的不仅仅是自身的繁复，同时通过它也令我们认识到西周早期青铜工艺的技术与艺术水平不可小觑。

因作器者为"伯各"而得名的伯各卣（图4—28），1981年出土于陕西宝鸡竹园沟，该卣通高27.5厘米，口径8.5—10.7厘米，亦为扁圆形卣，盖顶隆起，盖顶中央捉手为四面牺首；直口，鼓腹下垂，高圈足。颈部两侧各有一个卷角羊首钮，提梁套合其上，接近提梁弯曲处饰对称两小牛首；盖与器身、圈足均有四条高扉棱，该卣造型典雅，立体感强，主次分明，繁而不乱，堪称西周铜卣之佳作。

圆形卣：西周时期的卣多为扁圆形卣，圆形卣较为少见，这一时期的圆形卣的形制延续商代后期，又可分为鼓腹形圆卣和直筒型圆卣两种形制。上海博物馆藏西周早期的曲折雷纹卣（图4—29）属鼓腹圆卣，该卣通高25厘米，口径13.8厘米，重4.18公斤；直口，高盖，盖顶有圆形捉手；短颈，鼓腹下垂，提梁两端的兽首钮置于颈部两侧；圈足外撇。1991年陕西宝鸡竹园沟出土的直纹卣，亦称"凤纹筒形卣"则属直筒型圆卣（图4—30），该卣通高26.6厘米，口径10.5厘米，整器呈圆筒形，器高为口径的2.5倍，给人以修长之感。卣盖隆起，盖顶设筒状侈口捉手；颈部两侧有耳，耳中嵌提梁，提梁两端各有一个立雕立耳兽首，目圆瞪，角直立，形象生动；器身由六道弦纹分为七个装饰带；提梁截面为方形，无纹饰。从提梁的最高处到两侧的兽首呈等腰三角形，给人以稳定和谐之美感。

再有陕西宝鸡竹园沟出土的弭季卣（图4—31），器呈圆形，有盖；盖隆起，盖顶部有圆形空心捉手；盖缘有精细浅浮雕夔龙纹饰带，在纹饰带中间设立雕倒梯形小兽首；器口外侈，小方唇；颈略收；颈腹间装饰有与盖缘相同夔龙纹饰带和立雕小兽首；器腹底部下膨，圆底，下设四扁足。该器与同时出土的弭季尊的形制特征相同，扁足和纹饰基本一致，这种壶尊为组出土的器物组合较为少见，同时也与文献有关"尊壶"的记载相对应。

图4—31 弭季卣

仿生卣：仿生卣应该也是从商代枭形卣的基础上发展而来的，现藏于日本白鹤美术馆的太保鸟形卣（图4—32），也称"太保卣"，通高23.5厘米，整器看上去似一只仰首蹲坐的鸟，鸟首有紧闭下弯的尖喙，喙上有小月牙状鼻孔；双目圆睁，眼中有凹陷的瞳孔；头顶有两冠，冠似角后弯直至鸟背；颌下有两片长圆状胡；颈部两侧有环，环内套弓形扁梁；鸟腹部膨大，下收接两弯前伸鸟足，尾部下垂自腰后伸出分叉，和双足共同支撑鸟身。该卣从提梁至足呈三角形，上小下大，造型稳定，生动传神，将鸟的造型与卣的功能巧妙结合，是西周时期青铜造型工艺的上乘之作。

虽然多数研究都认为先秦中期的青铜工艺在西周中晚期走向衰落，但是就壶形器的铸造而言，这个结论并不能以点带面地概括这一时期青铜器铸造的特点，对先秦中期的青铜壶形器做了分析之后，我们不难发现，这一时期的壶形器在先秦早期的基础上有了进一步的发展与完善，粗制滥造的器物虽也存在，但是壶形器的铸制在向精进发展却也是事实，同时器物的形制也因其使用功能的完善而趋于形式化，这主要表现在三个方面：

图4—32 太保鸟形卣

其一，器形的变化。周人立国之初即颁布《酒诰》，在周人看来商"因酒亡国"，为了谨记商亡的教训，所以相对于先秦早期大量的青铜酒器而言，先秦中期的酒器数量大减，卣正是在这样的大环境中于西周晚期退出了历史舞台。但是这并没有影响壶形器的数量，毕竟作为各种礼仪活动都不可或缺的盛装酒的容器，周人根据自己祭祀和礼制的需求，对容酒器皿进行了创造性的改革，虽然多数酒器特别是饮酒器被周人淘汰出局，但是用以盛装酒的壶和调酒的盉作为在社会生活的各种仪礼中常被使用的器具，在这一时期有了许多新的变化。铸制技术的发展，不仅使器物更加便于使用，也使器物的形制更为丰富。青铜壶的出现率明显提高，形制也由先秦早期的短颈鼓腹逐渐演变为长颈垂腹，不仅加强了器物的稳定性，也使其看上去挺拔、雄健，成为周人青铜文化的辉煌代表之一。

其二，器形的共性大于个性。相对于先秦早期壶形器的器形种类而言，先秦中期的器形变化相对减少，形制相近的器物增加，例如卣身多为扁圆形，方形的卣较少见，壶主要以圆壶和方壶为主。器形的这种变化，原因应是多方面的：首先，青铜铸造技术的成熟，使得造器活动逐渐规范化；其次，周王朝疆域扩大，为技术交流带来可能；最后，进入西周，礼乐文化替代了祭祀文化，以"礼"强调社会的等级秩序，以"乐"缓和社会矛盾，作为礼乐文化的物质载体之一，青铜壶形器也反映出这一时期的礼乐风尚。

其三，功能体的变化。先秦早期盖钮多为菌状钮，而先秦中期则多为环形捉手，相对于菌状钮而言，环形捉手的实用性更强，方便放置，使用起来更为舒适；贯耳变成环钮，便于使用；盉流的变化较为突出，早期冲天的管状流基本消失，流的形制与汉魏以后壶流的形制已基本一致。功能体的变化应是在生活实践中不断总结经验，再通过生产实践加以改进与完善，不仅反映出先秦时期"物以致用"的造物理念，同时也从一个侧面反映出人们对于生活的热爱。

三 器形的丰富多变

公元前770年周平王东迁，周王室基本丧失了天下宗主的威权，开始走向衰败，"天下共主"成为虚名。各诸侯国间为争霸主地位战乱不止，兼并不断，华夏历史进入一个动荡的时期。由于大国对小国的不断兼并，使得这一时期形成了区域性统一的格局，就青铜文化而言也因此形成了区域性的差别。在中原地区的青铜文化类型大致可分为：中心地区以晋国为主体的晋文化[①]、南部以楚国为主体的楚文化[②]、东部以齐国为主体的齐文化[③]、西部以秦国为主体的秦文化[④]、北部以燕国为主体的燕文

[①] 从考古学文化的角度来看，晋文化指的是从西周初、封叔虞于唐至三晋被秦所灭这一时期内，在晋国及三晋地域范围内，以晋国人及三晋国民为主体所创造和使用的、具有共同特征的考古遗存。本章节中提到的晋文化主要指先秦晚期的晋文化，即东周时期的晋文化。

[②] 楚文化是春秋战国时期，长江、汉水、淮河之间的一种考古学文化，是古代楚人所创造的一种具有自身特征的文化遗存。楚文化青铜器主要指西周晚期至秦统一前后以楚国为主体，包括臣服于楚国的诸国、诸族的考古学文化的青铜器具。

[③] 从考古文化学的角度，齐文化是指主要分布于山东一带，包括齐、鲁、莒、邾、滕、鄫等诸侯国在内的，具有共同特征的考古学文化遗存。

[④] 从考古学的角度，秦文化指存在于一定时间，分布于一定空间，由秦族及相关人群创造和使用的有自身特点的考古学文化遗存。如果把起源阶段和消亡阶段都包括在内，它的年代上限可追溯到商代晚期，下限则可推至汉武帝时期。而在本书中所提到的秦文化铜器主要指春秋早期至秦统一中国止，分布于渭河流域，以秦国为主体的考古学文化的青铜器具。

化①和东南部以吴国和越国为主体的吴越文化②（图4—33）。③ 这些文化类型都是由西周的周文化脱胎而来的亚文化类型，它们在青铜器制作技术方面不论是铜器制作数量，还是工艺的复杂程度均处于领先地位。这一时期的壶形器形制的变化并没有因为铜卣的淡出而显单薄，正好相反，壶形器的形制更加丰富多样，复杂多变，可谓是异彩纷呈。众所周知，春秋战国时期是一个战乱纷争不断的历史阶段，这一时期除了"春秋五霸"、"战国七雄"之外，还有百余个小的诸侯国曾经存在过，它们或偏安一隅，或附庸于大国得其庇护……这些小国也曾有过一时的辉煌，虽然它们对于历史长河来说仅仅如流星划过，但是带有它们文化特征的青铜器却见证了它们曾经的历史与辉煌。

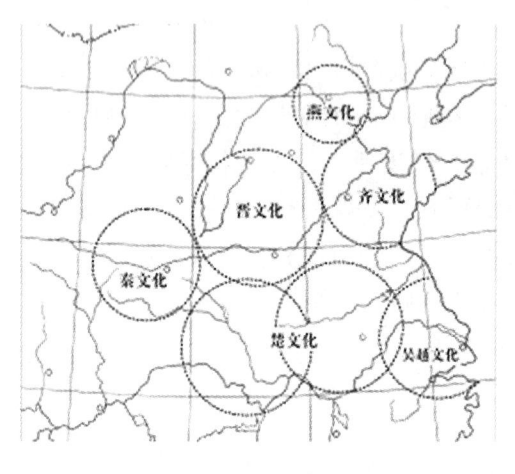

图4—33 先秦晚期中原青铜文化分区图

（一）先秦后期的青铜盉

先秦后期，青铜盉的形制多是在承西周旧制基础上的创新，并因文化类型的地域性而呈现多元化特点。这一时期的铜盉主要有圆腹盉、鬲形盉、甗形盉、鸟形盉、罐形盉和方腹盉。

圆腹盉：这一时期的圆腹盉的形制又分有提梁圆腹铜盉和无提梁圆腹铜盉。有提梁三足铜盉的形制多为有盖，小口，直领，扁圆腹，圈底，腹上有提梁，下设三蹄足，盉前有管状流，流嘴多为鸟首或兽首形。以晋、楚、吴越的三足铜盉最具代表性。吴王夫差盉（图4—34）当是这一类型铜盉的典型代表，该盉通高27.8厘米，口径11.7厘米，腹径24.9

---

① 考古学意义上的燕文化是指两周时期，与晋、楚、齐、秦、吴越等诸考古文化并称的，具有自身特色的地域性考古文化。本章节所提及的燕文化主要指东周时期的燕文化。
② 吴越文化是东周时期长江下游的一种考古学文化，也就是中国古代吴越民族所创造的一种有自身特征的文化遗存。
③ 参见李伯谦《中国青铜文化的发展阶段与分区系统》，《华夏考古》1990年第2期。

第四章 制器尚象 绝地天通 131

厘米；平顶直壁盖，盖顶设环钮；小口，直领；器腹如扁球体，前设双曲龙首短管流，后有透空蟠虺状扉棱錾，三只微外撇蹄形足；以失蜡法铸造的提梁固定于盉身的肩部，与龙首流一起看似一条蛟龙穿过盉身，在肩部弓起，龙尾小而上卷；提梁前后段设有透空蟠虺状扉棱，将中部省去以方便提携；有铜链将提梁与盖顶环钮相连；三条凸起的弦纹将器腹分隔成四个装饰带。另有故宫博物院藏三神足螭梁盉、淅川下寺 M1 出土的蟠蛇纹盉（图 4—35）等均属此类，虽均为先秦后期的青铜盉，形制大体相同，但若细观，不难看出它们之间的差异，吴王夫差盉的灵秀与考究，三神足螭梁铜盉的清秀与质朴，蟠蛇纹盉的大气与精美，这差异一方面与作器者或者用器者的身份相关，另一方面也与地域性文化相关。1962 年甘肃泾川出土翼兽形提梁盉（图 4—36），为战国中期作品。此盉通高 30.2 厘米，长 20.8 厘米，宽 22.5 厘米；有盖，盖顶设一蹲坐翼兽钮；扁圆鼓腹，兽首流，兽尾錾，龙形提梁的一端接于龙首流的龙首后部，另一端则接在龙尾錾上；下设四兽足；器腹装饰有双翼，器形整体如一只略向后蹲立，即刻就要腾空而飞的有翼神兽，造型十分生动，只是铸造显得较为简陋。[①]

南京博物馆藏凤鸟纹盉（图 4—37）属无提梁三足铜盉，该盉通高 29.8 厘米，有盖，山字形盖钮，盖面装饰有阳线凤鸟纹；斜肩，垂腹，圜底，下设三扁柱足；长流，龙形錾，錾与盖沿有链相连。

图 4—34 吴王夫差盉　　图 4—35 蟠蛇纹盉　　图 4—36 翼兽形提梁盉

[①] 参见李建伟、牛瑞红《中国青铜器图录（下）》，中国商业出版社 2000 年版，第 339 页。

鬲形盉：鬲形盉的形制承自西周时期的鬲形盉，流和鋬的造型有了新的变化，有的将原本圆滑的袋足做成棱角状。如安徽屯溪出土的龙纹盉是较为典型的鬲形盉，为春秋晚期铸制，通高13.6厘米，口径7.7厘米，拱顶盖，盖顶设龙首钮；敞口，束颈，分档，三款足，前有较长管状流，后有兽形鋬；后侧盖顶和颈部各有一个环状钮，由一个"S"形铜片将盖与盉身牵连在一起。上海博物馆藏的兽面纹龙流盉则将袋足做成棱角状，通高30.1厘米，口径14.8厘米；拱顶盖，盖顶为一蟠龙昂首，龙头望向流所指方向；直颈，袋腹，下为三柱足；前有龙形流，流口做龙首，后设龙形鋬；颈和盖沿的后侧各有一环钮，应有短链相连，链已遗失。安徽省博物馆藏的兽鋬盉（图4—38），鋬的造型十分独特，通高17厘米，口径14.4厘米；盘口束颈式，无盖，下部为款足鬲状；腹部设一短流；与流夹角约90度右侧腹部伸出一长曲柄鋬，鋬向上弯曲高过盉口，鋬端为一兽首回勾，看似盘龙回首探视盉中之物，该盉造型简洁，形象生动。

图4—37 凤鸟纹盉 　　图4—38 兽鋬盉 　　图4—39 瓿形盉

瓿形盉：1974年江西清江临江镇和1981年浙江绍兴坡塘306号战国墓分别出土一件瓿形盉（图4—39），上部为圆腹形瓿，下部为鬲形，三足；其中两足间裆缝处设曲颈兽首短流，流旁袋足脊上有圆管形柄；俯视该盉，兽首流与执柄间的夹角为90度。类似形制的盉在安徽肥西、庐江亦有出土，均为吴越文化覆盖地区，瓿形盉应为吴越文化壶形器的特有形制。1983年河南省光山县宝相寺黄君孟夫妇墓中出土的黄夫人盉也

属于此类型盉，属春秋中早期的徐文化①铜器。

鸟形盉：1988年出土于太原市金胜村附近的晋国正卿赵鞅墓葬，现存于山西省考古研究所的金胜村鸟形铜盉（图4—40），亦被称为"鸟尊"，堪称这一时期晋文化青铜艺术的惊世之作。该盉全长33厘米，通高25.3厘米，全器铸成一只昂首挺立的鸷鸟，脑后有冠，双目圆睁，尖喙，下喙部固定，铜盉倾斜时上喙部可自由开合，复位后鸟喙即闭

图4—40　金胜村鸟形铜盉

合；细长颈，腹腔中空；鸟背设一弯曲呈弓状的虎形捉手，虎首下伏贴紧鸟颈，前肢屈伏于虎首两侧，后肢直立，虎尾上翘；虎身下鸟背部开一椭圆形器口，有盖；虎后肢与盖钮间有链接合；鸷鸟两足直立，指间有蹼；鸟尾下有一虎形支脚，保证了全器的稳定性。该盉设计独具匠心，制作十分精美，被认为是晋文化青铜器中的一件稀世珍宝，集中体现了这一时期晋地青铜器制作的先进技术水平。

罐形盉：安徽繁昌汤家山出土一件圈足罐形铜盉，器身扁圆，鼓腹，圈足，罐形；器盖以昂起的龙首作为盖钮，盖面饰浮雕蟠龙纹，长流，扁圆形銴，有铜链将銴与盖相连接。②

方腹盉：方形铜盉属先秦时期较为罕见的一种形制，1955年安徽寿县蔡侯墓出土一件龙流方盉（图4—41），该铜盉通高24厘米，口径16厘米，腹径23厘米，足径17.5厘米，素方盖，盖顶中间设钮；小口镂空厚唇；龙首流；镂空棱脊銴；自口沿处盉体逐渐外膨，至腹部最大径处又逐渐收起；腹部两侧各

图4—41　龙流方盉

---

① 徐文化是指春秋时期分布于淮河流域一带以徐国为主体的考古学文化，分布地区主要包括安徽和江苏的北部，以及河南东南部地区，其青铜文化虽承周文化旧制，却因受吴、楚等青铜文化的影响，颇具有自身的特点。

② 参见张敬国《安徽繁昌出土一批春秋青铜器》，《文物》1982年第12期。

有一个环形钮；下为曲尺形镂空足①。

这一时期的铜盉除了上述的几类，还有一类以内蒙古自治区宁城县博物馆藏的胜盉（图4—42）为代表的无足铜盉，该器通高21.3厘米，腹径18.5厘米，束颈，折肩，平底，细长管状流，与流相对的方向设兽首环形把手，器颈与把手间设环，还上坐一只猴子，猴子的前爪抱住盖上一环，以此将盖与器身相连接，此器的形制与后世有流的茶壶、酒壶已几无差别。

（二）先秦后期的青铜壶

依据先秦后期青铜壶壶腹的变化，可将这一时期青铜壶的发展分为春秋和战国两个阶段，春秋时期承西周旧制，以方壶为主体，战国时期则以圆壶为主流。除了方壶和圆壶外，先秦后期的青铜壶的形制主要还有提梁（链）壶、扁壶和瓠壶三种形制。

方壶：前文已及，方壶是西周晚期开始流行的壶的样式。春秋中期至战国早期继续流行，这时的方壶是方中有圆，圆中带方，与战国中期以后的方壶有着明显的区别，战国中期以后的方壶也被称为"钫"。虽然这时铜方壶的造型是承西周旧制，但是此时的铜方壶与西周的铜壶已有所区别，首先我们要提的便是1923年新郑李家楼郑国大墓出土的莲鹤方壶（图4—43），壶顶那只振翅欲飞的仙鹤，被宗白华先生称之为"象征着一个新的精神，一个自由解放时代"②。郭沫若先生在《新郑古器之一二考核》中写道："此器虽无铭文，然其花纹图案即已显示其时代性。……此壶全身均浓重奇诡之传统花纹，予人以无名之压迫，几可窒息。乃与壶盖之周骈列莲瓣二层，以植物为图案，器在秦、汉以前者，已为余所见之一例。而于莲瓣之中央复立一清新俊逸之白鹤，翔其双翅，单其一足，微隙其喙作欲鸣之状，余谓此乃时代精神之一象征也。"③ 从二位先生之描述我们可以明确地感受到，莲鹤方壶不仅仅是这一时期郑国青铜器的典型代表，更为重要的是它是一个时代精神风貌的象征。该壶同出一对，一只现藏于河南省博物院，一只现藏于故宫博物院，为区

---

① 参见安徽省文物管理委员会、安徽省博物馆《寿县蔡侯墓出土遗物》，科学出版社1956年版，第8页。
② 宗白华：《美学散步》，上海人民出版社1981年版，第36页。
③ 郭沫若：《殷周青铜器铭文研究》，科学出版社1961年版，第115页。

别他们，前者被称为"莲鹤方壶"，通高126.5厘米；后者被称为"立鹤方壶"，通高125.7厘米，两壶形制基本相同；器身以方形为本，四隅无棱而近圆；器盖为高沿平顶，盖沿四周为双层外翻镂空莲瓣，盖顶中心立一只仙鹤，鹤昂首前视，喙微张，翅展尾垂作振翅欲飞状；盖沿下收与口沿吻合；器颈下敛至腹部膨出；左右侧设顾首伏龙双耳，龙角扁长，有镂空纹饰，龙回首俯视龙身，龙身呈起伏波浪状，龙尾上翘，龙爪与龙尾与壶身相接；器腹平底，下接圈足；圈足下为吐舌俯身卷尾双兽承起全壶。此器外形优美，造型考究，细颈膨腹十分得体，盖顶外翻的莲瓣与下垂膨出的器腹相和谐，膨出的器腹也增强了整器的稳定感。

1988年，金胜村赵氏正卿墓出土方壶（图4—44）一件，通高66.7厘米，口径23.4厘米，最大腹径35.6厘米，圈足径25.8厘米；长方形华盖，盖中空，盖沿一周为八瓣镂空外侈的莲花瓣；壶口外侈，束长颈，颈部两侧为一对壮硕的兽形耳[①]。淅川下寺M1出土的对方壶（图4—45）则是先秦晚期楚文化青铜方壶的典型器。两壶出土时均已碎裂成百余块，经考古工作者精心修复两壶方呈现精美风貌。两方壶形制相同，其中一件（标本M1:49）通高79厘米，口径18—22.7厘米，腹径35—36.2厘米；有冠盖，冠盖高9.3厘米，顶径26.4—33.2厘米，盖中空，四壁为镂空蟠虺纹；壶冠下沿四边各有一个兽首边卡，作用是卡住壶口防止冠盖脱落。壶口外侈，颈部瘦长内敛，颈两侧为双龙衔环耳，龙耳长42.3厘米，龙头向上，龙尾向下，前足攀附与壶颈上突出的方柱，后足蹬住壶腹，塌腰卷尾；壶腹为垂腹，壶腹四壁凸棱呈十字状；长方形圈足，两条身躯作镂空蟠虺纹，长42厘米的伏虎蹲伏在圈足下承托壶体。[②] 这两件方壶高大精美，纹饰也变延续阶段的古朴为繁饰，龙耳和虎足彰显着该壶的生动与灵气。

[①] 参见太原市考古研究所《晋阳重大考古发现丛书·晋国赵卿墓》，文物出版社2004年版，第20页。

[②] 参见河南省文物研究所、河南省丹江库区考古发掘队、淅川县博物馆《淅川下寺春秋楚墓》，文物出版社1991年版，第72—75页。

图 4—42　胜盉　　　图 4—43　莲鹤方壶　　　图 4—44　赵卿墓方壶

  方壶中还有一类较为特殊的形制，也被称为"钫"。如果说方壶的整体造型是方中取圆，圆中有方的话，钫的典型特征就是尖锐化的棱角。现藏于美国宾夕法尼亚大学博物馆的陈璋方壶（图4—46）便是其中最为精美的一例，该壶方形，四棱角明确，长颈，圈足，肩两侧设铺首衔环耳，属战国中期器，该器足三面有刻款二十七字，记载了齐宣王五年（公元前315年），齐国趁燕王哙让位而出现内乱之机，讨伐燕国的史实。另有保利艺术博物馆所藏战国时期的一对楚钫亦是这一时期的"钫"形方壶的典范之作。方壶中较为特殊的形制，有我们在第二章镶嵌工艺中曾作过介绍的赵卿墓出土的一对高柄铜方壶，该器上半部为一铜钫，下接细长执柄，器形非常别致。该高柄方壶通高27.8厘米，方口口径为4.4厘米；壶盖为盝顶形，四面坡各设一环形钮；盖与器口为子母口扣合；壶身平沿小方口，壶颈微束，溜坚，瘦腹，平底；底下接执柄，柄上粗下细，下接喇叭口圈足，以镶嵌法制作的纹饰遍布壶身，是春秋时期晋文化先进青铜工艺的体现。还有前文曾提及的中山王䰩墓出土的方壶（图4—47），亦是这一时期"钫"中精品，该壶通高63厘米，宽35厘米，子口有顶盖，盖为盝顶，四坡面设云形钮，溜肩，鼓腹，平底，方形高圈足，左右肩设铺首衔环，四棱肩部设四条翼龙，翼龙与云形钮相呼应，十分别致。

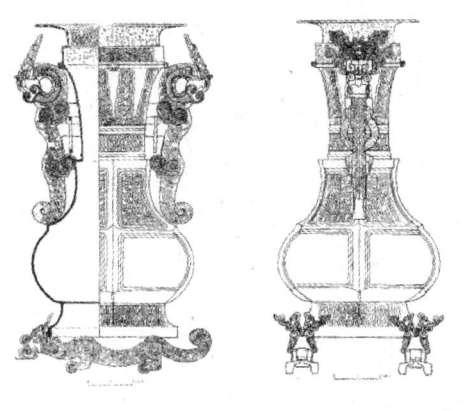

图4—45 淅川下寺楚墓（M1）龙耳虎足方壶　　图4—46 陈璋方壶

圆壶：先秦时期圆形壶较为多见，特别的战国时期，几乎各文化类型均有圆壶出土。依据壶腹的形状，这一时期的圆壶可分为垂腹圆壶和鼓腹圆壶两类。垂腹圆壶为西周时期旧有形态的延续和发展，鼓腹圆壶则为春秋晚期出现的新器形。20世纪20年代出土于河南辉县，后流落海外被英国喀尔兄弟所藏，现藏于英国伦敦不列颠博物馆一对以其铭文命名的"禺邗王铜壶"（图4—48），两件铜壶形制完全相同，花纹基本一致，属垂腹圆壶。壶体通高48.3厘米，八瓣莲花盖；壶口外侈，长颈内曲；颈侧设回首卷尾龙形耳；溜肩；圆腹略下垂；矮圈足。通过专家对该壶铭文的释读，可知铭文记载了鲁哀公十三年（公元前482年），晋定公与吴王夫差等在黄池会盟一事，认定该壶的铸造应在事件发生后不久，是先秦后期青铜圆壶中一件难得的年代明确的标准器。因作器者为令狐君嗣子而得名的令狐君嗣子铜壶（图4—49）则是典型的鼓腹圆壶，现藏于中国国家博物馆。该壶亦为两件成对，通高46.5厘米，口径14.8厘米，底径16.8厘米；器口插六瓣莲花器盖，镂空的莲花花瓣向四周伸展作盛开状；器颈短，内曲；溜肩，两侧肩上设衔环铺首；长圆鼓腹；矮圈足。根据铭文推断该对壶的作器者为封于令狐而归葬洛阳的韩国宗室。该对壶因其造型与纹饰俱佳，并有较长铭文，被视为战国早期晋文化铜圆壶的重要标本。

曾侯乙墓联禁对壶是楚文化青铜造壶艺术的重要作品，为垂腹圆壶，该壶的整体造型仿同一时期方壶形制，除了颈部、腹部皆为圆形外，盖做圆拱盖，顶端设蛇形衔环钮，周边有盖罩；颈部龙形耳上的龙头上装饰有两条小龙，龙尾装饰一条小龙，圈足下没有伏虎或蹲兽，而是直接放置于长方形的禁座上，通高99厘米，如加上禁座高达112.2厘米，总重量达240.2公斤，是已知体量最大的青铜壶。[1] 现藏于台北故宫博物院的庚壶，也称"武叔庚铜壶"，是春秋晚期的齐文化铜圆壶，为鼓腹圆壶。通高31.6厘米，平面作圆形，口微侈，口沿外宽带饰；高颈内曲，圆肩，长圆腹，肩腹以凸弦纹为界，两侧肩部设铺首衔环；台状矮圈足。嵌红铜狩猎纹壶通高54.9厘米，口径10.9厘米；平盖，盖顶设一环钮；直口，高颈微束，长圆腹；颈两侧设一对环钮；制作工艺十分精巧。是这一时期燕文化青铜圆壶的典范之作。提起燕文化的铜壶，第二章我们提到的金银错铜丝网套壶（也称"陈璋圆壶"）更是这一时期燕国青铜器的不朽之作。

图4—47 中山王䪼方壶　　图4—48 禺邗王铜壶　　图4—49 令狐君嗣子铜壶

小口细长颈的蒜头壶是秦文化的创制，只见于这一时期的秦文化和秦统一后的秦汉时期。蒜头壶因其壶口犹如蒜头而得名，亦有垂腹和鼓腹的区别。较为特殊的蒜头壶当属陕西米脂博物馆藏曲颈蒜头壶（图4—50），与众不同的是它的细颈侧弯。

先秦晚期青铜壶形器的形制已为秦汉时期壶形器的形制奠定了基础，不论是圆壶还是方壶，或者蒜头壶都被秦汉所继承，虽然圆壶到汉代被

---

[1] 参见李松《中国青铜器》，五洲传播出版社2008年版，第45页。

称作"钟",棱角鲜明的方壶被称为"钫",其形制仅仅是在先秦晚期的基础略作改进。这也表明到先秦晚期,围绕功能性所展开的壶形器形制的演进已到达巅峰,器物的容积和形态比例,以及所特定的象征内涵都已完善。

提梁(链)壶:西周中期以后,卣逐渐销声匿迹,卣与壶最大的区别在于提梁,相对于有提梁的卣而言,壶的提拿则显得不便,先秦晚期的提梁(链)壶应是在吸取卣提梁形制的基础上的再创造,与卣提梁相比则更加轻便美观。先秦晚期,齐文化的提梁壶颇为流行,且形制也较为丰富,如现藏于山东省博物馆的公子土折提梁铜壶(图4—51),通高44厘米,口径8.5厘米,重2.85公斤。盖为弧顶,顶部设环钮捉手,器盖两侧有套环;较长曲颈,长腹中鼓,矮圈足;壶颈两侧设环钮,内套环链提梁,提链从壶盖两侧的套环中穿过,这样的设置使提链放下时不触及地面,同时器盖打开时也易失落;壶中腹设两道弦纹,壶前方的弦纹间有一环状鼻钮,其作用应与铜鍪相似。依该壶铭文,学者推断该壶铸造于齐景公三年至齐景公九年(公元前545年至公元前539年)间[①],是年代明确的齐文化铜壶的标准器。另一件现藏于山东省博物馆的鸟首提梁铜壶(图4—52),1970年出土于诸城县臧家庄战国墓葬的随葬坑,属战国晚期齐文化提梁铜壶。该壶通高56厘米,底径14.1厘米;器盖以器身相合成一昂首的鸟形,盖面即为鸟面,有凸起的双目和鸟喙的上部,器口前端的尖流即为鸟喙的下半,造型异常巧妙。器身曲颈,溜肩,深腹,矮圈足;颈部两侧的钮上套有提梁,腹部后侧有小环;提梁下部是弯曲的纵梁,纵梁顶端连接着可以活动的横梁;器盖与提梁间有一铜环连接;整个提梁的形状和结构如同双辕马车的辕衡,其设计可能是借鉴了辕衡。鸟形象是最早运用于器物

图4—50 曲颈蒜头壶

---

① 张光远:《春秋晚期齐庄公时庚壶考》,台北故宫博物院《故宫季刊》第16卷,第3期。

造型设计的动物形象,该壶在传统的鸟首壶的基础上又作了进一步的改进,更加强调器物造型与使用功能的统一。提梁与器盖间铜环的设置,保证了提梁始终处于直立状态,而可活动的提梁和腹部后侧的小环帮助倾倒酒浆更为容易。

图4—51 公子土折壶　　图4—52 鸟首提梁壶　　图4—53 蟠虺纹提链壶

提链壶是指铜壶肩部两侧设提链以便于提携的圆壶。楚文化提链壶当是这一时期提链壶的佼佼者。从发展的过程看,春秋晚期的楚提链壶颈部略粗,中期长颈垂腹,后期腹部最大径上移。淅川下寺3号墓出土的提链壶是已知最早的一件,该壶通高19厘米,口径4.7厘米,折沿,长颈,颈部较粗;深腹,腹部略鼓;平底,有三只小兽足支撑;颈部两侧置环形耳,套接活络提链;盖套于提链上,盖面饰浮雕的交体龙纹[①]。曾侯乙墓出土一对战国早期的提链壶,两件铜壶的形制相同,通高40.5厘米,口径10.7厘米,圆盖尖顶,顶尖为一衔环钮;壶身瘦长,直口微侈,长颈,短圈足,腹部下垂外鼓;双耳为龙形耳,提链两端为龙首形,提链上有一短链与盖顶衔环相连。该对壶造型优雅,纹饰精美,提链的结构复杂,使得其他提链壶都无法与之相媲美。1957年长沙烈士公园3号墓出土的蟠虺纹提链壶(图4—53)一件,该壶也称"变形龙纹提链壶"。该壶通高37厘米,腹径17厘米;盖弧顶;小口,细长颈,鼓腹,

---

① 参见刘彬徽《楚系青铜器研究》,湖北教育出版社1995年版,第180页。

下腹设三个铺首鼻钮；圈足；盖两侧有环与活络提梁相贯，颈肩两侧有环钮与提梁相连接，提梁顶端为一璜形短梁。该壶为战国中期的作品，整体造型清秀，配合壶身精美纹饰，使其显得典雅细腻。晋文化的提梁壶出现于春秋晚期，晚于齐文化，形制与这一时期的鼓腹圆壶相近，流行的时间不长，战国中期便销声匿迹。提梁有的原为绳索，绳索腐烂后，失去提梁的壶身与鼓腹圆壶几无区别。

还有一类提链壶，形制较为特殊，在陈佩芬编著的《夏商周青铜器研究（东周篇）》中收录了两件形制十分特殊的铜提链壶，两件铜壶都是从香港征集所得，其一为变形兽纹扁壶，通高34.7厘米，重4.2公斤；口略侈，短颈，鼓腹，矮圈足。背面平削，也就是将圆壶的五分之二的曲线改为直线。壶盖近

图4—54 络纹提链扁壶

边设三环钮，颈部两侧有环耳。其二为络纹提链扁壶（图4—54），通高41.6厘米，重4.6公斤；薄平盖，盖顶有环钮；侈口，长颈，颈上部设三个小的铺首衔环饰；垂腹，矮圈足；肩两侧设环钮，以固定提链；提链两端各为六节套环，提链中部为璜形横梁；盖顶有8字形套环连接提链；壶背面亦为平面。这两件扁壶从正面看似圆壶，从侧面看则是扁壶，造型十分别致，它们的容积也只有普通圆壶的五分之三左右。[①] 将背部设平，应该是考虑放置的方便。

扁壶：扁壶指扁体，长方形圈足的壶形器，传世与出土的扁壶较少，多出于三晋地区，镶嵌红铜的此类形制扁壶不过十余件，有盖的扁壶更是极为少见的珍品。保利艺术博物馆藏错嵌蟠螭纹扁壶两件，其中一件

[①] 参见陈佩芬《夏商周青铜器研究（东周篇）》，上海古籍出版社2007年版，第418—421页。

我们在第二章介绍错嵌工艺时已提及，图示的这件为另一件有盖铜扁壶（图4—55）。该壶通高34.5厘米，口径11.2厘米；盖顶隆起，上有三环钮；侈口，短颈，扁圆形宽腹，两侧肩部设铺首环耳；下置长方形圈足，足沿外撇。口沿、颈及腹部镶嵌红铜装饰，壶腹用红铜嵌出五层方格栏，格内再填饰蟠螭纹。

瓠壶：曲颈瓠壶是西周晚期至战国早期流行于中原和北方地区的酒器。晋文化瓠壶较具代表性，如赵卿墓瓠壶等。陕西历史博物馆藏鸟盖瓠壶（图4—56）当属其中之精品。这是一件战国时期秦文化的青铜酒

图4—55 错嵌蟠螭纹扁壶　　　　图4—56 鸟盖瓠壶

壶，国家一级文物。该壶通高37.5厘米，口径5.8厘米；壶盖为一只鸟的形状，壶腹成瓠瓜形。鸟盖处有环扣，可以自由开合；壶颈部至腹部装饰有精美的两道宽带纹和六道蟠虺纹。壶盖上的鸟尾与壶把手用链环相连接，链分为四节，每节链环均饰有头朝上尾部卷成圆环形的蛇尾。此壶造型别致，侧颈鼓腹有倚斜之态，却因垂腹重心在腹下，以得平衡。颈侧的錾与链形成一股向后的拉力，给人以反弹之感。是战国中期青铜器之上乘之作。说起这只壶的来历，也着实让人有些后怕。这只壶是考古工作者在陕西绥德县的废品收购站偶然发现的，当时它已身首异处，幸亏专家慧眼识金，才使其幸免熔于炼炉之中。这一时期瓠壶的盖多为鸟形，这可能与中国古代将"瓠瓜星"称为"天鸡星"有所关系。

先秦晚期，礼乐崩坏，器物不再如先秦中期那样循规蹈矩，加之青铜铸造技术炉火纯青，各式特殊形制的器物层出不穷，除了我们论及的各类

形制的壶形器外，还有一类壶形器需要说明，这类器有时被称作"鈚"，有时被归作"🗻"。在古代的文献中，"鈚"并没有容器的含义，陈梦家先生根据出土的六件自铭为"鈚"的器物，将"鈚"字解释为从金从声，并认为是《广雅·释器》中的"上为徙下为瓦"①，是瓶的一种，其形制特征是长形壶，无圈足。日本学者林巳奈夫则在铜器中专设一类为铜鈚。马承源先生将此类器归入"🗻"类，并依据常见器形将此类器分为方扁和圆扁两类，四式，方扁形的有蔡侯墓出土的蔡侯🗻，圆扁的则有1936年河南辉县琉璃阁出土，现藏河南省博物院的镶嵌龙纹扁壶，该器通高52.8厘米，口长13.5厘米；平盖，盖中心设小环钮；小直口，扁圆体，鼓腹，平底，颈肩两侧和下腹两侧设对称环钮，腹部正中偏下设环钮一个，应是为穿绳以便提携而用，该器是战国早期魏国铜器之精品。朱凤瀚先生则将此类器均归作"鈚"，据他考证此类扁壶的形制与壶的区别仅在于无圈足，并推断其功能与壶相同，都是盛酒器②。

纵观先秦后期青铜壶形器的发展，我们看到自春秋中期开始，青铜壶形器的铸造进入一个新的时期，众所周知，这一时期是中国历史上的大变革时期，由世袭的等级制度向封建的郡县制度转变的时期，作为礼器重要品类的壶形器的铸造因"礼崩乐坏"而不再受礼制约束，壶形器在形制上出现了许多新的元素，与这一时期的社会大环境不无关系。虽然这一时期的青铜文化呈现区域性特征，但是它们都共同昭示了一个旧时代的结束和一个新时期的到来。这一时期青铜壶形器造型的多样性根源于人们在长期的生活实践中逐渐形成的经验和规范，这包括人类集体的文化模式、环境条件、技术条件等多方面因素。这一时期的青铜壶形器器形的丰富多样主要表现以下四个方面：

第一，地域性特征凸显。这一时期壶形器器形的地域性特征主要表现为两个方面：一方面春秋战国时期诸侯国之间的纷争带来了区域性的统一，不论是"春秋五霸"，还是"战国七雄"，因各自国力强大而形成了不同的文化风格，这一时期的青铜壶形器在一种总体上趋同的形势下，表现出由先秦早期和中期各地区的风格面貌基本一致向各地区的壶形器

---

① 陈梦家：《寿县蔡侯墓铜器》，《考古学报》1956年第2期。
② 参见朱凤瀚《古代中国青铜器》，南开大学出版社1995年版，第117—118页。

逐渐呈现出地区特色转变的态势。另一方面一些具有显著地方特点的铜器也在这一时期与其他文化类型相融合，逐渐融入其他文化中去；具有浓郁北方草原文化特色的北方系铜器也在这一时期由于征战而传布到更为广阔的范围，与南方系铜器相互影响。

第二，器物数量的剧增。由于社会环境的急剧变化，新权贵与旧贵族的并存，过去只能为少数王公贵族所占有的青铜器物开始为更多的人所拥有并使用，对于青铜器物的数量也因需求量的增加而达到了鼎盛，社会的需求推动了青铜冶铸业的发展，中国青铜冶铸业在经历了西周后期和春秋早期的沉沦与没落之后，从春秋中期开始走向又一个新的顶峰。

第三，装饰的华美。对于青铜器的需求量的增加，催生了一系列的新工艺和新技术，从而推动了青铜冶铸技术的进步与发展。不论是对于冶铸原料的获取，还是青铜器合金成分的冶铸经验的总结，先后形成了《管子·地数篇》等记录矿山位置和找矿线索的文献，以及青铜合金配方的理论性总结"六齐说"的《考工记》。同时传统的范铸法在这一时期得到进一步发展，除了在模范材料的选择和制范翻模的技术上更加讲究外，还开始运用失模法等新工艺。同时传统的分铸法和焊接法也在这一时期得到更加广泛地推广和使用，这一切不仅仅提高了生产效率，同时也提高了铜器的产量和质量。

第四，新风格的形成。正如宗白华先生所说的那样，莲鹤方壶的出现开启了一个新的时代，一个象征着新的精神的自由解放的时代。这一时期，伴随着礼乐制度的土崩瓦解，具有列国文化特征的铜器日益兴盛，西周以来的固有传统被打破，青铜壶形器摆脱了先秦早期的神秘、狰狞、粗犷，褪去了先秦中期的温婉与规范，大量以造型取胜的素面器独领风骚，形成了清新明快，简洁活泼的时代特色。

第二节 功能的多元化

每一种人造物都可以被认为是人类的社会活动和思维活动的共同产物，与其相依随的则是该物的功能性。对于先秦青铜器功能的追问，一直困扰着各方学界，一方面要从先秦先民社会生活和文化生活的角度去理解它,另一方面它们又是先秦人们社会生活和精神世界的承载物。学界试图在这两者间寻求一种平衡,"中国青铜时代"和"礼器"便成为研究先秦青铜器功能论的两个重要的视角,然而这样的视角对于青铜壶形器的研究又显得较为宏大与宽泛。那么在造物史的视野中,仅就青铜壶形器的功能和形制而言,笔者认为它的功能性主要体现在三个方面:实用的功能、身份的认同、权力的象征。这三个方面是功能与文化在三个不同层次的吻合,即器物层、社会组织层和观念层。(图4—57)

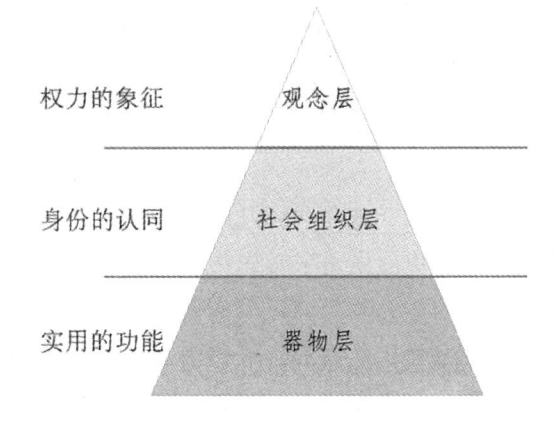

图4—57 器物的功能与文化的层次关系示意图

一 实用为主导

中国青铜艺术的主体是被称为礼器的先秦青铜器,礼器的原始形态来自实用器物,即使是在青铜礼器逐渐消失在历史长河中的那一天,实用功能也一直伴随着它们,壶形器也不例外。某种形制器物的出现往往是因为人们生产和生活的需要,即造物活动首先以实用为目的,伴随着实用功能而衍生出与社会生活相关的其他功能。

从历史来看,在中国古代,对器物的实用功能是非常重视的。无论是周易提出的"备物致用",还是老子提出的"有器之用",抑或墨子提出的"节用"等,都是强调造物首要原则即是实用性。即使是《韩非子》中堂谿公在奉劝韩昭侯"君主不可泄露群臣的言论"时,也是用昂贵而无底的玉卮与价廉的不漏的瓦罐作了比喻,这之中所阐释的关键所在仍是实用。可以这样说,物以致用的观念在中国造物艺术发展之初既已成为衡量造物成败的首要标准,隐藏在致用的思想之中的是利民的观念,体现了中国先秦造物"以人为本"的根本原则。

形乃谓之器。制而用之谓之法。利用出入，民咸用之谓之神……备物致用，立成器以为天下利，莫大乎圣人。

《周易·系辞上》

仁之事者，务必求兴天下之利，除天下之害，将以为法乎天下，利人乎，即为；不利人乎，即止。

《墨子·非乐》

古之良工，不劳其智以为玩好，是故无用之物，宋法者不生。

《管子·王辅第十》

从造物史的视角来看先秦时期壶形器，其实用功能可以被分解为两个层面的内容：器物的适用和利用。适用和利用属于器物实用功能的两个不同的层面，器物形制最初满足的应该是适用功能，即它的形制是适合使用的。在满足适用的基础上的另一个层面是利用功能，即它如何能更加便于人使用。这也体现了先秦时期造物观念中"物以致用"的造物观。

（一）适用为本

器物的形制决定它们的使用功能，也决定了它们的用途。盉、壶、卣均为容器，亦都属于酒器，即都能盛装液体，都被用来盛放酒类。有盖的半密闭形态，能够盛装和存储液体是它们的相同点。从它们在礼制活动中的作用来看，它们的外观形态是区分它们用途的主要途径。盉、壶、卣均为酒器，除了进一步细化的使用功能，它们也存在区别，盉被用来调酒，壶和卣所盛装的酒的品种也不一样，卣多是被用来盛装鬱鬯之酒器。从器形来分析，它们共同的适用功能主要表现在：一是容积，可以容纳一定体积的液体；二是有盖，防止器内液体的挥发和洒溢；三是有提梁或鋬，或者肩颈两侧设环钮或贯耳以穿绳，方便提携、挪放；四是有圈足或三足、四足，便于放置，盉的袋足甚至是为了加温之用；五是盖钮的设置，方便盖子的开合。还有一点就是盉和个别的壶管状流的设置，便于器内液体的倾倒。

另外，除作为酒器外，盉和壶也做水器，考古学家认为盉是具有多种用途的器物，当其与酒器同出时，是酒器，当其与盘等水器同出时，应归作水器，用于盥洗。而考古发现也确有自铭为水器的壶，如 1974 年山东莱阳前河出土的己国铜壶，壶上有铭文"己厚作铸壶，使小臣以汲"①。这只己国铜壶在经历千百年后，通过考古工作者对其铭文的释读，让生活在现代社会的我们可以了解数十个世纪以前它的功能与用途。壶形器的用途都是由它最基本的形制决定的。

对于壶形器的铭文我们将在下一章展开论述，在这里只想强调壶形器因其青铜质地，决定了它作为篆铸铭文的载体之一，器上的铭文在当时是扬宗耀祖、刻功绩烈的符号，在今天是我们了解和研究当时史实的参照。总之壶形器本身的形制和材质决定了它盛装液体、区别用途、刻铸铭文等适用的功能。

（二）利用为人

从器物的利用功能来看，器物的形制与人们的生活起居有着密切的关系。壶形器的器足、盖钮、壶腹、提梁、流五个功能体的演变进程，无不体现着先秦人们生活起居对其形制的影响。

首先，就器足而言，盉多为三足器，亦有四足或圈足，这与先秦时期人们跪坐的传统坐姿有着必然的联系。先秦之时多为席坐，席前设一禁，宴饮时所用的食器、酒具皆置于禁上。大夫用的是无足的棜，也称"斯禁"，士则用无足的禁，就禁的形制而言，有足的禁高于无足的棜，禁足是用以区分大夫与士的身份的符号。放置于禁上的器皿足部的增高，方便席坐之人取用。盉亦有款足，款足在保持了方便取用的使用功能的同时增加了器内的容积。壶、卣多为圈足，圈足的作用除了抬高器身以外，还具有便于放置的功能，器底部如果铸制得不平整，则会影响器物的放置效果，圈足很好地解决了这个问题。西周中期以后，圈足被加高，更加突出了礼器的华美端庄。

其次，壶形器器形的演变也体现着"利用"的宗旨。前文已提及，壶形器盖钮的变化，也是造物过程中为了利于使用而改进设计，早期的壶多为菌钮或圆钮，取下壶盖时，直立放置会污染盖沿，倒置时则呈倾斜状，不平稳，西周中期以后壶盖顶部少见盖钮，而多为圆形捉手，不仅便于拿握，也利于放置，也有专家认为设圆形捉手不仅仅是放置的需

---

① 李步青：《山东莱阳县出土己国铜器》，《文物》1983年第12期。

要，倒置过来的壶盖还可以作为饮器。①

再次，是壶腹的变化，早期的壶多为垂腹，西周中期以后壶腹的最大径逐渐上移，由垂腹到鼓腹的变化，最大限度地提升了壶的容积。

又次，提梁的变化，早期壶多在颈部两侧设钮，由穿绳编物提携，如商中期的父壶。随着冶铸技术的进步，提梁演变为铜质，壶和卣就有了最本质的区分。商中期铜卣的提梁为仿绳状，表明铜质提梁与绳编提梁之间的演变进程。为了提携的方便，铸造时在提梁两端与环钮间垫入适量陶土，给提梁留出活动的空隙。为了防止盖的遗失或错用，在盖与提梁之间还会有环扣或铜链连接，如马永盉、陕西历史博物馆藏商中期的兽面纹壶等。至商晚期提梁有了新的变化，不再局限于绳的形态，而出现蛇形提梁，如北单卣，两端为龙首的龙形提梁等，这时的提梁较商中后期宽、粗，提梁的加宽扩粗，增加了手与提梁间的受力面积，提携起来更加轻便。有的提梁还考虑到提携时手的感受，而制作的十分光滑，如彊季卣等。西周晚期，卣销声匿迹之后，提梁被壶所采用，春秋战国时期进一步改进为链状提梁，此类壶多称为提链壶，如曾侯乙提链壶、长沙烈士公园出土的蟠虺纹提链壶等，壶的提链的两端为链状，顶端设一璜形提梁连接两侧的链，用以提携，提链的设计保留了早期盖与提梁之间设置链环防止盖遗失的设计，同时它改变了之前一次成形的n型提梁不易平衡着力点的缺憾，顶端璜形提梁的设置也改进了链状提梁不如一次成形的提梁提携省力的不足。

最后还有盉的流的变化，二里头时期至商早期的铜盉多为封口袋足，流多为设于盖顶部的冲天管状流，有的流的根部细而口径宽，这是不便于液体的流出的。流设于顶部，当盉内液体少时，必须将整盉倒置方可将盉内液体倒出。商晚期以后出现了设有可开合盖的铜盉，并逐渐成为盉的主流形态，管状流也由顶部改为设于肩颈部位，流的根部口径大于流口，且流口多与盉的口沿保持水平或略高于口沿，这说明从事青铜壶形器铸制的人们已经发现并掌握了"连通器"原理，并将其运用到设计实践中。盉流的形制设计的完善，体现了形式追随功能，功能满足需求的设计原则。当青铜时代渐行渐远，被称为"盉"的器皿也在人们的生

---

① 参见郭宝钧《商周铜器群综合研究》，文物出版社1981年版，第149页。

活中隐去，但是流却被壶形器作继承，并成为人们对于壶的认知的不可或缺的本体形式符号。

从壶形器的功能体的演进，我们不难看出"利用为人"的思想一直伴随着先秦造物史的发展，其根本就是在功能与形式的平衡中，利于人的使用需求是一直处于重要位置的。

二 身份的认同

身份认同是一个源自西方学界的概念，最初仅用于心理学研究领域，用以表示个体在社会中的自我认同，其后这一概念被引入人文、社会学科，并成为一个较为复杂的学术概念。比较通俗地来理解这个概念就是对身份的认可，以及由此获得的归属感与角色意识。张常勇从艺术人类学的研究视角对商周青铜艺术的身份认同功能进行了阐释[1]，他将商周青铜艺术归为一个整体，宏观地论述了商周青铜艺术属神身份与属人身份的内涵，分析了由属神身份到属人身份转变的内因与外因。然而他忽视了青铜艺术对身份的认同是阶级社会发展的必然，青铜艺术在其中只是作为媒介之一，对社会阶层的划分起到辅助作用。《礼记》中强调：

> 夫礼之初，始诸饮食。其燔黍捭豚，污尊而抔饮，蒉桴而土鼓，犹若可以致其敬于鬼神。
>
> 《礼记·礼运》

"礼"的本源产生于人类生存最基本的物质需求，其目的是社会等级秩序的建立。"在中国美术史上，礼器与用器相区别的观念产生于公元前4000年至公元前3000年东部沿海的文化传统中。这个趋向的最初标志是出现了对'低廉的'工具、日用器皿和装饰品的'昂贵的'仿造。这里，'昂贵'一词形容以贵重材料和［或］特殊工艺制作的器物。"[2] 众所周知，龙山文化以造型胜装饰的"蛋壳陶"器壁只有2—3毫米的厚度，极薄的器壁是不适于使用的，这被认为是黑陶被淘汰的主要原因之一。巫

---

[1] 参见张常勇《商周青铜艺术身份认同功能研究》，博士学位论文，复旦大学，2008年。
[2] ［美］巫鸿：《中国古代艺术与建筑的"纪念碑性"》，李清泉、郑岩等译，上海人民出版社2009年版，第30页。

鸿认为黑陶器壁薄到了极点则背离了器物的容量和功用，而在轮廓上表现出对于微薄、轻巧和精致的追求，是中国早期礼制社会"象征性"艺术特征的出现[1]。

（一）家族身份认同

由于尚没有夏文字记载被发现，也没有确信的夏都城遗址的考古记录，对于夏朝历史的论述还带有一些传说性质，但是《史记·夏本纪》、《竹书纪年》等古籍皆有对其的记载，同时二里头遗址的考古发现被认为是与夏朝年代相当的人类文化遗存，二里头石器、陶器和青铜礼器的出土，表明中华文明从铜石并用时期开始跨入文明门槛，完成了从"公天下"向"家天下"的转变，社会阶级逐渐分化。张光直认为："由于并没有广泛地运用青铜来制造农业工具，中国青铜时代主要不是通过生产技术革命产生的。如果真的有一次革命，那么它就应该是社会组织领域内的革命。"[2]

先秦壶形器所具有的身份认同的功能指的是壶形器在先秦社会生活中，对于人的社会地位、出身、资历的许可与赞同，以及因此而产生的同一感和归属感。壶作为青铜礼器的重要组成之一，是社会组织的符号化反映。在天下由"公"而"家"的变化中，原始信仰也发生着变化，在从原始巫术文化向巫觋文化和祭祀文化的转变中，除了对于自然神的崇拜外，还有对祖先神灵的崇拜，这一点在商人的崇拜中十分典型。壶形器除了负载满足人们生活需要的实用功能以外，它亦因其在社会生活中的特定作用，而被组织进入人的世界，成为社会组织层面中人的生活和现实社会间的一个契合点，成为反映先秦社会生活的一个局部缩影。器物被组织进入社会生活其根本是由"天下为公，选贤与能"到"天下为家，各亲其亲，各子其子"的转变，特殊的公共权力开始凌驾于社会之上，私有制进一步深化，社会分工的发展，带来了贫富分化和社会阶层的差距，阶级由此产生。青铜的出现也正是处于这个社会阶级分化的

---

[1] 参见［美］巫鸿《中国古代艺术与建筑的"纪念碑性"》，李清泉、郑岩等译，上海人民出版社2009年版，第52—55页。

[2] K. C. Chang. The Chinese Bronze Age: A Modern Synthesis. In W. Fong 1980, p. 45. 转引自［美］巫鸿《中国古代艺术与建筑的"纪念碑性"》，李清泉、郑岩等译，上海人民出版社2009年版，第80—81页。

时期，作为人类最早掌握的矿石冶炼和金属加工技术之一，因为它可以制造工具和武器，铜、锡以及二者的合金——青铜是顶顶重要的金属。[①] 青铜在社会生活中的重要性决定了它只能被处于社会最顶层的少部分人所占有，壶形器所体现的是对其使用者社会身份的认同。

在商的社会中，神权具有举足轻重的地位。《礼记》亦有记载：

殷人尊神，率民以事神，先鬼而后礼，先罚而后赏。

《礼记·表记》

商人所尊拜的神可以分为三部分：以列祖列宗、先妣先母为主的祖先神，以社、河、岳为主的自然神，以帝为代表的天神。[②]

天命玄鸟，降而生商。

《诗经·商颂》

殷契，母曰简狄，有娀氏之女，为帝喾次妃。三人行浴，见玄鸟堕其卵，简狄取吞之，因孕生契。

《史记·殷本纪》

祖先崇拜是人类社会进入文明阶段的产物，其思想根源则是万物有灵观。祖先崇拜也被认为是中国古代宗教的主要特征之一。对于祖先的崇拜是对祖辈征服自然的能力和功绩的赞叹，体现了人与自然的对立和超越，其本质是对自身的确认。商人对于祖先的崇拜还有一个特点是尽量扩大祖先崇拜的范围，他们把包括远古先祖、女性先祖、一些异姓部落的先祖等归入祭祀的对象，并建立有完整而周密的祭祀制度。这种对于祖先神灵的崇拜与万物有灵固然有关系，但同时也体现了商人，特别是商代的统治者对于自身与祖先神灵间血脉亲情的强化。在对祖先的崇拜中强调的是自己与祖先之间血脉关系的身份认同，通过祖先崇拜强调了自身与祖先之间的关联。正是在对祖先神膜拜的基础上，作为青铜礼

---

① 参见［德］恩格斯《家庭、私有制和国家的起源》，人民出版社 1999 年版，第 167 页。
② 晁福林：《先秦社会形态研究》，北京师范大学出版社 2003 年版，第 164 页。

器之一的壶形器则担当了这个与祖先交流的工具，为了表达他们对于祖先神灵的尊重，让这些通天的"神器"与神明更好地沟通，他们还将神秘诡异的"绝地天通"的动物纹样铸于壶形器上，而使壶形器具有通民神、通天地、通上下的神秘力量，成为巫觋通天的法器。关于青铜壶形器上装饰纹样的功能，在下一章中我们将专门进行论述。铸于青铜壶形器上族徽标识也是商人家族身份认同的一种符号化表现，我们也留待下一章再行论述。

（二）社会身份认同

如果说商时的壶形器体现的是因血脉关系而存在的家族身份认同的话，那么进入西周以后，壶形器更多体现的是社会身份的认同。西周时期社会制度发生变革，周公制《周礼》，进一步明确社会各阶层的等级秩序，职官可以通过册封来获得身份与权力。社会经济的发展和私有制的深化，拥有青铜器使用权的也不再是一小部分人。

> 掌客掌四方宾客之牢礼、饩献、饮食之等数，与其政治……凡诸侯之礼：上公五积，皆视飧牵，三问，皆修。群介、行人、宰、史皆有牢；飧五牢，食四十，簠十，豆四十，铏四十有二，壶四十，鼎簋十有二，牲三十有六，皆陈……以其爵等为之牢礼之陈数，唯上介有禽献。夫人致礼，八壶，八豆，八笾，膳大牢，致飧大牢，食大牢……侯伯四积，皆视飧牵，再问，皆修；飧四牢，食三十有二，簠八，豆三十有二，铏二十有八，壶三十有二，鼎簋十有二，腥二十有七，皆陈……凡介、行人、宰、史皆有飧饔饩，以其爵等为之礼，唯上介有禽献。夫人致礼，八壶，八豆，八笾，膳大牢，致飧大牢……子男三积，皆视飧牵，一问，以修。飧三牢，食二十有四，簠六，豆二十有四，铏十有八，壶二十有四，鼎簋十有二，牲十有八，皆陈……凡介、行人、宰、史皆有飧饔饩，以其爵等为之礼，唯上介有禽献。夫人致礼，六壶，六豆，六笾，膳视致飧。
>
> 《周礼·秋官·司寇》

掌客掌管接待四方宾客的工作，根据《周礼》的这段记载，掌客应根据宾客的官职等级布置、准备与其职位相应的宴饮礼数，包括壶在内的宴饮所用食器、酒器等的数量因宾客的身份、职位的高低而不同，宾客的身份、职位高低决定着所用食器、酒器的多寡，身份越显赫数量越多。仅就这一点，我们即可看出进入西周时代，包括壶形器在内的青铜礼器的使用已经与其拥有者和使用者的社会身份有了更为密切的联系。青铜礼器的使用数量与身份的这层关系被写入《周礼》，则说明在西周社会青铜礼器的使用是区分社会各阶层等级关系的政治制度的一部分。参与宴会的人，只要通过宴饮中包括壶形器在内的青铜礼器的使用数量，就可以了解被款待宾客的身份与地位，被款待之人在这样的情境中也得到了自我身份等级的确认，即等级身份认同。"等级身份认同是指在某一社会中占有特定的社会地位的阶层对于自己在社会中所处的地位的认知与接纳，并以此来规范自己的社会行为，从而完成社会规定的角色任务。"[①] 除了宴饮活动以外，青铜礼器还是王室犒赏具有高级职务官员的重要赏赐物之一。如太保鸮卣的铭文"大扬皇天尹太保"就极力颂扬赏金的"太保"。西周时期，拥有青铜礼器使用权的上层贵族通过青铜器物来标识自己的身份，实现身份认同，青铜壶形器作为青铜礼器的重要组成部分在西周社会生活中也充当上层贵族身份认同的媒介。

周人颁《周礼》旨在"别贵贱，序尊卑"，"礼"的目的就是明确社会等级秩序，包括青铜壶形器在内的青铜器物在这一时期就成为"礼"制的物质载体，成为使用者自己和他人用来确认身份的媒介。

三 权力的象征

如果说壶形器的实用功能属于器物层的范畴，身份认同功能属于社会组织层范畴，而我们进一步探讨的权利象征功能则应该属于观念层范畴。在马克思主义历史哲学中，权力存在的理由和最基本的决定因素在于经济中。权力被认为是对生产（工具和劳动）手段和力量进行控制的结果，因此最终表现为"一种具体的占有，就像一种商品那样可以被支配、转移、掌握和转让"。[②] 在对这一理论的许多批评者中，福柯（Mick-

---

[①] 张常勇：《商周青铜艺术身份认同功能研究》，博士学位论文，复旦大学，2008年，第87—88页。

[②] Miller, D., and C. Tilley, eds. *Ideology, Power and Prehistory*. Cambridge, Eng.: Cambridge University Press, 1984, p. 5.

el Foucault）对于权力在本质上是被动的和受压抑的观念作了最有力地反驳,他认为"权力并不是一种可以获取、掌控或分享的东西,也不是一种可以把持或任其脱离的东西。在非平等主义和可变社会关系的相互作用下,权力实际上是无数因素的共同运作"。[1] 前一种理论强调对立的集团或阶级之间的政治性属性,后者则将权力视为存在于社会内部的一种综合性的但却并不一定属于"政治性"的力量。[2] 这两种观点的着眼点不同,但它们并非对立的,它们都能揭示出古代社会围绕权力而产生的一系列重要问题。当中国社会跨入文明的门槛,进入青铜时代,在上层建筑和意识形态领域,以"礼"为旗号,以祖先祭祀为核心,具有浓厚宗教性质的巫史文化开始了。它的特征是,原始的全民性的巫术礼仪变为被部分统治者所垄断的社会统治的等级法规,原始社会末期的专职巫师变为统治者阶级的宗教政治宰辅。[3] 随着历史的进步,巫觋文化也逐渐过渡为祭祀文化。青铜壶形器及其所属的青铜礼器并不仅仅是奢侈品、点缀物,而是政治权力斗争中的必要手段。晁福林先生将先秦时期最典型、最有特色的社会权力结构归纳为殷商的神权、西周的王权、春秋战国的卿权。在殷商社会中崇尚神权,在西周社会中王权至高无上,春秋战国时期卿权成为王权的重要支柱而进入权力的掌控层,在战乱纷争的战国时代,相权逐渐在政治生活体现出它的重要,我们可以从传世或出土的青铜壶形器的形制中体会到两千多年前权力争夺的血雨腥风。

（一）神权的代表

宗教信仰是原始人类最为朴素的世界观的反映,由于对自然现象的未知,商代的宗教信仰与巫术活动结为一体,渗透于社会生活的各个领域,殷墟出土的大量甲骨,正是他们从事与宗教信仰相关的占卜活动的遗物。前文以及,在殷商社会中,神权具有举足轻重的地位,商人所崇敬的神权包括祖先神、自然神和天神三部分,此三部分神权在商人的心目中呈现三足鼎立的态势,缺一不可,我们还提到青铜礼器在巫觋通天地的活动中成为通天地的法器。那么对于包括壶形器在内的青铜礼器的

---

[1] Foucault, K. M. *Power/Knowledge*. Ed. C. Gordon. Hassocks, Eng.：Penguin. 1980.

[2] Miller, D., and C. Tilley, eds. *Ideology, Power and Prehistory*. Cambridge, Eng.：Cambridge University Press, 1984, p. 7.

[3] 参见李泽厚《美的历程》,天津社会科学院出版社2001年版,第47—48页。

占有也就是对于通天法器的占有，对通天手段的占有，所谓"王权"的政治能力也就是在这些占有中被不断强化。"殷人尊崇和祭祀尽量多的先祖，是适应社会政治发展的需要。商王朝没有像周代那样大规模地分封诸侯，而主要是靠发展子姓部族的势力来巩固以其为首的方国联盟。尊崇和祭祀尽量多的先祖，便可以在更广泛的程度上凝聚子姓部落的力量，从而形成方国联盟的稳固核心。"① 商人对于祭祀活动的重视，也表现在用于祭祀的青铜礼器的数量，对于青铜礼器的数量不仅显示出对于财富的占有，同时也体现权力的大小。商人政权和神权合一，通过青铜礼器所体现的权力既包括政治权力同时也包括通神的权力，对于通天地人神权力的占有所体现的就是绝对权力的拥有。正如恩格斯所说，"一个上帝，如果没有一个君主，便永不会出现。支配许多自然现象，并结合各种互相冲突的自然力的上帝的统一，只是外表上或实际上结合着各个因利害冲突互相抗争的个人呢的东洋专制君主的反映。"②

商人将他们对于祖先神、自然神、天神的崇拜的、敬仰的情感都付诸祭祀用的礼器的制造中，并进而影响到日常生活用的器物。在"敬天地，畏鬼神"的宗教信仰的驱使下，他们本着虔诚的敬仰之心，以精益求精的完美器物以求贿神。青铜壶形器处处都透着商人对于神权的敬畏，我们暂且不谈商人在器物上装饰神秘诡异的纹样，通过形制与纹饰的组合进一步强化了神权的威慑力，仅就器物的造型而言，一些器物被制作成仿生的造型，并力图通过这些生动的形象传递出神的旨意。先秦早期较为多见的枭形卣就是一例，鸱枭被赋予战神的力量，联想殷墟中期所对应的武丁时期的大量征战，鸱枭卣的出现也就顺理成章。再如虎食人卣，从其造型而言，并不便于使用，那么它的功能应该更加偏重于宗教性，它真正想说明什么，象征着什么，对于 21 世纪的我们已经很难理解，但是它所凝聚的商人对于神的敬畏之情，在三千多年后却仍能被我们所体会。

（二）王权的标识

崛起于关中一带的周人在灭商之后，建立了周王朝。这里要强调的

---

① 晁福林：《先秦社会形态研究》，北京师范大学出版社 2003 年版，第 166 页。
② 恩格斯：《致在布鲁塞尔的马克思（巴黎 1846 年 10 月中旬）》，《马克思恩格斯通信集》（第一卷），生活·读书·新知三联书店 1957 年版，第 53 页。

一点是,"周王朝"、"周朝"、"周王国"这些概念是后世史家的观点,在西周时期并没有这些观念,他们所认为的是周天子是"天下"共主,其政治格局是所谓"天下"的形式,在他们心目中的"天下"好比今天的"世界"。周王统治的"天下",是周邦与万邦并存的天下。周人的新政权面临了统一的问题,即团结各部族的问题,又面临了巩固王族统治的问题,即加强王族谱系权威的问题。作为统一神的上帝和作为种族神的祖先,于是同时成为神权政治不可缺少的支柱。这样就造成了上帝崇拜同祖先神崇拜的合一。这种合一的表现是:周人依据古老的图腾意识,在上帝和祖先之间建立起一种血缘联系,氏族始祖传说中于是增加了上帝的形象;周人把祖先神说成是天之子,进而强调王承天命,由此建立起上帝即祖先神的一元化宗教。周人以一个至上的"天神"统一了商以来的自然神、祖先神和天神,这样就引起了三个重要的直接后果:第一个后果是,天命观和天人感应观成为笼罩中国社会的强大意识形态;第二个后果是,宗庙社稷合为一体,宗法制度成为国家制度的核心;第三个后果是,各种古老神话都焕发出亲族团体的色彩,而氏族始祖神话则增加了上帝崇拜的内容。[①]

  作为中国青铜时代的一个重要时期,西周王朝有着和商王朝迥然不同的文化个性,就青铜壶形器的形制而言,从早期对商的承继,到中期之后的变化,都表现出周人虽被商文化所吸引,然而却在对商文化的吸收过程中,以自身的理性、务实对其进行改造,最终形成了崇德敬祖、静穆节制的西周文化,器物的形制也逐渐由宗教风格向礼制风格转变,同时,我们也应注意到,西周中期以后,社会矛盾日益尖锐,为了维护其统治,周王朝采取了进一步强化宗法等级制度的政策,在周王"天下共主"的大一统的政治格局的统治下,壶形器也呈现出大一统的审美格调。相对于先秦早期壶形器的形制而言,中期壶形器的统一性风格更为突出。如西周早期的凤纹筒形卣与古父己卣纹饰虽不相同,然而形制基本一样,西周中期的十三年𤼵壶与三年𤼵壶,卫盉与长由盉等亦是如此,能够造成器物形制统一的因素有很多,包括器形间的吸收与借鉴,同一铸制作坊的产品等,但是先秦中期器物整体较为统一的风格的形成与政

[①] 王小盾:《原始信仰和中国古神》,上海古籍出版社1989年版,第151页。

治上的大一统的政治格局是分不开的,先秦中期壶形器稳重、庄严的风格体现的正是"王权"的威严。形制相对矮小的盉和卣的足部或者圈足增高,以强化其威严感,形制相对高大的壶的重心下移,以强化视觉的稳重感,这一切都是西周王朝在推行"礼乐制度"以维护其王权统治,所追求的规整化、秩序化、威严感等在器物形制上的体现。

(三) 卿权的僭越

周王对于天下的统治是:西周基本上可以看作是一个统一的国家,但是周天子却没有对地方政权的管辖权,这个现象是西周时代的特殊现象。就国家的权力而言,周王作为天下共主,享有国家最高统治权,各邦对其俯首称臣,然而真正的权力却分散于各邦之中,各邦享有自己的主权。归根结底,周王的权力被分割了,周王朝实际是一个分权而治的局面。这种较为原始的分权的国家形态,权力处于十分松散的状态,在周昭王之后周王室逐渐衰败,为卿权的发展间接地创造了机会。晁福林在《先秦社会形态研究》着眼于卿所处的社会阶层如何参与社会政治权力的分配、从而在政治活动中发挥影响进行了详细的论述,并得出卿权的变化是周王朝权力结构变动的枢轴的结论。他认为周代的卿权起源于殷周之际周王左右的谋臣集团,最初只是某些贵族重臣的身份标识,无固定人数,也不是官职之称。西周中期以后,随着贵族经济实力和政治影响的增长,卿权趋于加强,成为王权的重要支柱,卿权的形制亦趋于职官化和等级化;然终西周之世,卿权始终是王权的附庸。至春秋时期,卿权开始影响和干预君权,到春秋后期,卿权世袭成为惯例,遂成世卿擅权局面,最终完成了由卿权向新的君权蜕变的过程。[1] 总体看来,西周对卿士采用的是在利用的同时加以限制的政策,所以卿权并未对王权构成威胁。从文献记载来看,西周后期,卿的内部逐渐等级化,有上卿、中卿和下卿之分。

> 次国之上卿,当大国之中,中当其下,下当其上大夫。小国之上卿,当大国之下卿,中当其上大夫,下当其下大夫。上下如是,古之制也。
>
> 《左传·成公三年》

---

[1] 参见晁福林《先秦社会形态研究》,北京师范大学出版社2003年版,第185页。

在周王朝的众多诸侯国中，虽都为诸侯国，也因国力的大小而有等级之分，即"诸侯聚会，疆者为雄"，所以诸侯国的卿所具有的权力亦有大小之分。春秋后期，世卿擅权，其中以晋国的赵氏、齐国的田氏、郑国的七穆为甚，这时的卿权有凌驾于君权之上之势。通过晋国赵卿墓出土的青铜礼器的规格和精美程度，对于这一时期卿权当政的政治局面我们可有更为直观的了解。晋国赵卿即赵简子赵鞅，春秋末年为晋国上卿，主政晋国，纵横中原，风云当时，以战略"保障"为目的营造晋阳城，为韩、赵、魏三分晋国打下基础。1988年春，在距晋阳古城址北郊约3公里，金胜村西500米处发现一座规模巨大的古墓，山西省考古研究所和太原市文物管理委员会的考古工作者们立即对其进行抢救性发掘，考古发掘出迄今为止所见最大的一件春秋时期的镬鼎。在这座少有的保存完好的春秋大墓中共出土随葬品3421件，其中青铜器1402件，青铜壶形器有5种，其中方壶4件、扁壶1件、高柄小方壶2件、瓠壶1件和鸟形铜盉（鸟尊）1件[1]，共9件。方壶古朴沉稳、扁壶简洁大方、高柄小方壶雍容华贵、瓠壶精美绝伦、鸟形盉无与伦比，我们在前文已做详细介绍。通过对随葬的青铜戈上的文字的仔细研究与辨认，确认墓主人是担任晋国执政卿22年，叱咤疆场、雄霸诸侯的赵简子赵鞅。春秋时期是中国历史上前所未有的变革时代，随着社会经济的发展，社会阶级关系以及相对应的等级制度都在发生不可逆转的剧烈变化。赵鞅以晋国正卿身份权倾朝野史书均有记载，但就赵卿墓葬的规格而言，并没有僭越礼制。白国红从赵卿墓的棺椁规格、用鼎规格、乐悬规格三方面分别比对《周礼》《礼记》《仪礼》《左传》等文献中涉及卿的用器要求，认为春秋末期卿大夫阶层在棺椁、用鼎、乐悬等制度方面均有升格的现象，但是赵卿墓葬所用的礼制基本上均规范在社会允许的范围内[2]，这些都是残酷的政治现实让赵简子不得不做出的姿态，但是在他的心中那日趋庞大的觊觎更大的权力的欲望却从随葬的壶形器制作的精美、纹饰的精致中窥见一斑。

---

[1] 参见山西省考古研究所、太原市文物管理委员会《太原金胜村251号春秋大墓及车马坑发掘简报》，《文物》1989年第9期。

[2] 参见白国红《太原金胜村赵简子墓所见春秋晚期礼制变革》，《中国历史文物》2006年第3期。

所以从另一个角度而言，礼制规定了器物的材质和数量，但是并没有规定器物的形制，赵简子作为权倾朝野的晋国正卿，其墓葬中礼器的数量和材质虽然受到了礼制的约束，但是墓中出土的制作考究、形制独特、纹饰精美的高柄小方壶、鸟形盉等形制特殊的壶形器仍成为他显赫身份和所拥有的权力的代言。

本章小结

通过对先秦时期青铜壶形器形制与功能演变过程的梳理，不难看出，青铜壶形器的形制是时代精神的反映。不仅技术与工艺的进步对壶形器形制的变迁产生影响，民族审美心理的转变也影响着器形的演变。

先秦早期的青铜壶形器总体呈现神秘凝重的特征，造型多变，形制差距较大。为了迎合神秘的宗教主题，器形多为均衡对称的造型以显稳重，即使是仿生造型，也透露出商人渴望与神灵沟通的迫切，表达着对神的敬畏和人的恭敬。

先秦中期以后，随着礼乐制度的推行，青铜壶形器的礼制色彩趋浓，总体风格庄严而稳重，体现出"天命"的威严感。虽然周人颁布《酒诰》以禁酒，多数由商承继而来的酒器都已消失，壶形器中的卣在西周晚期也不见踪迹，但是盉与壶的功能的不可替代性却使得它们的形制不断进化，功能不断完善，同时在周王统治的区域范围内，壶形器的器形形制较为规范，呈现大一统的格局，这与周王朝所推行的政治统治不无关联。

先秦晚期，思想文化领域"百家争鸣"的局面，人本主义的觉醒，社会政治格局的解体和思想观念的解放，极大地影响了造物艺术的发展，不仅为造物艺术营造了一个宽松的社会环境，也为造物艺术带来了新的理念与方法。青铜壶形器的器形由凝重走向轻灵，造型由规范趋于自由。壶形器逐渐摆脱礼制的束缚，实用功能与审美特征达到完美统一，不论圆壶、方壶、提梁壶的形制基本都为秦汉所继承，青铜壶形器在这一时期到达自身发展的巅峰时期。

先秦时期的青铜器物自出现开始即因其材质的贵重，而成为统治阶级独享以显示自身权力的物质载体，青铜礼器也因此而成为"权力"的象征物，以至于当权力被攫取，掠夺者也用青铜壶形器作为炫耀自己权力的工具。壶形器在先秦时期的社会变革中，从商周之交的被继承，到西周中期的改变，再至春秋战国时期的革新，壶形器的形制演变所体现出的不同时代风格，足见这一时期社会与文化变革之剧烈。

第五章 巧法造化 文质彬彬

——先秦青铜"壶"形器的纹饰与铭文

对于青铜器纹饰和铭文的研究是探讨中国青铜时代的两个最为棘手的问题，青铜器纹饰和铭文的真正含义迄今为止仍是未解之谜。作为先秦青铜礼器的重要组成部分的壶形器多数带有纹饰和铭文，这些纹饰和铭文不仅记录了当时的装饰主题，成为展示先秦艺术风尚的重要例证，同时也从一个侧面反映了先秦社会的宗教信仰、礼乐制度和社会生活状况。对于青铜壶形器的纹饰和铭文的研究，有利于我们对先秦时期的政治、文化、社会、宗教背景进行更为深入的了解，从而帮助我们正确地认识先秦时期的造物艺术观念。

第一节 纹饰之美

青铜器丰富多变的器形和精美绚烂的纹饰共同构成了独具特色的中国青铜艺术。青铜壶形器的造型有的是承袭原始社会时期的旧制，有的是模仿自日常生活中广为流行的陶壶，更多的则是在社会经济发展和人民生活需求的基础上，不断变化旧有形制，而创造出的新器形。青铜壶形器纹饰的渊源我们同样可以上溯到原始社会时期的陶壶，但与原始陶壶纹饰的显著区别在于写实性的减弱，抽象性的增强，更加图案化。相对于壶形器的形制，壶形器的装饰纹饰更为直观地反映出先秦时期的观念形态。正如陈望衡先生所说，"纹饰是青铜器艺术的主体部分，它最为集中、最为鲜明地反映了青铜时代的精神风貌。"[1] 如果说纹饰有如青铜器的外衣，倒不如说是青铜器的语言，经历几千年之后，这些纹饰似乎在向我们述说着数千年前的种种。

对于青铜器纹饰的研究一直以来学界存在两种相悖的理论立场，即所谓的"隐喻学派"和"风格学派"。以亨采（Carl Hentze）、张光直、巫鸿为代表的隐喻学派认为青铜器的纹饰与这一时期人们的宗教信仰有关；以罗樾（Max Loehr）为代表的风格学派则坚决地认为青铜器上的纹饰只具备形式的意义，而与宗教信仰毫无关系，是不具备任何宗教含义的。近年来的研究表明，仅就青铜器纹饰的含义或者风格论的观点都不能对青铜器的纹饰进行诠释，更进一步说，青铜器上的纹饰也许不仅具备形式的意义和宗教的含义，同时它还具备更多的意义，就如罗森（Jessica Rawson）所认为的那样，青铜器上精美的纹饰与庞大的尺寸是拥有者尊贵身份的象征[2]，即与我们在第四章中所提到的青铜壶形器的器形本身所具备的身份的确认功能一样，纹饰也具备彰显身份的功能。

仅就青铜壶形器而言，纹饰集中地从一个侧面反映出当时人们的精神世界，具有强烈的时代特征，同时纹饰并不是孤立存在着的，它与壶形器的造型有机地结合在一起，所以对于壶形器的研究，不仅要对形制与功能进行全面释读，同时更要着力于纹饰的分类及其文化内涵研究。作为社会文化和思想观念的物质载体，对于纹饰的深入探析能够帮助我们理解先秦时期思想文化的发展与变迁。

由于青铜器器物数量的繁多，对于青铜器纹饰的定名和分类一直也是个较为复杂的系统工作。早在1941年，容庚就在前人研究的基础上将青铜器的纹饰细分为七十七种[3]。他之后的学者又在此基础上进一步归类，总体来看，学界一般的分类方法无外乎将其分为动物纹、几何纹和画像纹三种，并在这三种基本分类的基础上再进行细分。例如容庚和张维持将其分为三类，即几何形纹样、动物形纹样和叙事画纹样，其中几

---

[1] 陈望衡：《诡异奇美——中国古代青铜艺术鉴赏》，上海人民美术出版社2002年版，第14页。

[2] 参见［英］罗森《中国古代的艺术与文化》，孙心菲等译，北京大学出版社2002年版，第72页。

[3] 参见容庚《商周彝器通考》，上海人民出版社2008年版。

何纹样又分出云纹、雷纹、圆圈纹等八种,动物纹分为奇异和写实两类①;马承源更为细化地将其分为兽面纹、龙纹、凤鸟纹、各种动物纹、各种兽体变形纹、火纹、几何纹、人物画像纹及其他②;朱凤瀚的分类法略同于容庚和张维持,他也将其分为动物类纹饰、几何类纹饰和人物画像类纹饰,但各纹饰较容庚和张维持更为细化,他将动物纹分成八种,其中的四种还有进一步的细分,几何纹分为十种③……不一而足。仅就这四位学者的分类来看,并不能将青铜器的全部纹饰都囊括其中,都有所遗失。我们将研究的视野仅仅放在先秦的青铜壶形器中,并依据壶形器上所出现的纹饰,将其分为:动物纹、几何纹、象形纹和人物形象四类,力求能较为全面地对先秦时期青铜壶形器上的纹饰进行系统论述。

一 动物纹的神化

关于青铜器上动物纹饰的文献记载,最早见于《吕氏春秋》。

> 周鼎著饕餮,有首无身,食人未咽,害及其身,以言报更也。
> 《吕氏春秋·先识览·先识》
> 周鼎著象,为其理之通也,理通君道也。
> 《吕氏春秋·审分览·慎势》

《左传·宣公三年》中也有一段文字记载是关于青铜鼎上铸造动物纹饰的。

> 昔夏之方有德也,远方图物,贡金九牧,铸鼎象物,百物而为之备,使民知神奸。故民入川泽山林,不逢不若,螭魅魍魉,莫能逢之。用能协于上下,以承天休。
> 《左传·宣公三年》

前文提及张光直先生认为中国古代文明是萨满式(shamanistic)的文

---

① 参见容庚、张维持《殷周青铜器通论》,文物出版社1984年版,第103—120页。
② 参见马承源《中国青铜器》,上海古籍出版社2003年版,第316—335页。
③ 参见朱凤瀚《古代中国青铜器》,南开大学出版社1995年版,第384—415页。

明，中国古代巫师在沟通天地时所用的工具与全世界萨满式文化使用的工具大致相同，分别是神山、若干种树木、龟策（甲骨和八卦）以及各种动物①，这些被铸于青铜器上的动物理所当然地成为协助巫觋沟通天地人神的"助手"。《宣公三年》的这段记载证实了张光直的推论，但"通天地"是在青铜器上铸造动物纹饰的唯一目的吗？答案是否定的。

对于青铜器上的动物纹饰，容庚和张维持将其分为奇异动物纹和写实动物纹两类；段勇则将奇异类动物归为"幻想动物纹"，并做了专门的研究②。动物纹饰的母题主要是来自于现实生活中可以见到的动物，即便是奇异类的动物纹饰也是在现实动物形态的基础上做进一步艺术加工，运用抽象、夸张等艺术手段，呈现给人们一种神秘、鬼魅的氛围，人们看到的是一些人力难以抵御的、与传说中的魑魅魍魉为伍的形态。这些源于现实又被幻想加工的动物们具备现实动物所具备的一切特征，如眼、鼻、耳、躯干、四肢等。

纵观青铜壶形器上的动物纹饰，我们还是将其分为兽面纹、龙纹、凤鸟纹、象纹、虎纹、蛇纹、蝉纹等来加以论述。

（一）兽面纹

兽面纹，以前一直被称为"饕餮纹"，其名来自于宋代吕大临在《考古图》中依《吕氏春秋》关于"周鼎著饕餮"记载的定名："又癸鼎文作龙虎，中有兽面，盖饕餮之象"③。对于饕餮纹这一定名，学界历来有所争议，李济则依据《山海经北山经》中"有蛇一首双身，名曰肥遗"而将之称为"肥遗"；近年来以马承源、林巳奈夫等为代表的学者也认为"饕餮纹一词只限于'有首无身'这样的定义，绝大多数纹饰并非如此"④，从而用"兽面纹"给其定名。兽面纹比之"饕餮纹"、"肥遗"则具有更为广泛的学术意义。李学勤在探讨良渚文化玉器与饕餮纹（兽面纹）的演变问题时认为"良渚文化玉器上的饕餮纹，看来已甚复杂，恐怕还不是这种纹饰的原始状态。它所特有的价值是，比商周青铜器更清楚地向人们展示了纹饰的神秘性质……这种纹饰确实应当有信仰、神话的意义，虽然我们还不完全知道应该怎样去解释。商代继承了史前时期

---

① 参见张光直《考古学专题六讲》，生活·读书·新知三联书店2010年版，第6—8页。
② 参见段勇《商周青铜器幻想动物纹研究》，上海古籍出版社2003年版。
③ ［宋］吕大临、赵九成：《考古图》，中华书局1987年影印本，第7页。
④ 马承源：《中国青铜器》，上海古籍出版社2003年版，第316—317页。

的饕餮纹，这不仅是沿用了一种艺术传统，而且是传承了信仰和神话，这在中国古代文化史的研究上无疑是很重要的问题。"[1] 兽面纹是先秦早期青铜壶形器上常见的纹饰，现已知最早装饰有兽面纹的壶形器是出土于二里冈遗址的兽面纹壶。兽面纹主要以主纹的形式出现于壶形器的器腹、颈部、肩部、圈足等处。兽面纹的典型构成形式是以鼻梁为中线，左右对称。鼻梁左右是双目，双目上为双角（形象较为细致的目上有双眉，眉上为双角），双目两侧为双耳，双耳旁侧有左右伸展的体躯和尾部，多数兽面纹还有曲张的兽爪，少数简略的兽面纹没有体躯和尾部。这是兽面纹的典型图案特征，是兽面纹构成的基本形式，但在不同时期兽面纹也有不同的变化，不同的器物形制也会对兽面纹的纹饰组织形式造成一定的影响。

　　由于兽面纹的纹样组织形式的变化十分丰富，为了更为深入地对其进行研究，林巳奈夫依兽面纹（饕餮纹）角形的特征将其分为无角饕餮纹、T字形羊角饕餮纹、羊角饕餮纹、大耳饕餮纹、牛角饕餮纹、几字形羽冠饕餮纹、水牛角饕餮纹、茸形角饕餮纹、尖叶角饕餮纹、羊角形二段角饕餮纹、大眉饕餮纹、两尖大耳饕餮纹以及其他类型的饕餮纹十三种[2]。马承源依商代晚期至西周早期兽面纹角形的不同，将这一时期的兽面纹分为了环柱角型兽面纹、牛角型兽面纹、外卷角型兽面纹等十一种[3]。段勇则将兽面纹分牛角、羊角、豕耳和变异四种类型，每个类型中又细分为若干小类，小类中再分亚型，亚型中再分式[4]。作为研究青铜器的考古学专家，他们依据考古类型学的方法将兽面纹进行细分，对于青铜器的断代是具有重要学术价值的，但从造物史的角度来思考，我们会发现由于兽面纹纹饰的变化莫测，不论运用怎样的划分标准，似乎总存在一些难以归纳的类型。这也告诉我们出现在壶形器上的兽面纹不可能囊括先秦时期兽面纹的全部类型，但是我们也可以从这一时期壶形器上

---

[1] 李学勤：《良渚文化玉器与饕餮纹的演变》，《东南文化》1991年第5期。
[2] 参见［日］林巳奈夫《所谓饕餮纹表现的是什么》，蔡凤书译，载［日］樋口隆康《日本考古学研究者·中国考古学研究论文集》，蔡凤书译，日本东方书店1990年版，第135页。林巳奈夫早期虽也称兽面纹为饕餮纹，但是他晚期的著作中还是认为兽面纹的定名更为恰当。参见［日］林巳奈夫《神与兽的纹样学——中国古代诸神》，常耀华、王平、刘晓燕等译，生活·读书·新知三联书店2007年版。
[3] 参见马承源《中国青铜器》，上海古籍出版2003年版，第318—320页。
[4] 参见段勇《商周青铜器幻想动物纹研究》，上海古籍出版社2003年版，第28—44页。

的兽面纹看出先秦时期青铜器纹饰中兽面纹的演进过程。在这里不想将壶形器上的兽面纹进行类型的划分，因为兽面纹因其纹饰特征的典型性，只要接触过或者研究过它的人，一旦再看到它便会一眼认出它，不论兽面纹的角形如何千变万化，永久不变的是双目圆瞪正视你的兽面，虽然每个兽面并不相同，但是兽面纹最基本的正面特征却历久不更，所以在这里我们只对壶形器上兽面纹纹饰的演进过程进行概述。

从所掌握的材料来看，先秦早期青铜壶形器上的兽面纹也因时间的更迭而有所变化，商代早期的兽面纹有时仅为一对兽目，兽角不发达，纹饰多为单线或复线勾勒的图形，这一时期线条的运用受到广泛重视；商代中期的兽面则突出了兽目的变化，同时纹饰的线条也有粗犷（图5—1—3）和纤细（图5—1—7）两种形式，纹饰的神秘感增强，有大量云雷纹勾填纹饰与兽面共同构成，但此时主纹和底纹的区别并不明显；殷商时期的兽面纹强化了兽角的形式（图5—1—2、图5—1—4），主纹和底纹能运用平雕和浮雕相结合的手法；西周早期的兽面纹（图5—1—6、图5—1—7）最为发达，种类也很多，特别突出的是兽角的变化。

↑图5—1—1　　　　　↑图5—1—2　　　　　↑图5—1—3

↑图5—1—4　　　　　↑图5—1—5

↑图5—1—6　　　　　↑图5—1—7　　　　　↑图5—1—8

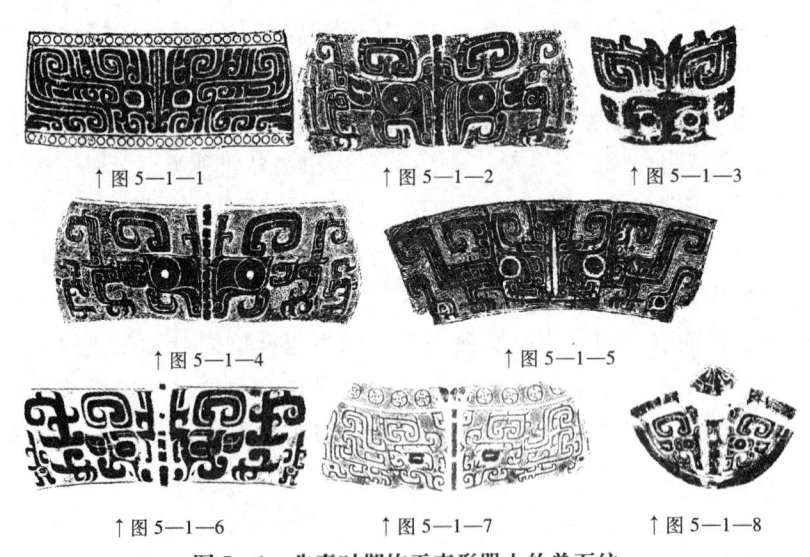

图5—1　先秦时期饰于壶形器上的兽面纹

图5—1—1	兽面纹壶	器腹	商早期	图5—1—2	斿卣	器腹	殷墟晚期
图5—1—3	子父丁卣	提梁附饰	殷墟中期	图5—1—4	戍嗣卣	器腹	殷墟晚期
图5—1—5	先壶	颈部	殷墟中期	图5—1—6	商卣	器腹	西周早期
图5—1—7	伯卣	器腹	西周早期	图5—1—8	卣	盖面	商晚期

从表5—1中我们可以看出，先秦壶形器上兽面纹应用的高峰在商晚期至西周早期这一阶段，且西周早期兽面纹的纹饰特征也基本是承袭晚商的特点，这一点主要与西周王朝建立的背景相关。前文已提到西周王朝起源于一支经济文化水平都低于商人的、生活于关中地区的周人，他们的青铜冶铸水平较低，灭商以后周人拥有了商王朝大批的工匠，也就拥有了商人的青铜冶铸技术，所以西周早期的青铜器不论是形制还是纹饰都表现出明显地对于商文化的承继。对于商周时期包括兽面纹（图5—2）在内的装饰纹样，杰西卡·罗森认为这些纹饰依赖于一个"系统"，它是由众多的组件所构成，而这些组件就是工匠按照既有的规则去学习、使用和组合的基本元素。[①]

图5—2 兽面纹三足壶

笔者认为罗森的观点不无道理，中国传统技艺的传承很多时候是依靠核心技巧的传授，就如同《考工记》中对于熔铜时对熔液的色泽掌握一样，由经验而总结，再联想到中国绘画中画兰花、兰叶、雨竹等的口诀，对于只掌握基本绘画技巧的画者来说，这些口诀可以帮助他们快速提高。那么沿着罗森的观点，我们可以推设：曾经存在一些类似口诀的"既有规则"帮助工匠们绘制青铜器物上的复杂多变的兽面纹样。

西周中期以后，特别是西周恭王、穆王时期以后，兽面纹趋向于分解式变化，这一时期兽面纹的特点是兽角的角型不易辨认，或只有象征性的兽角，躯干、尾部等均不详饰。兽面纹的分解简化，也传递了西周中期以后人们思想观念的转变。也有学者认为西周中期以后在青铜器上盛行的窃曲纹和环带纹都是动物纹饰的变形，而把这些纹饰归入兽体变形纹类进行研究，对于这部分纹饰我们在下文中将其归入象形纹进行论述。

[①] 参见［英］杰西卡·罗森《祖先与永恒：杰西卡·罗森中国考古艺术文集》，邓菲、黄洋、吴晓筠等译，生活·读书·新知三联书店2011年版，第4页。

表 5—1　　　　　　先秦时期部分饰有兽面纹青铜壶形器汇总表

分期	器名	纹饰部位	出土地	收藏地	时期	备注
先秦早期	兽面纹壶	器腹	不详	上海博物馆	商早期	主纹
	兽面纹盉	颈部	湖北黄陂盘龙城	湖北省博物馆	商早期	主纹
	兽面纹提梁壶	器腹	郑州向阳回族食品厂	河南省文物考古研究所	商早期	主纹
	兽面纹壶	器腹	陕西城固龙头镇	陕西历史博物馆	商早期	主纹
	父壶	器腹	不详	上海博物馆	商中期	主纹
	三足兽面纹壶	器腹	陕西城固龙头镇	陕西省城固县文化馆	商中期	主纹
	雷纹壶	盖面	传安阳	德国科隆东亚艺术博物馆	商晚期	主纹
	兽面纹壶	器腹	安阳	上海博物馆	商晚期	主纹
	大司空村鸮卣	器腹	安阳	社科院考古研究所	商晚期	主纹
	子父丁卣	提梁附饰	安阳	上海博物馆	商晚期	主纹
	四祀提梁卣	颈部	传安阳	故宫博物院	商晚期	主纹
	兽面纹卣	器腹提梁附饰	传安阳	美国旧金山亚洲艺术博物馆	商晚期	主纹附件
	册告卣	颈部提梁端	传安阳	美国塞克勒美术馆	商晚期	主纹附件
	亚址卣	提梁端	安阳郭家庄西160号墓	社科院考古研究所	商晚期	附件

第五章 巧法造化 文质彬彬 169

续表

分期	器名	纹饰部位	出土地	收藏地	时期	备注
先秦早期	妇好枭卣	盖面	安阳小屯5号墓	社科院考古研究所	商晚期	主纹
	析卣	器腹	不详	上海博物馆	商晚期	主纹
	戊箙卣	器腹	安阳	上海博物馆	商晚期	主纹
	亚𢎛卣	颈部腹角提梁端	传安阳	日本白鹤美术馆	商晚期	主纹 主纹 附件
	兽面纹方卣	器腹提梁端	传安阳	日本白鹤美术馆	商晚期	主纹 附件
	兽面纹壶	器身	山西石楼樱花庄	山西省博物馆	商晚期	主纹
	兽面纹方壶	盖面肩部器腹	江西新干大洋洲	江西省博物馆	商晚期	主纹
	鸮卣	盖面	河南罗山后李村	河南博物院	商晚期	主纹
	亚䢼卣	器身	江西遂川	遂川县博物馆	商晚期	主纹
	天卣	盖面器腹	不详	陕西岐山县博物馆	商晚期	主纹
	虎食人卣	虎背部	传安阳	日本泉屋博古馆	商晚期	次主纹
	妇好盉	器顶袋足	安阳小屯5号墓	社科院考古研究所	商晚期	主纹
	左方盉	器顶袋足	安阳武官北地1001号墓	日本根津美术馆	商晚期	主纹

续表

分期	器名	纹饰部位	出土地	收藏地	时期	备注
先秦中期	白旋卣	盖面	不详	上海博物馆	西周早期	主纹
	伯卣	盖面 器腹	陕西扶风召李村1号墓	扶风县博物馆	西周早期	主纹
	商卣	器腹	陕西扶风庄白村窖藏	周原博物馆	西周早期	主纹
	古父己卣	器腹	不详	上海博物馆	西周早期	主纹
	徙遽䙲盉	盖面 器腹	甘肃灵台白草坡1号墓	甘肃博物馆	西周早期	主纹
	伯各卣	器腹	陕西宝鸡竹园沟7号墓	宝鸡市博物馆	西周中期	主纹
	强佰盨	三足	宝鸡茹家庄1号墓	宝鸡市博物馆	西周中期	主纹
	神面卣	器盖 器身	不详	保利艺术博物馆	西周	主纹
先秦晚期	兽面纹龙流盉	器腹	不详	上海博物馆	春秋	主纹
	兽面纹龙流盉	器腹	广东信宜光头岭	广东省博物馆	春秋	主纹

（笔者整理）

总的来说，兽面纹既具有广泛的社会功能，同时也体现了先秦时期特别是先秦早期人们的复合宗教观念。作为原始的图腾神，它是祖先的神化；在图腾神向人格神的转化中，它仍然保有了祖先偶像的本质，成为人们顶礼膜拜的对象。

（二）龙纹

龙纹，旧称为夔纹或夔龙纹。夔龙纹和饕餮纹一样，都是旧称，带有一些约定俗成的因素。如近年来学界将饕餮纹归入兽面纹一样，夔龙纹也被归入龙纹。

夔纹，其定名源自多篇古籍，多指一足之动物。

夔谓蚿曰："吾以一足趻踔而行，予无如矣。今子之使万足，独奈何？"

《庄子·秋水》

东海中有流波山，入海七千里。其上有兽，状如牛，苍身而无角，一足，出入水则必风雨，其光如日月，其声如雷，其名曰夔。

《山海经·大荒东经》

龙，鳞虫之长，能幽能明，能细能巨，能短能长，春分而登天，秋分而潜渊。

《说文解字》

夔，神魖也，如龙，一足，从夊，像有角手人面之形。

《说文解字》

《吕氏春秋》和《韩非子》都通过鲁哀公和孔子的一段对话，假借孔子之口阐明夔并非一足。

鲁哀公问于孔子曰："乐正夔一足信乎？"孔子曰："昔者舜欲以乐传教于天下，乃令重黎举夔于草莽之中而进之。舜以为乐正。夔于是正六律，和五声，以通八风，而天下大服。重黎又欲益求人，舜曰：'夫乐天地之精也，得失之节也。'故唯圣人为能和乐之本也。夔能和之，以平天下，若夔者一而足矣，故曰夔一足，非一足也。"

《吕氏春秋·察传》

鲁哀公问于孔子曰："吾闻古者有夔一足，其果信有一足乎？"孔子对曰："不也，夔非一足也。夔者忿戾恶心，人多不说喜也。虽然，其所以得免于人害者，以其信也。人皆曰：'独此一，足矣。'夔非一足也，一而足也。"哀公曰："审而是，固足矣。"

《韩非子·外储说左》

夔龙纹则是指一些体躯蜿蜒的动物纹饰，其形态与甲骨文和金文中被辨认为"龙"字的字形十分相似。自宋代《宣和博古图》被冠名以来，一直沿用。

龙纹是青铜器动物纹样中流行时间最久远、数量最庞大、形式演变最为繁杂的一类纹饰。段勇以考古类型的分类方法将夔龙纹分为九种形式，分别是 S 型、Z 型、W 型、L 型、O 型、C 型、A 型、Y 型、H 型，其中又分三十四种亚型，有的亚型又分Ⅰ式、Ⅱ式等若干种，细数下来共有八十二式之多。①马承源根据龙纹的不同图案结构组成，将其主要分为爬行龙纹、卷体龙纹、交体龙纹、双体龙纹和两头龙纹等六大类②。商早期的龙纹中的龙的形象较为抽象，至商中期以后龙的形态越来越鲜明、具体。根据龙纹在壶形器上所呈现的形态。我们将其大致分为爬行龙纹、蟠龙纹、交体龙纹、双体龙纹、两头龙纹等类型。从表5—2我们也可以清晰地看出它们是先秦时期青铜壶形器上较为常见的龙纹样式。

爬行龙纹是指一类以爬行状的龙的侧面形态出现的纹饰（图5—3—5），常见的形态是龙张口向下，上下唇或向上下卷起，或卷入口中，额上有角，角形的形式多样，或向外翻卷，或向内卷起，或如长颈鹿角等，中间为体躯部分，躯下多有一足，偶见无足，尾部多卷曲向上翘起。这是爬行龙纹的最常见的构成形态，多装饰于壶形器的颈部、肩部、腹部、圈足等部位，主要流行于商中期、晚期和西周早期。西周早期至中期，在这种爬行龙纹的基础上又演变出长冠龙纹，以似凤鸟的长冠代替了从前的不同角型，体躯较之前有所增长，应属图式的一种演进。爬行龙纹中有一类龙的形象回首顾盼，有的学者将其称为"顾龙纹"。

卷体龙纹是指龙的体躯成卷曲的形象。

天子玉藻，十有二旒，前后邃延，龙卷以祭。

《礼记·玉藻》

孔颖达疏："'龙卷以祭'者，卷，谓卷曲，画此龙形卷曲于衣，以祭宗庙。"卷龙纹的纹饰组织形式有两类，一类是龙的体躯盘踞成圆形，龙头居于圆形的正中位置，有时龙头及上半身呈直立状，多出现于壶形器的盖部，如上海博物馆藏春秋时期的兽面纹龙流盉的盖顶即为一盘踞的卷龙，盖顶中部龙首昂起，凝视前方，造型生动，同时昂起的龙

---

① 参见段勇《商周青铜器幻想动物纹研究》，上海古籍出版社2003年版，第63—87页。该书第77页称C型夔龙纹分为三个亚型，然只列出两个，故在统计中按两型五式计。

② 参见马承源《中国青铜器》，上海古籍出版社2003年版，第320—323页。

首也用作盖钮。另一类卷龙纹的龙身卷曲成环形，首尾相接，这类龙纹也被称为"蟠龙纹"，通常装饰于器腹、肩部等部位。卷体龙纹盛行于商晚期至西周晚期。如上海博物馆藏龙纹壶，传陕西宝鸡城关镇西秦村出土，该器颈部至器腹被宽阔的络条形分割为八个装饰区，每个装饰区内均装饰龙纹，颈部为双头龙纹，卷龙纹，腹部为连续式的卷

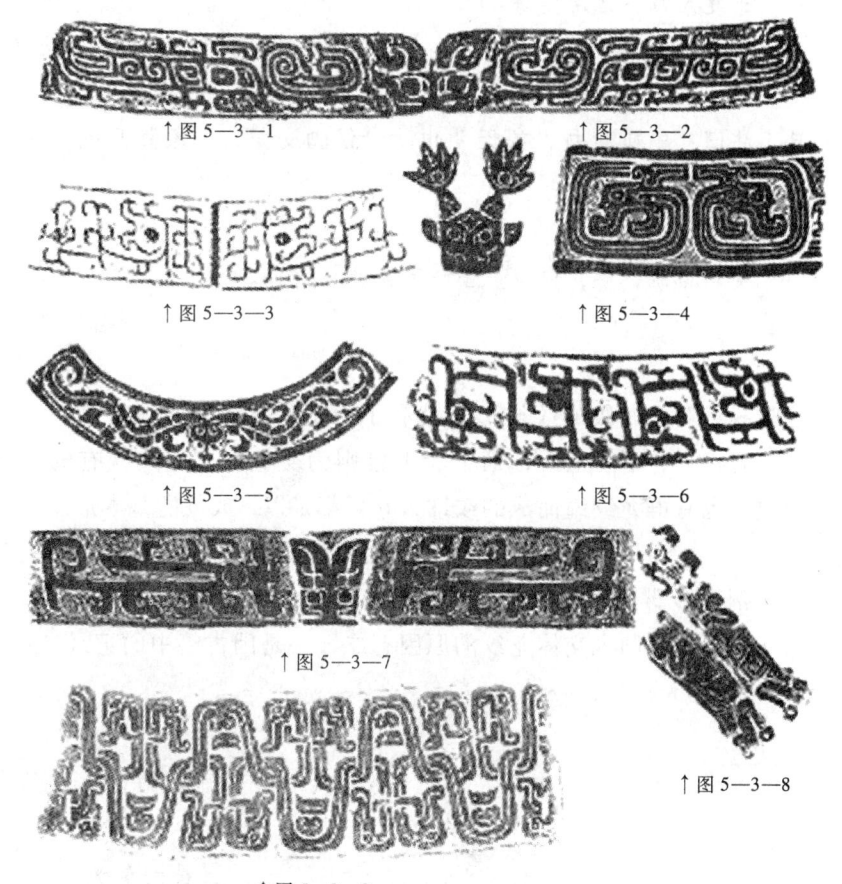

图5—3 先秦时期饰于青铜壶形器上的龙纹

图5—3—1　丰卣　颈部　西周穆王　　　图5—3—2　小子省壶　颈部　殷墟晚期
图5—3—3　凤纹卣　提梁附饰　西周早期　图5—3—4　侯母壶　腹部　春秋早期
图5—3—5　㝬父癸壶　颈部　西周早期　　图5—3—6　双头龙纹子父丁卣　颈部　殷墟晚期
图5—3—7　古父己卣　口沿　殷墟晚期　　图5—3—8　龙首流　它盉　西周晚期
图5—3—9　双首龙纹龙纹壶　器腹　春秋早期

体龙纹。① 1978 年出土于山东曲阜的侯母壶为西周晚期遗物，该壶的壶腹以一周卷体龙纹为饰（图 5—3—4）。

交体龙纹是指龙的体躯绞缠在一起的一种纹饰。郑玄对《周礼·春官》中的注疏，描绘出了交龙的形态。

> 王建大常，诸侯建旂。
>
> 《周礼·春官·司常》

> 郑玄注曰：王画日月，象天明也。诸侯画交龙，一象其升朝，一象其下复也。

> 交龙为旂，旂，依也。画作两龙相依倚也。
>
> 《释名·释兵》

这样我们对交龙纹的纹样形式就有了清晰的认识：两体交缠，一龙在上，一龙在下，下者上升，而上者下覆则为交龙。交龙纹既有两条龙绞缠而成，也有群龙绞缠而成的纹饰，它们都是以 x 或 ∞ 的基本形态为基础变化而成。在西周至春秋时期的青铜器中，我们常见以交龙纹为主要纹饰的青铜壶形器。还有一种被称为蟠螭纹的纹饰，我们也将其归入交体龙纹一类。将其归入交体龙纹的原因有二，一是因古籍中的记载"螭"是龙的一种，如《吕氏春秋》记载：

> 凡帝王者之将兴也，天必先见祥乎下民。黄帝之时，天先见大螾大蝼。
>
> 《吕氏春秋·应同》

《说文解字》则这样解说"螭"：螭若龙而黄，北方谓之地蝼，从虫离声，或云无角曰螭。② 另有《汉书·司马相如传》中记载"蛟龙赤

---

① 参见陈佩芬《夏商周青铜器研究（西周篇）》，上海古籍出版社 2004 年版，第 535 页。
② 参见（东汉）许慎撰，（清）段玉裁注《说文解字注》，上海古籍出版社 1988 年版，第 670 页。

螭",对于这里的"螭",文颖曰"龙子为螭",张揖曰"赤螭,雌龙也"①……第二个原因则是因为蟠螭纹是由两条或两条以上的小龙相互绞缠,组成一个基本单元,再采用重复的构成手法将其作二方连续的带状装饰,或者作连续的大面积装饰(图5—3—9)。蟠螭纹是西周晚期至春秋战国时期青铜壶形器上较为多见的一种装饰纹样。这里还要提到的是,蟠螭纹改变了青铜器纹饰自出现以来惯用的轴对称形式,而是采用了均衡的构成法则,在青铜器纹饰发展过程中,蟠螭纹的出现被认为是春秋时期独特风格建立的标志,是青铜纹饰发展过程中不可小觑的一项重要变革。同时在铸造工艺上,蟠螭纹是以一个单元为模范,连续在外范上印模而成,因此蟠螭纹的出现也表明这一时期模范技术的变革与进步。

还有一种龙纹以龙首为中心,龙的体躯向两旁侧展开的纹饰,有的文献将其称为"双体龙纹",在这里我们将这一类纹饰也归入交体龙纹中,因为这种龙纹究竟是古人在创作时为了强调龙的神性而采用一首两身的夸张手法,还是在创作中为了避免两个龙首过于烦琐而采用了两龙共用一首的形式,我们已很难去辨别它。这种双体龙纹因体躯的伸展,图形多为扁长形,所以多装饰于商代晚期至西周中期壶形器的肩部、圈足等较为狭长的区域,呈带状装饰。典型器有台北故宫博物院所藏西周晚期的颂壶,山东大学历史系藏春秋早期蟠龙纹方壶,河南博物院藏春秋中期的交龙纹方壶等,都是以浅浮雕状交体龙纹作为主纹装饰于器腹,龙头的前半部分立体凸出壶身,十分生动。

龙纹除了以上三种主要类型外,也根据龙的形象的变化而出现一些特殊的类型,冠角如凤鸟花冠的花冠龙纹,如上海博物馆藏殷墟晚期小子省壶的颈部装饰;鼻子如象的象鼻龙纹,如侯母壶颈部的象鼻龙纹等。龙的形象的不断丰满,除了平面化的龙纹多用于装饰器身,立体化的龙的形象也越来越多地被用以作为器耳。

---

① (汉)班固撰,(唐)颜师古注:《汉书》(卷五十六),中华书局1962年版,第2551页。

表 5—2　　　　　先秦时期部分饰有龙纹青铜壶形器汇总

分期	器名	龙纹类型	纹饰部位	出土地	收藏地	时期	备注
先秦早期	兽面纹壶	夔纹	肩部	陕西城固龙头镇	陕西历史博物馆	商中期	次主纹
	三足兽面纹壶	变形夔纹	肩部	陕西城固龙头镇	陕西省固城县文化馆	商中期	次主纹
	左方卣	龙纹	颈部	安阳武官北地1001号墓	日本根津美术馆	商晚期	辅纹
	龙纹卣	龙纹	器身	河南安阳小屯5号墓	河南博物院	商晚期	主纹
	大司空村鸮卣	夔龙纹 蟠龙纹	足 器底	河南安阳大司空村	社科院考古研究所	商晚期	主纹 辅纹
	亚址卣	龙纹	提梁	河南安阳郭家庄西160号墓	社科院考古研究所	商晚期	辅纹
	戍簸卣	爬行龙纹	圈足	不详	上海博物馆	商晚期	辅纹
	雷纹壶	龙纹	器腹	传安阳	德国科隆东亚艺术博物馆	商晚期	主纹
	妇好枭卣	龙纹 龙纹	冠 颈部	河南安阳小屯5号墓	中国社科院考古研究所	商晚期	主纹
	亚髟卣	龙纹	圈足	河南安阳武官北地	日本白鹤美术馆	商晚期	主纹
	兽面纹壶	龙纹	器两侧	山西石楼樱花庄	山西省博物馆	商晚期	次主纹
	兽面纹方壶	龙纹	器颈	江西新干大洋洲	江西省博物馆	商晚期	次主纹
	小子省壶	花冠龙纹	器颈	不详	上海博物馆	商晚期	主纹
	鸮卣	龙纹	器足	河南罗山后李村	河南博物院	商晚期	次主纹

续表

分期	器名	龙纹类型	纹饰部位	出土地	收藏地	时期	备注
先秦早期	亚窑卣	爬行龙纹	圈足	江西遂川	遂川县博物馆	商晚期	次主纹
先秦早期	虎食人卣	爬行龙纹	虎前腿人双臂	湖南安化	日本泉屋博古馆	商晚期	次主纹
先秦中期	父丁壶	顾首夔纹	颈部	陕西扶风召李村1号墓	陕西省扶风县博物馆	西周早期	主纹
先秦中期	作旅彝卣	顾首夔纹	盖沿颈部	陕西扶风云塘村20号墓	周原博物馆	西周早期	主纹
先秦中期	伯卣	夔纹	圈足	陕西扶风召李村1号墓	扶风县博物馆	西周早期	主纹
先秦中期	古父己卣	爬行龙纹 龙纹	口沿 颈部 圈足 提梁	不详	上海博物馆	西周早期	次主纹
先秦中期	保卣	龙纹 斜角双首	盖缘 口沿 提梁	河南洛阳	上海博物馆	西周早期（成王）	主纹
先秦中期	长由盉	爬行龙纹（象鼻）	盖缘 颈部	陕西长安普渡村西周墓	国家博物馆	西周中期（穆王）	主纹
先秦中期	卫盉	龙纹	盖沿 颈部	陕西岐山董家村西周窖藏	岐山县博物馆	西周中期	主纹

续表

分期	器名	龙纹类型	纹饰部位	出土地	收藏地	时期	备注
先秦中期	公卣	夔纹	颈部	安徽屯溪弈棋3号墓	安徽省博物馆	西周中期	次主纹
	伯各卣	爬行龙纹（顾首）	盖缘颈部圈足	陕西宝鸡竹园沟7号墓	宝鸡市博物馆	西周中期	次主纹
	侯母壶	蟠龙象鼻龙纹卷龙纹	盖颈部器腹	山东曲阜鲁国故城望父台48号墓地	曲阜市文物管理委员会	西周晚期	次主纹主纹
	颂壶	双体龙纹	器腹	不详	台北故宫博物院	西周晚期	主纹
	散车父壶	夔纹	盖顶	陕西扶风召陈村窖藏	陕西历史博物馆	西周晚期	次主纹
	它盉	龙纹	管流	陕西扶风齐家村	陕西历史博物馆	西周晚期	辅纹
	佰百父盨	蟠龙纹交体龙纹（双头）	盖顶肩部	陕西长安张家坡西周窖藏	陕西历史博物馆	西周晚期	主纹
	向壶	卷体龙纹	盖顶	河南泌阳前梁河村	河南博物院	西周晚期	辅纹

续表

分期	器名	龙纹类型	纹饰部位	出土地	收藏地	时期	备注
先秦晚期（春秋）	垂鳞纹壶	蟠龙纹	肩部	河南信阳明港	河南省信阳文物管理委员会	春秋早期	次主纹
	凤鸟纹盉	龙纹	器腹	陕西陇县边家庄	陕西文物考古研究所宝鸡站	春秋早期	主纹
	兽面纹龙流盉	蟠龙纹 夔龙纹 龙形流	盖顶 器腹 管流	广东信宜光头岭	广东省博物馆	春秋早期	主纹
	杞伯敏之壶	卷龙纹	器腹	山东新泰	上海博物馆	春秋早期	主纹
	蟠龙纹方壶	蟠龙纹 交体龙纹	盖顶 器腹	不详	山东大学历史系	春秋早期	主纹
	卷龙纹方壶	卷体龙纹	腹下部	河南潢川刘砦	河南省信阳文物管理委员会	春秋早期	主纹
	夔龙纹方壶	夔龙纹 夔龙纹 交体龙纹	扉棱 颈部 器腹	山西侯马上马村	国家博物馆	春秋中期	主纹
	莲鹤方壶	蟠龙纹	器身满饰	河南新郑李家楼	故宫博物院	春秋中期	主纹
	孙叔师父壶	蟠螭纹	器腹满饰	不详	日本根津美术馆	春秋中期	主纹
	兽形弦纹盉	龙纹	蹄足	山西长治分水岭	山西省博物馆	春秋中期	次主纹

续表

分期	器名	龙纹类型	纹饰部位	出土地	收藏地	时期	备注
先秦晚期（春秋）	龙纹方壶	龙纹 交体龙纹 交体龙纹	颈、肩 盖沿 圈足	河南新郑 李家楼	台北故宫 博物院	春秋 中期	主纹
	交龙纹方壶	交体龙纹	器腹	河南新郑 金城路	河南 博物院	春秋 中期	主纹
	虎耳蟠龙纹壶	蟠龙纹	盖顶 壶身	不详	保利艺术 博物馆	春秋	主纹
	兽面纹龙流盉	蟠龙纹 龙形流 龙纹 龙纹	盖顶 管流 颈部 器腹	不详	上海 博物馆	春秋	主纹 主纹 次主纹 辅纹
	洹子孟姜壶	龙纹	圈足	不详	上海 博物馆	春秋 晚期	辅纹
	龙耳方壶	龙纹	颈部 肩部 圈足	河南淅川 下寺1号墓	河南 博物院	春秋 晚期	主纹
	蟠龙纹提链壶	交体龙纹 蟠龙纹	盖面 颈腹部	河南淅川 下寺3号墓	河南 博物院	春秋 晚期	主纹
	吴王夫差盉	龙纹 龙首形	提梁 管流	不详	上海 博物馆	春秋 晚期	主纹
	龙流方盉	龙首形	管流	安徽寿县 蔡侯墓	安徽省 博物馆	春秋 晚期	主纹
	凤纹卣	爬行龙纹	颈部	安徽屯溪 弈棋	安徽省 博物馆	春秋 晚期	次主纹
	鸟兽龙纹壶	蟠龙纹	器身	山西浑源 李峪村	上海 博物馆	春秋 晚期	主纹

第五章 巧法造化 文质彬彬 181

续表

分期	器名	龙纹类型	纹饰部位	出土地	收藏地	时期	备注
先秦晚期（战国）	镶嵌几何纹高柄方壶	交体龙纹	盖顶	不详	山西考古研究所	春秋晚期	次主纹
	龙纹盉	龙纹 变形龙纹 龙纹	盖面 盖沿 器腹	安徽屯溪弈棋	安徽省博物馆	春秋晚期	主纹
	绚索龙纹壶	夔龙纹	器身	山西浑源李峪村	美国弗利尔美术馆	春秋晚期	主纹
	蟠龙纹壶	蟠龙纹	器身	山西太原金胜村	山西省考古研究所	春秋晚期	主纹
	蟠龙纹鸟盖瓠壶	蟠龙纹	器腹	陕西绥德	陕西历史博物馆	春秋晚期	主纹
	交龙纹壶	交体龙纹	器身	河北怀来北辛堡	河北省博物馆	春秋晚期	主纹
	镶嵌龙纹扁壶	爬行龙纹	器身	河南辉县琉璃阁	河南博物院	战国早期	主纹
	几何纹龙兽盉	龙纹	蹄足	浙江绍兴坡塘	浙江省博物馆	战国早期	辅纹
	嵌龙纹壶	形态各异龙纹双头龙纹	器身腹底部	不详	美国旧金山亚洲艺术博物馆	战国早期	主纹
先秦晚期（战国）	联禁龙纹壶	蟠龙纹	器腹	湖北随县擂鼓墩	湖北省博物馆	战国早期	主纹
	变形龙纹提链壶	变形龙纹	器腹	湖南长沙烈士公园	湖南省博物馆	战国中期	主纹
	变形龙纹扁壶	变形龙纹	器腹方格内	不详	美国旧金山亚洲艺术博物馆	战国中期	主纹
	陈璋方壶	龙纹	器身	不详	美国宾夕法尼亚大学博物馆	战国中期	主纹

续表

分期	器名	龙纹类型	纹饰部位	出土地	收藏地	时期	备注
先秦晚期（战国）	翼兽形提梁盉	龙形变体龙纹	提梁盖缘	甘肃泾川	甘肃省博物馆	战国中期	辅纹
	中山王䉜方壶	爬行龙纹	扉棱	河北平山	河北省文物研究所	战国中期	主纹
	镶嵌绿松石方壶	蟠龙纹	颈部	不详	国家博物馆	战国中晚期	次主纹
	交龙纹壶	交体龙纹	器腹	不详	上海博物馆	战国	主纹
	错铜鸟兽纹壶	夔龙纹爬行龙纹	器身	不详	保利艺术博物馆	战国	主纹
	蟠螭纹提链壶	蟠螭纹	壶身	不详	保利艺术博物馆	战国	主纹
	蟠螭纹提链壶	蟠螭纹	壶身	不详	保利艺术博物馆	战国	主纹
	嵌铜蟠龙纹壶	蟠龙纹	肩部	不详	保利艺术博物馆	战国	主纹

（笔者整理）

（三）凤鸟纹

凤鸟纹包括凤纹和鸟纹两大类，其中的凤纹当属幻想类动物纹，而鸟纹则属写实类动物纹，若将其细分，可分为鸟纹、凤纹、鸱枭纹、雁纹等若干种。马承源依凤纹的冠形将凤纹分为多齿冠、长冠、花冠三种形式，又因先秦时期的鸟纹多有角，而依鸟纹的角形将鸟纹分出弯角鸟纹和尖角鸟纹，还根据鸟尾形分出长尾、垂尾和分尾三种形式，另外还分出长喙鸟纹、鸾鸟纹、鸱枭纹和雁纹等。段勇在其对于商周青铜器幻想动物纹样的研究中将凤鸟纹称为"神鸟纹"，并将其分为变形鸟纹和写实鸟纹两类进行研究。

已知最早的鸟纹饰是新石器时代的遗物，以浙江反山、瑶山、上海福泉山等良渚文化遗址出土的玉器上的鸟形象为典型代表。在商代的青铜壶形器上，凤鸟纹是仅次于兽面纹、龙纹的较为常见的动物纹饰之一。传说商的祖先契是帝喾的妻子简狄吞食了燕子蛋而生，《诗经·商颂·玄鸟》中就载有"天命玄鸟降而生商",郑玄注曰:"玄鸟,鳦也。"《说文解字》对于燕字的释文曰:燕燕,玄鸟也。布翅,枝尾,象形凡燕之属皆从燕①。古籍中还有载:

> 巂周,燕。燕,鳦。
>
> 《尔雅·释鸟》
>
> 简狄何在,营何宜?玄鸟致贻,女何喜?
>
> 《楚辞·天问》

以上的释文和文献我们可知,伴随着神秘的卵生传说而建商,商人以玄鸟为图腾早无异议,《西清古鉴》卷十九中录有"周妇壶"一件,于省吾先生称其为"玄鸟妇壶",并认为:"'玄鸟妇'三字系合书……是研究商人图腾的唯一珍贵史料,系商代金文中所保留下来的先世玄鸟图腾的残余。……商代的宗教信仰,首先是祖先崇拜。壶铭既为玄鸟妇三字合文,它的含义,是作壶者以玄鸟为图腾的妇人。再就壶的形制环玮和纹饰精美考之,可以判定此妇既为简狄的后裔,又属商代的贵族,玄鸟妇壶系商代晚期铜器。"②

凤鸟纹主要盛行于商晚期到西周晚期,并逐渐由辅纹转变为主纹,依其纹饰特征可以大致分为凤纹、鸟纹、鸱鸟纹。

凤纹,古代文献对于凤的描绘有:

> 商之兴也,梼杌次于丕山;其亡也,夷羊在牧。周之兴也,鸑鷟鸣于岐山,其衰也,杜伯射王于鄗。
>
> 《国语·周语上》

文中的鸑鷟便是凤凰的别名。

> 鹠,凤。其雌皇。
>
> 《尔雅·释鸟》

---

① 参见(东汉)许慎撰,(清)段玉裁注《说文解字注》,上海古籍出版社1988年版,第582页。
② 参见于省吾《略论图腾与宗教起源和夏代图腾》,《历史研究》1959年第11期。

晋代郭璞注曰"瑞应鸟。鸡头,蛇颈,燕颔,龟背,鱼尾,五彩色。高六尺许。"《说文》云:"神鸟也。天老曰:凤像,鳞前鹿后,蛇颈鱼尾,龙文龟背,燕颔鸡喙,五色备举。出于东方君子之国,翱翔四海之外。过昆仑,饮砥柱。濯羽弱水,莫宿丹穴。见则天下大安宁。字从鸟凡声。凤飞,则群鸟从以万数。故凤古作朋字。"

又东五百里,曰丹穴之山,其上多金玉。丹水出焉,而南流注于渤海。有鸟焉,其状如鸡,五采而文,名曰凤凰,首文曰德,翼文曰义,背文曰礼,膺文曰仁,腹文曰信。是鸟也,饮食自然,见则天下大安宁。

《山海经·南山经》

凤凰于飞,翙翙其羽,亦集爰止,蔼蔼王多吉士,维君子使,媚于天子。

凤凰于飞,翙翙其羽,亦傅于天,蔼蔼王多吉人,维君子命,媚于庶人。

凤凰鸣矣,于彼高岗,梧桐生矣,于彼朝阳,菶菶萋萋,雍雍喈喈。

《诗经·大雅》

图5—4 鸟纹卣

《国语》《尔雅》《山海经》《诗经》的记录中,我们可以勾勒出凤在先秦人们心目中的形象,它是祥瑞之禽,汇德、义、礼、仁、信于一身,是通天的神鸟。正是由于人们对于"凤之现身就是吉祥的征兆"神话的信奉,凤形象被大量地运用在青铜器的装饰中,壶形器当然也不例外。同时从这些文献中,我们还发现对于凤的形象的描述并不是全然一致的,各文献之间存在区别,可能也正在于此,我们所能见到的凤纹饰才会千姿百态吧。

鸟纹,主要指具有典型鸟形象的一类纹饰,它和凤纹的最大区别就是没有冠和长尾。鸟纹出现于商晚期，多施于壶形器的颈部、肩部、圈足等部位，作为辅纹使用，西周早期也出现有一些较大型的鸟纹用作主纹。金胜村高柄小方壶盖顶装饰有两条在云中飞舞的龙，壶身遍饰菱形几何纹，菱形内部装饰有相同的几何纹饰，而最为引人注目的是其执柄上造型优美的鸟纹装饰。鸟纹分为上中下三排，上排的鸟细长颈，头上有细角，圆瞪的双眼和大张的鸟喙似乎是引颈高歌，鸟尾和细长的腿上羽毛描绘十分清晰，鸟爪隐约可见；中排的鸟颈部细而弯长，头上饰有鹿角；下排为八只匍匐在地仰首凝视、张喙鸣啭的神鸟。执柄上的鸟纹布局和谐，与执柄的形状结合巧妙，显示出设计者超凡的审美素养。再如我们在第四章曾经介绍的扉棱铸造最为复杂现藏于美国波士顿美术馆的鸟纹卣（图5—4），其器下腹饰浅浮雕大鸟纹，鸟目圆而大，中间有小凹似瞳孔，利喙，躯体有图案化羽毛。

凤纹具备鸟的典型特征的同时还具备冠、长尾等凤鸟特征的纹饰，这也是区别凤纹和鸟纹的主要依据。凤纹多长尾翻卷，有或长或短的冠羽，依据其冠羽与凤尾的形态，凤纹还可细分为长冠凤纹、花冠凤纹、长尾凤纹等式。凤纹是中国传统纹饰中凤凰的先声，在商晚期至西周的青铜壶形器上常有以凤纹作为主纹的器物，如西周早期的凤纹卣的器腹就以凤纹（图5—5—4）为主纹做装饰，有时凤纹也被用作穿插主纹的辅纹，如三年瘨壶和十三年瘨壶的盖顶都以团凤纹（图5—5—3、图5—5—6）为饰。

鸱鸮纹，这一类里包括鸱鸟和枭两类，鸱有两解，一为鹞鹰，二为鸮，所以将它们并为一类。在商时以鸮为装饰的壶形器很多，比较有代表性的就是我们前面提过的大司空村枭卣和妇好鸮卣，妇好鸮卣整器以鸮为原型铸造而成，盖沿和颈沿各饰有一圈连珠纹，器表除了装饰有鸮的羽翼、毛角以外，在云雷纹的底纹之上，肩部装饰有凤鸟纹，腹部装饰有兽面纹，足部装饰有龙纹，卣的外底部还有一条阴线的蟠龙纹。该壶造型独特，纹饰繁复，形制与纹饰和谐统一。

186　抚壶论道

↑图 5—5—1　　　　　　↑图 5—5—2　　　　　　↑图 5—5—3

↑图 5—5—4　　　↑图 5—5—5　↓图 5—5—6

↑图 5—5—7

↑图 5—5—8　　　　　　　　　　　　　　　　　↑图 5—5—9

↑图 5—5—10　　　　　↑图 5—5—11　　　　　↑图 5—5—12

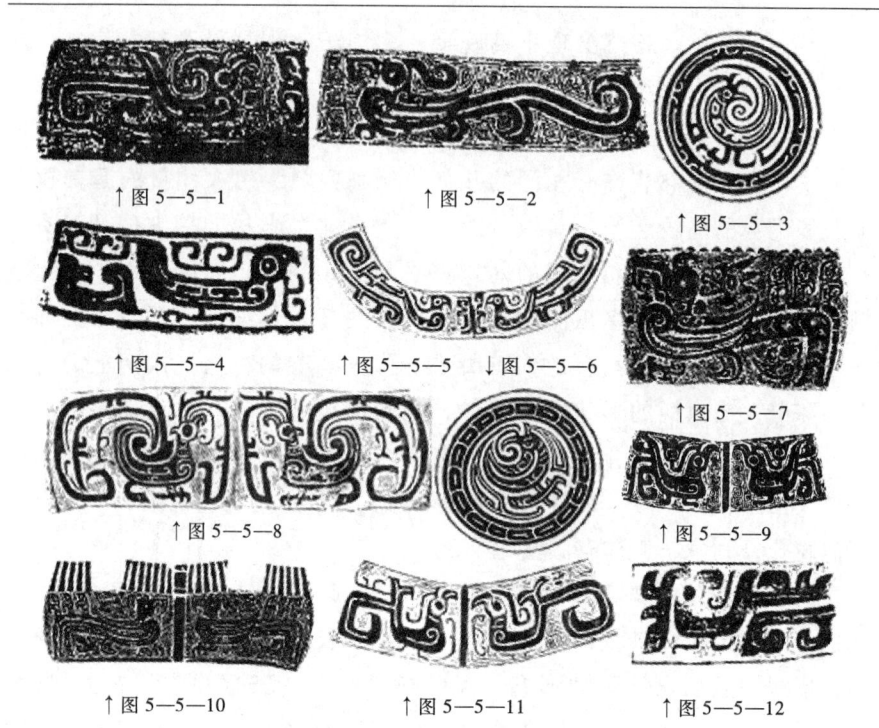

图 5—5　先秦时期饰于青铜壶形器上的凤鸟纹

图 5—5—1　史懋父壶　壶盖　西周中期　　图 5—5—2　父丁卣　圈足　殷墟晚期
图 5—5—3　十三年𤼈壶　盖顶　西周早期　　图 5—5—4　凤纹卣　器腹　西周早期
图 5—5—5　鸟纹盉　器盖　西周中期　　图 5—5—6　三年𤼈壶　盖顶　西周早期
图 5—5—7　父丁卣　器腹　殷墟晚期　　图 5—5—8　丰卣　器腹　西周中期
图 5—5—9　芷父庚壶　颈部　西周早期　　图 5—5—10　凤纹卣　器腹　西周早期
图 5—5—11　鸟纹贯耳壶　颈部　西周中期　　图 5—5—12　散车父壶　颈部　西周晚期

　　除了上面列举的几类鸟纹外，先秦青铜壶形器上还偶见雁纹等纹饰，因数量不多，所以不单独列为一类。

表 5—3　　　　　　　先秦时期部分饰有凤鸟纹青铜壶形器汇总

分期	器名	纹饰	部位	出土地	收藏地	时期	备注
先秦早期	兽面纹卣	鸟纹	上腹部	传安阳	美国旧金山亚洲艺术博物馆	商晚期	次主纹
	册告卣	鸟头 鸟身 鸟纹 鸮纹	盖钮 盖面 腹部 腹部	传安阳	美国塞克勒美术馆	商晚期	辅纹 主纹 主纹 主纹
	亚址卣	鸟纹	下腹 圈足	安阳郭家庄西160号墓	社科院考古研究所	商晚期	主纹 辅纹
	妇好枭卣	立鸟	盖面	安阳小屯5号墓	社科院考古研究所	商晚期	次主纹
	敔卣	鸟纹	器身	传安阳	英国剑桥大学菲茨威廉博物馆藏	商晚期	主纹
	亚矣卣	鸟形钮 鸟纹	盖钮 肩部	传安阳武官北地	日本白鹤美术馆	商晚期	辅纹 主纹
	兽面纹方卣	鸟纹	器身	传安阳	日本白鹤美术馆	商晚期	主纹
	鸮卣	鸱枭纹	器身	河南罗山后李村	河南博物院	商晚期	主纹
	亚宲卣	鸟纹	颈部	江西遂川	遂川县博物馆	商晚期	次主纹

续表

分期	器名	纹饰	部位	出土地	收藏地	时期	备注
先秦中期	商卣	凤鸟纹	盖缘 颈部	陕西扶风庄白村西周窖藏	周原博物馆	西周早期	次主纹
	太保鸟形卣	鸟形	整器	传河南浚县	日本白鹤美术馆	西周早期（成王）	主纹
	凤纹筒形卣	长尾凤纹	盖面 器身	陕西宝鸡竹园沟13号墓	宝鸡市博物馆	西周早期	主纹
	十三年瘭壶	长冠凤纹 凤纹	盖顶 颈部	陕西扶风庄白村西周窖藏	周原博物馆	西周中期	主纹 辅纹
	三年瘭壶	长冠凤纹	盖顶	陕西扶风庄白村西周窖藏	周原博物馆	西周中期	次主纹
	凤纹壶	花冠凤纹	器身	不详	美国旧金山亚洲艺术博物馆	西周中期	主纹
	鳞纹壶	凤纹	颈部 盖缘	陕西扶风庄白村西周窖藏	扶风县博物馆	西周中期	次主纹
	鸟纹贯耳方壶	凤纹	盖沿 颈部	陕西扶风齐家村窖藏	陕西历史博物馆	西周中期	主纹
	吴仲壶	鸟纹	口沿	不详	上海博物馆	西周中期	次主纹

第五章　巧法造化　文质彬彬　189

续表

分期	器名	纹饰	部位	出土地	收藏地	时期	备注
先秦中期	公卣	长尾花冠凤纹	器盖器身	安徽屯溪弈棋3号墓	安徽省博物馆	西周中期	主纹
	丰卣	凤纹鸟纹凤纹	盖面颈部腹部	陕西扶风庄白村1号窖藏	陕西历史博物馆	西周中期	主纹
	仲南父壶	团鸟纹分尾鸟纹	盖顶颈部	陕西周原窖藏	岐山县博物馆	西周中期	主纹
	散车父壶	凤纹	颈部盖缘	陕西扶风召陈村西周窖藏	陕西历史博物馆	西周晚期	次主纹
先秦晚期（春秋）	卷龙纹方壶	对鸟纹	腹上部	河南潢川	信阳地区文物管理委员会	春秋早期	次主纹
	莲鹤方壶	立鹤	盖顶	河南新郑李家楼	故宫博物院	春秋中期	主纹
	鸟形铜盉	鸷鸟	全器	山西太原金胜村	山西省考古研究所	春秋晚期	主纹
	镶嵌几何纹高柄方壶	凤纹	执柄	山西太原金胜村	山西省考古研究所	春秋晚期	辅纹
	蟠蛇纹鸟盖瓠壶	鸟形	盖	山西太原金胜村	山西省考古研究所	春秋晚期	主纹
	蟠龙纹鸟盖瓠壶	鸟形	盖	陕西绥德	陕西历史博物馆	春秋晚期	主纹

续表

分期	器名	纹饰	部位	出土地	收藏地	时期	备注
先秦晚期（战国）	错金银鸟纹壶	鸟纹	颈部腹部	不详	美国塞克勒美术馆	战国早期	主纹
	鹰首提梁壶	鹰首	盖与器口	山东诸城臧家庄	诸城市博物馆	战国早期	主纹
	陈璋方壶	凤纹变形凤纹	器身器足	不详	美国宾夕法尼亚大学博物馆	战国中期	主纹
	错银立鸟壶	大雁立鸟立鸟	盖钮盖沿器足	江苏涟水三里墩西汉墓	南京博物院	战国晚期	主纹

（笔者整理）

（四）其他动物纹饰

虎纹，是青铜壶形器上较常见的一类动物纹饰，最具代表性的当属日本泉屋博古馆藏商代晚期的虎食人卣。该器作虎蹲踞状，整器由虎尾和足支撑，虎张开大口即将将人吞噬，人则手扶虎肩，脚蹬虎足，两眼圆睁，面部表情惊恐。该卣的虎背饰兽面纹，虎的前腿和人的双臂饰龙纹，人身饰蛇纹。堪称题材诡异、造型独特的一件佳作。先秦时期壶形器上的虎纹多以虎食人为母题而作艺术加工。除虎食人卣外，山西省浑源县李峪村出土的鸟兽龙纹壶的腹部也饰有虎食人的纹饰。有学者认为这些虎所食的人皆非常人，而是些鬼怪之属。

图5—6　蟠蛇纹𪊨父盉盖饰

蛇纹，旧称蚕纹。因为蛇与蚕都是软体动物，更名的原因是因为蛇的眼睛比蚕的眼睛更为突出，而蛇眼的这一特征与青铜器上旧称蚕纹的形态更加贴近，纹饰上的鳞节也与蛇体表的特征比较吻合。商代晚期的青铜壶形器上便有蛇纹（图5—6）出现，纹饰的典型特征是头部宽大，一双大而突出的眼睛，曲折形的体躯上有鳞节，尾部向上卷起，蛇纹多做对称式重复，以二方连续的组织形式构成带状装饰。西周时期装饰有蛇纹的壶形器较少见，至春秋战国时期蛇纹的装饰又多了起来，结构组织更为自由，有二方连续和四方连续等不同的组织形式。其中有一种很细小的蛇纹组成的纹饰，也被称为蟠虺纹，如战国早期的蟠蛇纹壶上的装饰纹样。

蝉纹。蝉在古代中国象征复活和永生，这个象征意义与它的生命周期有关。它最初的幼虫生长在土里，后来破土而出成为地上的蝉蛹，后又顺着树的枝干爬上枝头，逐渐完成蜕皮羽化。由于人们一直认为蝉以露水为生，以其为纯洁的象征，所以人们对蝉甚是偏爱。商代的不少青铜器上都有蝉纹做装饰，在西周后期至汉代的葬俗中，人们也常把玉质的蝉放入死者口中，以祈庇护和永生。在商末周初的青铜壶形器上，蝉纹常以辅纹的形式装饰于盖、提梁、圈足等部位。典型的器物如西周时期的保卣的外底部，亦父壬卣、丰卣、伯卣的提梁（图5—7）等，有单独纹样组成，也有对称的带状组成。

象纹，有着典型的形态特征，长鼻、庞大的身躯和粗壮的四肢。有学者根据1935年和1978年在安阳殷墟王陵区附近先后发现两座象坑，坑内尚有较为完整的象骨；古文献关于象的记载，殷墟出土的大量有关象的卜辞，以及商代的大量玉器和青铜器上有象的形象等，推论在殷商时期中原地区的既有象出没，且已为商人所熟悉，只是后来气候和地理环境发生了巨大变化，造成了象的南迁。[①] 这个结论不仅合理地揭示了殷墟象坑的存在，同时也为我们解开了商人为何将象作为艺术创作的重要主题的疑问。象在商时，早已是为人们所喜爱的动物，河南洛阳出土的西周成王时期的士上卣的

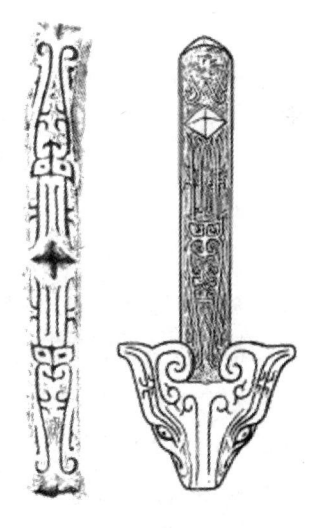

图5—7 蝉纹伯卣提梁

---

① 参见王宇信、杨宝成《殷墟象坑和"殷人服象"的再探讨》，载胡厚宣《甲骨探史录》，生活·读书·新知三联书店1982年版，第467—490页。

腹部就装饰有对称的象纹。

　　除了上面论述的纹样外，先秦时期的壶形器上还装饰有其他的一些动物纹饰，如春秋晚期的蛇纹卣的肩部饰有蛙纹，春秋战国时期的狩猎纹壶上也偶见鹿纹，另外这一时期的提梁卣的提梁两端常为立雕牛首、兽首等。作为先秦壶形器上最常见的纹饰，通过对这些动物纹饰的演进过程的整理和论述，我们不难发现先秦青铜壶形器上动物纹饰的一些特点。

　　第一，神灵崇拜的表达。先秦壶形器上的动物纹饰令人感受最为深刻的是被神化的动物形象，这种神化的本源应归于当时人们对于自然的感知与认识。正如列维-布留尔所说："对原始人来说，纯物理（按我们给这个词所赋予的那种意义而言）的现象是没有的。流着的水、吹着的风、下着的雨、任何自然现象、声音、颜色，从来就不像被我们感知的那样被他们感知着，也就是不被感知成与其他在前在后的运动处于一定关系中的或多或少复杂的运动……原始人用与我们相同的眼睛来看，但是用与我们不同的意识来感知。"[①] 正是由于对自然现象认知的局限，原始人的个体意识是与他们所生存的自然环境浑然一体的，由此而生成的神话母题也是"物我混同"或"物我同构"，人化自然和自然人化是这一时期神话最基本的内涵特征，被神化的动物形象都是来源于这些神话传说。当时的人们认为万物有灵，爱德华·泰勒将原始文化的"万物有灵观"分解为两个主要的信条，其中的第一条，包括各个生物的灵魂，这灵魂在肉体死亡或者消灭之后能够继续存在。另一条则包括各个精灵本身，上升到威力强大的诸神行列。神灵被认为影响或控制着物质世界的现象和人的今生和来世的生活，并且认为神灵和人是相通的，人的一举一动都可以引起神灵高兴或不悦；于是对它们存在的信仰就或早或晚自然地甚至可以说必不可免地导致对它们的实际崇拜或希望得到它们的怜悯。[②] 正是由于将商周铜器艺术的动物装饰主题与古典文献中的神话和传说联系起来，青铜器在商周礼仪活动中的重要地位也随之确立。[③] 在前文中我们已经论述过，商周青铜礼器的主要作用是用以"通天地"，那么这些

---

　　① ［法］列维-布留尔：《原始思维》，丁由译，商务印书馆1985年版，第34—35页。
　　② 参见［英］爱德华·泰勒《原始文化》（重译本），连树声译，广西师范大学出版社2005年版，第349—350页。
　　③ Ackerman, Phyllis: Ritual Bronzes of China; New York: Dryden Press, 1945.

被铸于青铜壶形器上的动物纹样的作用又是什么呢?《左传·宣公三年》中关于"铸鼎象物"记述的解释很多,张光直先生的解说最为简单明了:夏人铸鼎象物,使人知道哪些动物是助人的神,即是可以助人通天地的,哪些动物是不助人通天地的[①]。也就是说,那些能够帮助人们的动物形象被铸在青铜彝器上,其目的也是让它们帮助巫觋通民神、通天地、通上下。

第二,夸张的创作手法。先秦壶形器纹饰中,不论是幻想而来的兽面纹、龙纹还是凤纹,还是写实所得的虎纹、蝉纹、象纹等,创作者在创作这些动物形象的过程中运用的最多的造型手法就是夸张,圆瞪的兽目、华丽的冠羽、蜿蜒卷曲的身躯和尾部等。夸张的创作手法所营造的装饰效果也因时代的不同而有所差异。先秦早期夸张创作手法的运用,除了对对象的抽象化,最为突出的就是对所描绘的动物神性的烘托。这些动物形象在现实生活中都有母题,或者以多种自然生活中的动物为母题,但是它们或者背离了具体的动物形象,被风格化、幻想化,或者自身特征被淡化,形象变得诡秘,而远离现实生活。以兽面纹为例,如果你曾有过与某一动物近距离接触的经历,你会发现当你与它正面对峙的时候,它所传递给你的信息要比你站在它的体侧看着它的感受更具有冲击力,兽面纹选取的正是这个最具视觉冲击力和感染力的角度,双目圆睁似乎在瞪视一切,这眼神在震慑着人心的同时也吸引着人们的目光。额上两只粗壮的大角或卷曲,或平展,鼻子似乎还在喘着粗气,如此的面部形象是狰狞可怖的,而它的身躯和四肢被淡化削弱了,有的甚至直接被舍弃,与面部的深入刻画所产生的对比效果,进一步强化了兽面的感染力。不论是兽面纹、龙纹还是凤鸟纹,在自然界中是很难找到与之完全对应的动物形象的,也正是这一点更加凸显了它们神化的特质。多种动物特征的组合所呈现的不是自然生活,而是幻想,所要表现的是商周之际人们对于至上神的敬仰,也正是因为至上神的形象在人们心中的不确定性,为青铜壶形器上的动物纹样的塑造提供了空间,使得我们看到的兽面纹、龙纹、凤鸟纹具有整体的相似与局部的变化多端。与夸张的装饰创作手法相配合的是纹饰的组织构成形式,不论这些动物形象如何洗练、夸张,在壶形器上都被大小相间、阴阳共存地密集组织在一起,

---

[①] 参见张光直《青铜挥麈》,上海文艺出版社 2000 年版,第 188 页。

并以对称的形式构成，这种组织形式无疑强化了青铜壶形器雄沉、严肃、神秘的色彩。西周以后壶形器装饰纹样的神秘色彩逐渐被淡化，代之以写实的造型手法，传统的兽面纹不再被放置在器物的重要部位作为装饰的主体，其形象也淡去了商时的狞厉和威慑，动物纹饰中的鸟纹和龙纹的地位大大提高，经常被作为装饰主体放置在壶形器的腹部和肩部。龙的身躯和冠角、凤鸟的冠羽成为这一时期夸张的主要对象，以凤鸟纹为例，头部的冠被夸张地加长，并以花冠装饰，长羽时而飘垂，时而翻卷，商时诡秘的形象已不见踪迹，我们看到的是对形式美的追求，是充满着浓郁生活气息、活泼而优美的形态，这时凤鸟的神性并未消失，它带来的是一股人性化的装饰风格。

第三，由简入繁，因繁就简的演进过程。商代早期的青铜壶形器的器表较为素朴，装饰纹样比较单纯，以动物纹样为多，且多为兽面纹，这些纹饰的构成十分简洁，以线条勾勒或单层凸起。商代中期壶形器上的动物纹饰的种类逐渐丰富，出现了以云雷纹为底纹的二重花纹，丰富了纹饰的结构层次，也使动物纹饰的形象更为神秘庄重。殷商以后，随着铸造技术的不断进步，壶形器上的动物纹饰进一步变化，出现了形式严谨、构图诡秘的三重花纹，具备动物典型特征的犄角、冠羽等被进一步夸张，甚至出现了鸟兽合体的复合形态。西周中期，动物纹饰的组织形式开始由对称变为较为自由的连续结构，画面效果更加活泼、生动，晚商的繁缛在这时已荡然无存，我们看到的是图案的趋于简化与素朴的装饰风格。西周时期壶形器上的动物纹饰已不再如商时那般严肃规整，而是逐渐简化并更具图案趣味，以龙纹为例，商时写实的四肢，到西周基本被简略。春秋战国时期，随着人的自我意识的进一步觉醒和对美的新追求，除神化的动物纹饰基本沿袭西周旧制外，大量真实表现动物形态的写实纹饰出现在青铜壶形器上，与先秦早期和中期的静态、驯服的动物表现方式不同，这一时期的动物纹饰更注重写实的原则，强调动物神态的同时，也十分重视动物本体特征的描绘，体现了这一时期人们强烈的生命意识。

二 几何纹的流变

人类对于几何纹饰的认知可以上溯到新石器时代，原始先民们就将各式各样的直线、曲线、旋纹、三角形、锯齿形等几何纹饰或刻画或彩绘在陶器、玉器上，但是原始先民在陶器和玉器上刻画和彩绘几何图形的目的是出于装饰还是原始巫术，至今仍是世界艺术史的未解之谜，学界的各方意见和争论颇多。普列汉诺夫认为："几何图形的装饰在原始装饰图案上占有非常显著的地位，并且在第四纪的工具上已可以看到。生产力的进一步发展给予了这类装饰的发展以新的推动力。在这里起特别巨大作用的就是陶器艺术……当人们学会了加工金属的时候，陶器上就开始出现了有时候是非常复杂的曲线，和直线并列在一起。总之，在这里，装饰图案的发展是和原始技术的发展，换句话说，是和生产力的发展有着最密切和明显的联系的。"[1] 罗樾（Max Loehr）认为动物纹饰是由几何纹饰发展而来的，其目的是纯粹的装饰。李泽厚先生的观点与罗樾相背，他认为仰韶、马家窑时期的原始彩陶的几何纹样已经比较清晰地表明它们是由动物形象的写实而逐渐变成抽象化、符号化的……这些在后世看来似乎只是"美观"、"装饰"而无具体意义的抽象几何图案，在当年则是具有严重的原始巫术礼仪的图腾含义的[2]。我们暂且不去探讨几何纹饰的起源，因为这个悬而未决的艺术史之谜并不在本书研究的中心，我们可以断定的是几何纹是最早出现在青铜器上的纹饰之一，早在二里头时期的青铜器上就已有简单的几何纹饰，从青铜器形制是对原始陶器的承继和模仿的角度，我们认为早期青铜器上的纹饰也应是陶器纹饰的再现，同时原始陶器晚期的美学风格逐渐由活泼生动走向神秘凝重，也反映出原始陶器纹饰对早期青铜器纹饰的影响。

先秦青铜壶形器上常见的几何纹饰主要有弦纹、直格纹、三角纹、连珠纹、圈点纹、云雷纹等。这些被装饰于青铜壶形器上的几何纹饰，无一例外地遵循了美的形式法则，体现了重复、对比、单独、连续、多样、统一、节奏、韵律、对称、均衡等形式美规律。这些几何纹饰多来源于原始彩陶、黑陶装饰，由于青铜与陶土性能的不同，这些纹饰在被运用于青铜壶形器的同时也依据材料和质地的改变而有所变化。

鉴于所掌握的资料，二里头时期的青铜壶形器仅见封口盉一件（见第四章），且为素器，所以我们对于青铜壶形器的纹饰的探究都是从商开

---

[1] ［俄］普列汉诺夫：《没有地址的信》，曹葆华译，生活·读书·新知三联书店1964年版，第160页。

[2] 参见李泽厚《美的历程》，天津社会科学院出版社2001年版，第32页。

始，几何纹亦是如此。

(一) 云雷纹

在几何纹饰中尤以云雷纹最为典型，在经历了青铜时代的转变以后，云雷纹逐渐发展为中国传统纹样中最具代表性的纹样之一——云纹。尽管有学者认为最早的云纹出现于原始社会的彩陶[1]，但学界一般认同商周青铜器上的云雷纹是中国传统云纹的早期形态。通常将由曲线回旋构成的纹饰称为云纹，将由直线回折构成的纹饰称为雷纹，在实际应用中，两者的界限并不像给出的概念这样容易划分，因为有的纹饰曲直兼有，所以多将两者并称云雷纹。以前有学者认为云雷纹是对人类指纹的模仿，但马承源则认为早期雷纹的粗犷与精细的指纹完全联系不起来[2]。尚刚则认为云雷纹的得名与篆字有关，曲线回旋和直线回折分别和篆书中的"云"和"雷"相似[3]。商代早期的壶形器上就开始施用云雷纹，至商晚期，云雷纹的构成形式已颇为成熟，手段也较为丰富，不仅将云雷纹以二方连续的组织形式构成装饰带饰于器颈、肩、圈足，作为辅纹，有时也将云雷纹用作主体纹样的底纹，用以烘托主纹，间或大面积地出现在器物上，作为装饰的主题。如上海博物馆藏兽面纹壶就是其中颇为典型的一例，器肩和圈足均饰有二方连续的云雷纹，为避免云雷纹排列得单薄，采用了两行重复排列的构成形式；同时在器腹的高度图案化的外卷角兽面纹的间隙以精细而有规律的云雷为底。在这里我们可以看到主纹和辅纹的关系被处理得十分恰当，主次分明，虚实相间，疏密有致，以简单的造型、重复的排列烘托出狞厉诡异的主体形象，营造出一种滞重深沉、撼人心魄的装饰氛围。

云雷纹有时和乳丁纹结合在一起，组织成乳雷纹，图案呈菱形方格形，每个方格中间为一乳丁，方格的四周则为雷纹，乳雷纹盛行于商中晚期到西周早期。商时的乳丁较为平坦，西周的乳丁则长而尖。

曲折雷纹是西周时期云雷纹的又一变化，云雷纹不再是简单重复的二方连续，而是以四方连续的形式出现。上海博物馆藏曲折雷纹卣就是其中较为典型的一例。该卣的提梁饰以菱形雷纹，采用了粗细、稀疏的

---

[1] 参见杨成寅、林文霞《雷奎元论图案艺术》，浙江美术出版社1992年版，第216页。
[2] 马承源：《商周青铜器纹饰综述》，载上海博物馆青铜器研究组：《商周青铜器文饰》，文物出版社1984年版，第26页。
[3] 参见尚刚《中国工艺美术史》，高等教育出版社2007年版，第61页。

对比手法，对比间见变化；颈部中央饰有浮雕的外卷角兽首，两侧配以长冠鸟；盖面及腹部饰以曲折雷纹，为粗细相间隔的形式，同样是粗细、稀疏的对比手法，不仅突出了雷纹的形式感，还加强了图案的层次感，丰富器腹的视觉肌理感，使整器看起来华美沉稳。陈佩芬认为这类粗细对比的曲折雷纹与《说文》中所记载的黼纹相似，"黼，黑与白相次文"。因为在青铜器上不能用色彩来表现黑白关系，而采用了稀疏和繁密、粗细相次的纹样①。另有流散于欧洲的西周早期隹壶卣，器身与壶盖也均以曲折雷纹为饰（图5—8）。

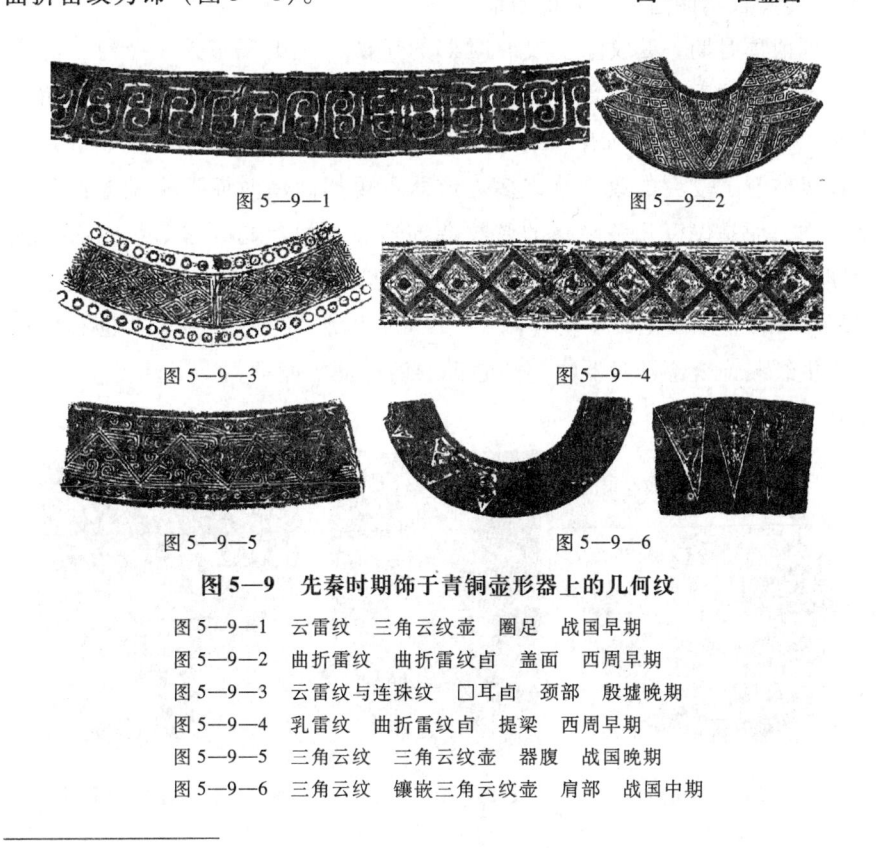

图5—8　隹壶卣

图5—9—1　　　　　　　　　　图5—9—2

图5—9—3　　　　　　　　　　图5—9—4

图5—9—5　　　　　　　　　　图5—9—6

图5—9　先秦时期饰于青铜壶形器上的几何纹

图5—9—1　云雷纹　三角云纹壶　圈足　战国早期
图5—9—2　曲折雷纹　曲折雷纹卣　盖面　西周早期
图5—9—3　云雷纹与连珠纹　□耳卣　颈部　殷墟晚期
图5—9—4　乳雷纹　曲折雷纹卣　提梁　西周早期
图5—9—5　三角云纹　三角云纹壶　器腹　战国晚期
图5—9—6　三角云纹　镶嵌三角云纹壶　肩部　战国中期

---

①　参见陈佩芬《夏商周青铜器研究（西周篇）》，上海古籍出版社2004年版，第187—189页。

（二）弦纹和乳丁纹

弦纹和乳丁纹都是青铜器上具有明显凸出效果的纹饰。

《说文解字》曰："弦，弓弦也。从弓，象丝轸之形。"[①] 弦纹因其形似弓弦而得名。弦纹是最简洁的传统纹饰之一，最早见于新石器时代陶器，表现为或刻画或彩绘在器物颈、肩、足等部位的一道或数道平行的线条，在先秦时期的壶形器上则表现为一道或多道凸起的平行线，亦主要装饰在器颈、肩、腰和圈足部位，有时也以装饰主纹的界格出现。如上海博物馆藏商代中期的父壶颈部装饰有三道凸起的弦纹，肩、腹的兽面纹都以弦纹为界格，圈足也装饰了两道凸起的弦纹，类似的弦纹装饰手法常见于商中期和晚期的壶形器。上海博物馆藏商时期的卤（图5—10），壶身仅用两道弦纹装饰颈部。

到西周时期，弦纹除了殷商时期的用法，还出现了人字弦纹，经常被装饰于青铜盉的腹足部分，如国家博物馆藏长由盉、岐山县博物馆藏卫盉，器腹至款足都饰有双线人字弦纹。春秋中期以后，青铜壶形器的装饰风格有了较大的改观，许多壶形器不再如商周时期那样做大面积复杂装饰，而是仅以几条平行的弦纹装饰器腹，如台北故宫博物院藏春秋中期的庚壶（图5—11），亦称"壶"以及保利艺术博物馆藏龙首提梁盉（图5—12）、中山王罍圆壶（图5—13），也称"舒盗"壶等；也有以弦纹为主纹装饰全部器身器物，如胜盉、鸟首提梁壶等。

图5—10　卤　　　图5—11　庚壶　　　图5—12　龙首提梁盉

[①]（东汉）许慎撰，（清）段玉裁注：《说文解字注》，上海古籍出版社1988年版，第642页。

乳丁纹，是指青铜器表面凸起的圆点纹，因其形而得名。乳丁纹是先秦青铜器纹饰中较为常见的一类辅纹，经常被连续运用作界格。乳丁与雷纹组合的图形被称为"乳雷纹"。如上海博物馆藏的曲折雷纹卣的提梁就是以乳雷纹为饰（图5—9—4）。

（三）直棱纹、三角纹

直棱纹，也称直格纹，多见于西周早期的青铜器器腹装饰，连续的多条垂直直线均匀分布于器腹外壁，以重复中见变化的装饰手法为本来单调的器腹增添了变化。有的器物会将粗直棱凸起或凹陷。直棱纹是商代晚期出现的青铜器装饰纹样，多装饰于簋、尊，马永盉是其中难得的一例以直棱纹装饰的壶形器。

三角纹，以上下对接的三角形构成似锯齿状的带状装饰，是一种较为单纯的几何形纹饰。由于上下三角形的对接，其中一半的三角形则呈凸起状（有时是上面的倒三角形，有时是下面的正三角形），产生肌理变化，从而起到了丰富器表装饰的作用。先秦早期的三角纹多简洁无其他纹饰，后来常见的三角纹更多的是在内部填充图案，以动物纹和云雷纹居多，在三角纹内部填饰云雷纹的纹饰也被称为"三角云纹"或"三角雷纹"（图5—9—5）。三角纹在壶形器的装饰中一般作为辅纹，饰于器物的颈部或者腹部。河南安阳小屯出土的龙纹盉的器腹就装饰有典型的三角纹。1978年出土于山东曲阜的侯母壶（图5—14）为西周晚期遗物，该壶形制特别，装饰也十分有新意，除前面我们曾经介绍的颈部饰象鼻龙纹，腹部装饰有卷龙纹外，在腹部主纹的上下两侧各装饰有带状三角纹，每个三角内都以渐大的三角纹填充，十分规整，既烘托了主纹，又丰富了器表。

图5—13　山王䇮圆壶 　　图5—14　侯母壶 　　图5—15　连珠纹卣

（四）连珠纹

连珠纹，由呈带状横式排列的空心的小圆圈构成，因为像圆珠相连，故称连珠纹，是青铜器装饰中出现最早的纹饰之一。早在二里头晚期的爵和斝的腹部就已装饰有以弦纹作界栏的单行或双行排列的实体连珠纹。商代早期连珠纹由实体变为空心的小圆圈。连珠纹多数是以辅纹的形式出现在主体纹饰的上下做界栏性装饰。在先秦时期的青铜壶形器主纹装饰的周围常会见到连珠纹作为界格或辅纹。在前面章节里我们提到的商代早期的两件铜壶，向阳兽面纹提梁铜壶和李家嘴细直颈提梁铜壶的颈部都用连珠纹作边框性装饰。还有上海博物馆藏□耳卣就是以连珠纹作为颈部云雷纹的界格（图5—9—3）。1983年江苏丹徒母子墩出土的连珠纹卣（图5—15），因盖面和颈部装饰有连珠纹而得名。该器造型圆浑，纹饰简洁，提梁两端的兽首和盖顶立鸟使该壶显得灵动而有趣味。

综上所述，几何形的变形是图案发展的一般规律，弦纹、连珠纹、三角纹等纹饰在商代早期既已被运用于青铜器的装饰之中，并从最初多作为主纹逐渐转变为以辅纹的形式用来烘托动物纹的主题，与动物纹样相辅相成。几何纹线条简洁，易于掌控，而由几何形的重复而产生的充满节奏和韵律的装饰趣味逐渐被发掘，西周中期以后几何纹被广泛地运用到青铜壶形器的主纹装饰中，通过穿插、重复、勾连、正负形的结合等方式组合构成的图形，图案整齐美观，更加富于意味。这种由重复规整而带来的有条不紊的秩序，与周代的礼制思想应有着某种间接的联系，这种由重复而产生的秩序的美，成为中国古代图案设计的重要法则。春秋战国时期几何纹常被以主纹的形式装饰于壶腹部、颈部、肩部，甚至全器满装饰，同时伴随着青铜装饰技术的不断更新，镶嵌、错金银、鎏金等装饰手段被运用于青铜壶形器的装饰中，为几何纹规整的构成注入新的活力，纹饰呈现变幻莫测的绚丽效果，彻底改变了商周所开创的狰狞神秘的青铜器装饰风格，也标志着中国古代青铜工艺进入了一个新的历史时期。

表 5—4　　　　　　先秦时期部分饰有几何纹青铜壶形器汇总表

分期	器名	纹饰	部位	出土地	收藏地	时期	纹饰类型
先秦早期	父壶	弦纹	颈部圈足	不详	上海博物馆	商中期	辅纹
	兽面纹壶	弦纹 连珠纹	颈部 器腹	陕西城固龙头镇	陕西历史博物馆	商中期	辅纹
	兽面纹壶	云雷纹 连珠纹	盖顶 肩部	河南郑州向阳食品厂	河南省文物考古研究所	商中期	主纹 辅纹
	兽面纹三足壶	弦纹 云雷纹	颈部 器口	陕西城固龙头镇	陕西省城固县文化馆	商中期	辅纹
	司䦉母方壶	云雷纹	器身	河南安阳小屯5号墓	社科院考古研究所	商晚期	底纹
	雷纹壶	云雷纹	遍体	传河南安阳	德国科隆东亚艺术博物馆	商晚期	主纹
	四祀邲其卣	方格纹 连珠纹	盖	传河南安阳	故宫博物院	商晚期	主纹
	册告卣	云雷纹	圈足	传河南安阳	美国塞克勒美术馆	商晚期	辅纹
	亚址卣	直棱纹	上腹	河南安阳郭家庄	社科院考古研究所	商晚期	主纹
	兽面纹壶	云雷纹	器身 圈足	山西石楼樱花庄	山西省博物馆	商晚期	底纹 辅纹
	兽面纹壶	云雷纹	器身 器腹 圈足	上海冶炼厂废铜料中捡取	上海博物馆	商晚期	次主纹 底纹 辅纹
	先壶	云雷纹	器腹	不详	上海博物馆	商晚期	辅纹
	大司空村鸮卣	连珠纹	盖沿	河南安阳大司空村	社科院考古研究所	商晚期	辅纹
	兽面纹扁壶	云雷纹	器腹 圈足	不详	上海博物馆	商晚期	底纹 辅纹

续表

分期	器名	纹饰	部位	出土地	收藏地	时期	纹饰类型
先秦早期	豕卣	云雷纹	器身	上海炼艺铜厂废铜料中捡取	上海博物馆	商晚期	底纹
	兽面纹方壶	镂空云纹	圈足	江西新干大洋洲	江西省博物馆	商晚期	辅纹
	虎食人卣	云雷纹三角云纹	器身	传湖南安化	日本泉屋博古馆	商晚期	底纹
	马永盉	直棱纹三角纹	器腹盖沿	传河南安阳	国家博物馆	商晚期	主纹辅纹
	龙纹盉	三角纹	器腹	河南安阳小屯5号墓	河南博物院	商晚期	主纹
	妇好盉	三角纹	流	河南安阳小屯5号墓	社科院考古研究所	商晚期	辅纹
先秦中期	保卣	连珠纹	盖面器腹	河南洛阳	上海博物馆	西周早期	辅纹
	父丁壶	云纹	圈足提梁	陕西扶风召李村	陕西省扶风县博物馆	西周早期	辅纹
	㤅季遽父卣	弦纹	盖沿颈部圈足	陕西扶风刘家村	陕西省周原县博物馆	西周早期	主纹辅纹
	凤纹筒形卣	直棱纹	器腹	陕西宝鸡竹园沟	宝鸡市博物馆	西周早期	主纹
	夔纹卣	弦纹	盖圈足	陕西岐山贺家村	陕西省周原县博物馆	西周早期	主纹辅纹
	古父己卣	云雷纹	颈部	不详	上海博物馆	西周早期	底纹
	徙遽𦉢盉	雷纹	器腹	甘肃灵台白草坡	甘肃博物馆	西周早期	底纹
	弦纹盉	弦纹	颈部	河南鹤壁庞村	河南博物院	西周早期	主纹

续表

分期	器名	纹饰	部位	出土地	收藏地	时期	纹饰类型
先秦中期	克盉	雷纹	颈部	北京琉璃河	北京琉璃河考古队	西周早期	底纹
	弦纹盉	弦纹	颈部	山西曲沃曲村	北京大学赛克勒考古艺术博物馆	西周早期	主纹
	环带纹壶	三角云纹	盖沿器身圈足	陕西扶风强家村	陕西省周原县博物馆	西周中期	主纹
	仲南父壶	三角云纹	圈足	陕西周原窖藏	陕西岐山县博物馆	西周中期	主纹
	丰卣	云雷纹	器腹	陕西扶风庄白村1号窖藏	陕西省周原县博物馆	西周中期	底纹
	长由盉	人字弦纹三角雷纹	器腹流	陕西长安普渡村西周墓	国家博物馆	西周中期	主纹辅纹
	卫盉	人字弦纹三角雷纹	器腹流	陕西岐山董家村	陕西省岐山县博物馆	西周中期	主纹辅纹
	㝬佰盨	雷纹	盖缘颈部	陕西宝鸡茹家庄	宝鸡市博物馆	西周中期	主纹辅纹
	㝬父盉	弦纹人字弦纹云纹	颈部器腹流	陕西扶风庄白村	陕西省周原县博物馆	西周中期	辅纹主纹辅纹
	侯母壶	三角纹	器腹	山东曲阜鲁国故城	曲阜市文物管理委员会	西周晚期	主纹
	杨姞壶	弦纹	器腹	山西曲沃北赵村	山西省考古研究所	西周晚期	主纹
	变形兽体纹盉	三角云纹	器腹	不详	上海博物馆	西周晚期	次主纹
	交龙纹方壶	弦纹	颈部	不详	上海博物馆	西周晚期	辅纹

续表

分期	器名	纹饰	部位	出土地	收藏地	时期	纹饰类型
先秦晚期（春秋）	胜盉	弦纹	器身	内蒙古宁城小黑石沟	内蒙古自治区宁城县博物馆	西周晚期至春秋早期	主纹
	黄夫人壶	三角云纹	肩部	河南光山宝相寺	信阳地区文物管理委员会	春秋早期	次主纹
	卷龙纹方壶	曲折三角纹	圈足	河南潢川刘岕	信阳地区文物管理委员会	春秋早期	辅纹
	兽面纹龙流盉	斜角雷纹	肩部	广东信宜光头岭	广东省博物馆	春秋早期	辅纹
	曲折纹壶	三角纹	器腹	山东烟台	烟台博物馆	春秋早期	主纹
	庚壶	弦纹	器腹	不详	台北故宫博物院	春秋中期	主纹
	兽形弦纹盉	弦纹	器腹	山西长治分水岭	山西省博物馆	春秋中期	主纹
	兽面纹龙流盉	斜角雷纹	肩部	不详	上海博物馆	春秋时期	辅纹
	龙钮盖盉	三角纹	流	安徽繁昌汤家山	安徽省繁昌县博物馆	春秋时期	辅纹
	蟠龙纹提链壶	三角纹	颈部	河南淅川下寺3号墓	河南博物院	春秋晚期	辅纹
	兽纹壶	三角云纹	器身	不详	旧金山亚洲艺术博物馆	春秋晚期	辅纹
	鸟兽龙文壶	弦纹	器腹	山西浑源李峪村	上海博物馆	春秋晚期	辅纹
	龙纹盉	云纹弦纹	盖颈部	安徽屯溪弈棋	安徽省博物馆	春秋晚期	辅纹

续表

分期	器名	纹饰	部位	出土地	收藏地	时期	纹饰类型
先秦晚期（春秋）	狩猎纹壶	菱形雷纹	圈足	不详	旧金山亚洲艺术博物馆	春秋晚期	辅纹
	镶嵌兽纹壶	云纹	环耳	山西浑源李峪村	国家博物馆	春秋晚期	辅纹
	蟠蛇纹盉	弦纹	器腹	河南淅川下寺1号墓	河南博物院	春秋晚期	辅纹
	吴王夫差盉	弦纹	器腹	不详	上海博物馆	春秋晚期	辅纹
	交龙纹壶	三角纹	颈部腹底部	河北怀来北辛堡	河北省文物研究所	春秋晚期	辅纹
	蟠蛇纹盉	三角纹	器柄	江西清江临江镇	江西省博物馆	战国早期	辅纹
	几何纹龙首盉	弦纹 三角纹 菱形雷纹	器腹 肩腹部 提梁	浙江绍兴坡塘	浙江省博物馆	战国早期	主纹 次主纹 辅纹
	错金银鸟纹壶	弦纹	颈部 器腹	不详	美国塞克勒美术馆	战国早期	辅纹
	龙纹壶	弦纹	器腹	不详	上海博物馆	战国早期	辅纹
	鸟首提梁壶	弦纹	通体	山东诸城臧家庄	山东省诸城市博物馆	战国早期	主纹
	曾侯乙提链壶	云雷纹	器腹	湖北随州曾侯乙墓	湖北省博物馆	战国早期	次主纹
	勾连云雷纹方壶	云雷纹	通体	河北平山	河北省文物研究所	战国中期	主纹
	宴乐狩猎水陆攻战纹壶	三角云纹	传世	……	故宫博物院	战国中期	辅纹
	中山王䓦圆壶	弦纹	器腹	河北平山	河北省文物研究所	战国中期	辅纹

续表

分期	器名	纹饰	部位	出土地	收藏地	时期	纹饰类型
先秦晚期（春秋）	变形龙纹提链壶	三角纹三角云纹	肩部圈足	湖南长沙烈士公园	湖南省博物馆	战国中期	辅纹
	错银几何纹扁壶	几何纹三角云纹	通体颈部	不详	美国弗利尔美术馆	战国中期	主纹辅纹
	镶嵌绿松石壶	云纹	盖顶	不详	国家博物馆	战国中晚期	主纹
	燕王职壶	云雷纹三角纹	颈部肩部	不详	上海博物馆	战国晚期	辅纹主纹
	凤鸟纹方壶	三角纹	颈部腹底部	不详	四川省博物馆	战国	辅纹
先秦晚期（战国）	错铜勾连雷纹络套壶	三角纹勾连雷纹三角纹	颈部器腹圈足	不详	保利艺术博物馆	战国	辅纹主纹辅纹
	错铜鸟兽纹壶	云雷纹	盖面	不详	保利艺术博物馆	战国	主纹
	蟠螭纹提链壶	弦纹	器身	不详	保利艺术博物馆	战国	辅纹
	嵌铜勾连雷纹壶	勾连雷纹弦纹	通体器身	不详	保利艺术博物馆	战国	主纹辅纹
	嵌铜蟠龙纹壶	弦纹三角纹	器身口沿下	不详	保利艺术博物馆	战国	辅纹辅纹

（笔者整理）

三 象形纹的嬗变

象形，六书之一，是汉语言文字造字的最原始、最基本的方法。东汉许慎在《说文解字》的叙中写道："象形者，画成其物，随体诘诎，日月是也。"[①] 对于原始先民来说，画和写是没有太大区别的，在没有文字的时代人们除了通过语言，也通过绘画来表达他们的目的与想法，而人类对于自然界的模仿是一种与生俱来的本能，正如前文所论述的动物纹主要是模仿自然界中的动物，有的是在自然界动物的基础上又进行了深入加工成为幻想动物纹，当工匠们的技艺日益娴熟，这种主要是出于模仿的手法也常常被运用在青铜器的铸造工艺上。在青铜壶器上我们常见的目纹、绚纹、绳络纹、重环纹、垂鳞纹、环带纹等，都是运用象形手法的装饰图形。这些象形纹饰有时是作为辅纹，有时和动物纹结合成为主纹，也有时单独以主纹的形式出现。马承源先生认为目纹、窃曲纹等都是由动物纹演变而来，而将它们归入变形兽体纹样中；绚纹、绳络纹等则被马氏归入几何纹。笔者将这些纹样一并归入象形纹，原因有二：第一，几何是研究空间结构和性质的学科，几何中的图形有平面和立体之分，平面几何图形包括圆形、多边形、弧形和多弧形四类，立体几何图形包括柱体、锥体、旋转体、截面体四大类，而窃曲、绚纹等纹样与这些抽象的形体的概念相比较过于具象，与几何图形的概念不符。第二，目纹、窃曲纹等纹样被看作是对眼睛或者动物的形状的模拟，是否是由动物纹演变而来还只是推测；而绚纹、绳络纹等完全就是对现实事物的模仿，归入几何纹有些牵强。

---

① （东汉）许慎撰，（清）段玉裁注：《说文解字注》，上海古籍出版社1988年版，第755页。

图 5—16—1　　　　　　　　图 5—16—2

图 5—16—3

图 5—16—4　　　　　　　　图 5—16—5

图 5—16—6　　　　　　　　图 5—16—7

图 5—16—8　　　图 5—16—9　　　图 5—16—10

图 5—16　先秦时期饰于青铜壶形器上的象形纹

图 5—16—1　鸟兽龙纹壶　圈足　春秋晚期　　图 5—16—2　几父壶　颈部　西周孝王
图 5—16—3　正父庚壶　器腹　西周早期　　图 5—16—4　络纹壶　器腹　战国早期
图 5—16—5　洹子孟姜壶　颈部　春秋晚期　　图 5—16—6　鳞纹盉　肩部　西周晚期
图 5—16—7　曻仲壶　器腹　西周恭王　　图 5—16—8　鳞纹壶　肩部　春秋早期
图 5—16—9　䢅卣盖顶　涡纹　西周中期　　图 5—16—10　三年瘋壶　圈足　西周中期

（一）目纹与窃曲纹

自商代二里冈时期开始，就出现了没有动物实体附着的独眼图案，至今为止，没有任何文献资料可以说明这种奇怪的独眼图案具有何种意义。[①] 这种独眼图案，即被称作"目纹"。目纹多为椭方形，作凸起状，中间为一点或者一横线。一般与其他纹饰结合形成带状装饰，施于壶形

---

① 参见马承源《商周青铜器纹饰综述》，载上海博物馆青铜器研究组《商周青铜器文饰》，文物出版社 1984 年版，第 21 页。

器的器腹、颈部、盖部，作为主纹，有时也作为辅纹用在圈足。与云雷纹结合使用的纹饰也被称为"目云纹"或"目雷纹"。这类纹饰最早见于二里冈时期，殷墟中晚期最为流行，西周初期已十分少见。

对于窃曲纹最早的记载见于《吕氏春秋》。

周鼎有窃曲，状甚长，上下皆曲，以见极之败也。

《吕氏春秋·离俗览·适威篇》

青铜器装饰纹样中由典型的上下皆为卷曲细长条纹组成，并以二方连续的形式构成带状的纹饰，具有和《吕氏春秋》所记载的窃曲相同的特点，所以这类纹饰被称为窃曲纹（图5—16—8、图5—16—10）。张光直先生则将其称为"龙源几何形纹"[1]；马承源将窃曲纹归入"兽体变形纹"，他认为窃曲纹是由于西周工匠喜欢将兽目作为图案中心的交联点，在兽目的两端做两条卷曲的以横的S形构成的龙纹，从而形成了无头尾之分的、构图形式较为复杂的兽体变形纹。[2] 朱凤瀚也认为将窃曲纹归入动物变形纹是有道理的，他认为窃曲纹弯曲的条状是取自于夔龙纹和顾龙纹的身躯，而纹饰的构造和布局不仅取形于各种龙纹，还借鉴了饕餮纹以及长尾鸟纹的造型[3]。笔者同意他们的观点，但是同时我认为窃曲纹虽然是由夔龙纹等动物纹样变化而来，但是纹样原来的母题已经被抽象化和几何化了，再将其与动物纹样相联系，也仅仅是一种象形的解释，所以将窃曲纹归入象形纹饰类。

（二）绚纹和绳络纹

绚，即绳索。绚纹，亦称"绳纹"（图5—16—1），应是仿自绳子。早期的提梁壶和卣并无铜质提梁，而是在颈部或肩部两侧设环，以便于穿绳提携，后省去了用绳，而是改制铜质提梁，有时亦铸成绳状，华觉

---

[1] 张光直：《商周青铜器与铭文的综合研究》，《"中央研究院"历史语言研究所专刊六十二》，1973年。

[2] 参见马承源《商周青铜器纹饰综述》，载上海博物馆青铜器研究组《商周青铜器文饰》，文物出版社1984年版，第25页。

[3] 参见朱凤瀚《古代中国青铜器》，南开大学出版社1995年版，第398页。

明依据商代提梁壶的绳纹提梁有麻质纤维，而推论当时的仿绳提梁是通过失模法铸造而来，因作为模子的麻绳没有完全焚失掉，残留的纤维就留在了铜液中[①]，也就是我们在第二章曾经提到的"失绳法"。绳纹除了用在壶形器的提梁处以外，还有用在圈足、器耳、器腹等部位，主要作为辅纹，与其他纹饰结合使用，纹饰也有了新的变化，不再是对提梁的模仿，而是如两个波纹线互相绞缠，或者似三股绳编就的麻花瓣，并用以作为主纹间的隔栏，主要流行于春秋中期至战国早期。

先秦晚期，绚纹还演变出一种较为复杂的构成纹饰，即绳络纹（图5—16—4）。这种纹饰看上去好像几条绳索交织捆结，交结处有仿制铜环的造型，似乎将"绳子"固定，从而在器物表面构成仿效绳环交错的网格状形态。绳络纹常被用作主要纹饰，装饰于壶形器的器腹等主要部位。

（三）重环纹和垂鳞纹

重环纹，顾名思义，就是重复的环组成的纹样。这是一种西周中晚期开始流行的纹样，它的图案特征就是椭方形环纹横向或纵向重复构成的带状纹样。也有学者将重环纹与龙纹中的卷龙纹的鳞形比较，认为二者具有共同的特征，而将重环纹归为鳞纹的一种，并称之为"鳞带纹"[②]。重环纹一般以一个环形纹为单位或者以一大一小两环为单位重复构成，并有单行重环纹、双行重环纹两种组成形式。重环纹多装饰于壶形器的盖缘、肩部和圈足，较为特殊的如十三年瘐壶，由四纵一横的单行重环纹构成的十字带饰于壶腹。

垂鳞纹，形如鱼或蛇身上的鳞片状，作垂直排列。单行垂鳞纹多装饰于壶形器的盖沿和圈足，如颂壶、侯母壶等。以四方连续组成的垂鳞纹则在西周晚期至春秋时期常作为装饰的主题出现在壶形器的器腹。如垂鳞纹壶、散车父壶（图5—18）、父庚壶等。

（四）环带纹

环带纹因形如一条或几条宽带似波浪状起伏环绕器身而得名。马承源将其称为"波曲纹"，归入兽体变形纹。容庚依据环带纹的波峰与波底

[①] 参见华觉明《中国古代金属技术——铜和铁造就的文明》，大象出版社1999年版，第180页。

[②] 马承源：《商周青铜器纹饰综述》，载上海博物馆青铜器研究组《商周青铜器文饰》，文物出版社1984年版，第26页。

空隙间常填以不同的纹饰，而将其分为七种类型①。朱凤瀚则根据波峰与波底的起伏变换以及空隙间所填以的纹饰，而将其分为五式②。环带纹是西周中期至春秋战国时期壶形器上运用得较为常见的一种纹饰，如西周中期的三年癭壶（图5—19）、公卣和西周晚期的颂壶、春秋中期的交龙纹方壶等都以环带纹为主纹或者次主纹。

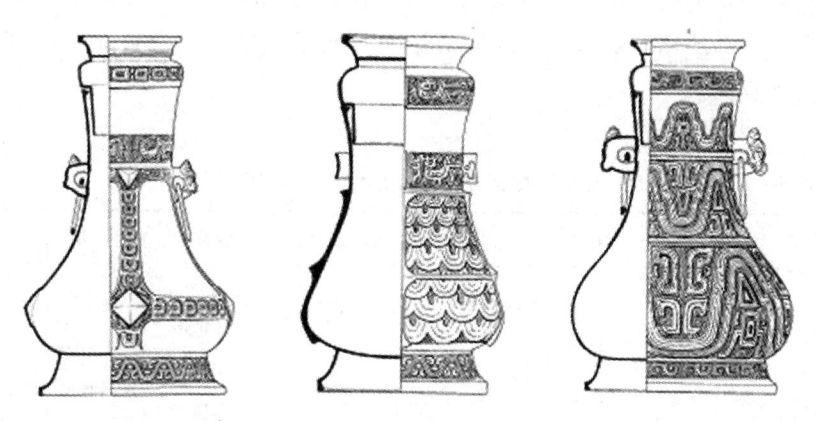

图5—17　垂环纹十三年癭壶　　图5—18　垂鳞纹散车父壶　　图5—19　环带纹三年癭壶

除了以上论及的几种象形纹饰外，在先秦时期青铜壶形器上还常见火纹（也被称为"涡纹"或者"囧纹"）和心型纹等象形纹饰。火纹最早见于湖北省屈家岭文化遗址出土的新石器时代的陶纺轮。《考工记》中有"火以圜"的记载。火纹的特征是圆形，中间略有凸起，从圆环的边界有向内涡旋的四道至八道弧线，用以代表光的流动（图5—16—9），专家多认为火纹是太阳的标志。火纹在青铜器装饰中沿用的时间较长，从商早期到战国晚期一直没有间断过。

对装饰有象形纹饰的壶形器进行汇总（表5—5），不难看出，象形纹主要流行于西周早期至春秋战国时代，随着人们抽象思维能力的提高，一些复杂的纹饰被抽象成具有图案趣味的象形纹饰，二方连续的构成形式使得这些壶形器看上去更为规范化和条理化，体现出人们对于形式美感的追求。这种对自然事物模仿的装饰手段，更准确地说是将自然事物

---

① 参见容庚《商周彝器通考》，上海人民出版社2008年版，第106页。
② 参见朱凤瀚《古代中国青铜器》，南开大学出版社1995年版，第400页。

"转化"为某种具有情感化意味的形态，正如苏珊·朗格在《艺术问题》中所提到的那样，"'转化'是对表象进行的一种特殊的处理，而不是对它的忠实复制；它创造的是一种与原表象等效的感性印象，而不是与原型绝对相同的形象；它用的是一种具有一定局限性但又十分合理的材料，而不是在性质上与那种构成原型的材料绝对相同的材料"。① 在先秦青铜壶形器的象形纹饰中，有时很难辨认出模仿的因素，由于经过了抽象与变形，在形式化的观照中，我们似乎领略到了一些只可意会而不可言传的抽象意义。

表5—5　　　　　　先秦时期部分饰有象形纹青铜壶形器汇总表

分期	器名	纹饰	部位	出土地	收藏地	时期	备注
先秦早期	父壶	目雷纹	肩部	不详	上海博物馆	商中期	次主纹
	子父丁卣	目纹	圈足	不详	上海博物馆	商晚期	辅纹
	兽面纹方壶	目雷纹	器腹	江西新干大洋洲	江西省博物馆	商晚期	次主纹
先秦中期	凤盖盉	目纹	颈部	陕西长安花园村	陕西历史博物馆	西周早期	次主纹
	徙遽𪉟盉	目纹	颈部	甘肃灵台白草坡	甘肃博物馆	西周早期	次主纹
	父丁壶	目纹	提梁	陕西扶风县召李村1号墓	周原博物馆	西周早期	辅纹
	十三年𤼈壶	环带纹重环纹重环纹	圈足盖缘器腹	陕西扶风庄白村窖藏	周原博物馆	西周中期	次主纹
	三年𤼈壶	环带纹环带纹窃曲纹	颈部器腹圈足	陕西扶风庄白村窖藏	周原博物馆	西周中期	主纹

---

① ［美］苏珊·朗格：《艺术问题》，滕守尧、朱疆源译，中国社会科学院出版社1983年版，第94页。

续表

分期	器名	纹饰	部位	出土地	收藏地	时期	备注
先秦中期	鳞纹壶	鳞纹	器腹	陕西扶风庄白村窖藏	扶风县博物馆	西周中期	主纹
	鸟纹贯耳方壶	垂鳞纹	圈足	陕西扶风齐家村窖藏	陕西历史博物馆	西周中期	辅纹
	散车父壶	垂鳞纹 环带纹	器腹 圈足	陕西扶风召陈村窖藏	陕西历史博物馆	西周晚期	主纹
	颂壶	垂鳞纹 环带纹 垂鳞纹	盖沿 颈部 圈足	传世	台北故宫博物院	西周晚期	次主纹
	侯母壶	垂鳞纹	圈足	山东曲阜鲁国故城望父台48号墓	曲阜市文物管理委员会	西周晚期	次主纹
	杨姞壶	环带纹	盖沿 颈部	山西曲沃北赵村晋侯墓地63号墓	山西省考古研究所	西周晚期	主纹
	向壶	重环纹 环带纹 重环纹 垂鳞纹 重环纹	盖沿 颈部 颈部 器身 圈足	河南泌阳前梁河村	河南博物院	西周晚期	辅纹 次主纹 辅纹 主纹 辅纹
	佰百父盨	窃曲纹	肩部	陕西长安张家坡西周窖藏	陕西历史博物馆	西周晚期	次主纹
	几父壶	窃曲纹 环带纹 环带纹 窃曲纹	盖沿 口沿 下腹 圈足	陕西扶风齐家村窖藏	陕西历史博物馆	西周晚期	辅纹 主纹 主纹 辅纹

续表

分期	器名	纹饰	部位	出土地	收藏地	时期	备注
先秦晚期（春秋）	垂鳞纹壶	垂鳞纹	器腹	河南信阳明港	信阳地区文物管理委员会	春秋早期	主纹
	垂鳞纹壶	垂鳞纹	器身	不详	美国塞克勒美术馆	春秋早期	主纹
	杞柏敏之壶	窃曲纹	颈部	山东新泰	上海博物馆	春秋早期	次主纹
	鳞纹瓠形壶	窃曲纹 垂鳞纹	颈部 器腹	不详	上海博物馆	春秋早期	次主纹 主纹
	蟠龙纹方壶	垂鳞纹 环带纹 垂鳞纹	盖沿 颈部 圈足	不详	山东大学历史系	春秋早期	辅纹 次主纹 辅纹
	凤鸟纹盉	窃曲纹 环带纹	器身 圈足	陕西陇县边家庄	陕西省文物考古研究所	春秋早期	辅纹
	龙钮盖盉	窃曲纹	肩部 下腹	安徽繁昌汤家山	繁昌县文物管理所	春秋时期	主纹
	莲鹤方壶	窃曲纹	盖沿	河南新郑李家楼	故宫博物院	春秋中期	次主纹
	交龙纹方壶	窃曲纹 环带纹	盖沿 颈部	河南新郑金城路	河南博物院	春秋中期	次主纹
	凤纹卣	目纹	圈足	安徽屯溪弈棋	安徽省博物馆	春秋晚期	辅纹
	蛇纹卣	鳞纹	提梁	湖南衡阳	衡阳市博物馆	春秋时期	辅纹
	鸟兽龙纹壶	绳络纹	圈足	山西浑源李峪村	上海博物馆	春秋晚期	辅纹
	绚索龙纹壶	绳络纹	器身	传山西浑源李峪村	美国弗利尔美术馆	春秋晚期	辅纹

续表

分期	器名	纹饰	部位	出土地	收藏地	时期	备注
先秦晚期（春秋）	蟠龙纹壶	绳络纹	器身	山西太原金胜村	山西省考古研究所	春秋晚期	辅纹
	蟠蛇纹瓠壶	重环纹	提梁	山西太原金胜村	山西省考古研究所	春秋晚期	辅纹
	陈喜壶	环带纹	颈部肩部器腹	不详	山西省博物馆	春秋晚期	主纹
	洹子孟姜壶	环带纹 窃曲纹 鳞纹	器身 颈部 环耳	不详	上海博物馆	春秋晚期	主纹 次主纹 辅纹
先秦晚期（战国）	镶嵌龙纹扁壶	窃曲纹	颈部	河南辉县琉璃阁	河南博物院	战国早期	辅纹
	曾侯乙提链壶	目纹	盖面 颈部 器腹	湖北随州擂鼓墩1号墓	湖北省博物馆	战国早期	主纹
	嵌红铜狩猎纹壶	绳络纹	器腹	河北唐山贾各庄	国家博物馆	战国早期	辅纹
	络纹链壶	绳络纹 绹纹	器腹 圈足	河北平山三汲访驾庄	河北省博物馆	战国早期	主纹 辅纹
	瓠形壶	绹型	提梁	河北邢台李家庄	河北省博物馆	战国早期	
	镶嵌绿松石方壶	络带纹	器腹 圈足	不详	国家博物馆	战国中晚期	主纹

续表

分期	器名	纹饰	部位	出土地	收藏地	时期	备注
先秦晚期（战国）	错铜勾连雷纹络套壶	绳络纹	器身	不详	保利艺术博物馆	战国时期	辅纹
	蟠螭纹提链壶	绚纹	器盖	不详	保利艺术博物馆	战国时期	辅纹

（笔者整理）

四 人的形象传达

先秦早期和中期青铜壶形器的纹饰以神化的动物纹、抽象的几何纹、模仿的象形纹为主，人物形象是很少见的，即使有也是被用来烘托动物的神性与凶猛，如虎食人卣等，对于动物神性的强化是这一时期纹饰烘托的主题。在《山海经》中我们常会看到一些半人半兽的神物的描述：

其中多赤鱬，其状如鱼而人面，其音如鸳鸯，食之不疥。

《山海经·南山经》

有鸟焉，其状如鸱而白首，三足，人面，其名曰瞿如，其鸣自号也。

《山海经·南山经》

凡南次三经之首，自天虞之山以至南禺之山，凡一十四山，六千五百三十里。其神皆龙身而人面。其祠皆一白狗祈，糈用稌。

《山海经·西山经》

有鸟焉，其状如枭，人面而一足，曰橐？冬见夏蛰，服之不畏雷。

《山海经·西山经》

凡西次二经之首，自钤山至于莱山，凡十七山，四千一百四十里。其十神者，皆人面而马身。其七神皆人面牛身，四足而一臂，操杖以行,是为飞兽之神。

《山海经·西山经》

以上仅为《南山经》和《西山经》中部分关于人面兽的描述,《山海经》中还有数十条类似的描写。这应该是人的自我意识觉醒的发端,从人神的分离到人神一体,是人类对于自身能力的觉悟。我们从春秋晚期的鸟兽龙纹壶的装饰纹饰(图5—20)中看到了人面龙身的形象,这与《山海经》中的记述是基本一致的。自然本体认同的反映是"物我通感",在自然本体认同的过程中形成了人类早期对于审美的认识。

图5—20　半人半兽纹　鸟兽龙纹壶　器腹　春秋晚期

西周时期,人的形象逐渐卸除了"巫""觋"的面具,而还以本真,西周早期的枭卣的提梁附饰就是典型代表,商时的头上生角、兽耳等显现神力的装饰不见了,与之一起消逝的是商代青铜器具神化而诡秘的宗教色彩,理性的因素在这一时期被挖掘,人本主义思想开始蔓延,人的地位开始提高,人的原初本真的形象得以呈现。春秋战国时期,一些表现人们生活场景的题材被装饰于青铜壶上,如宴乐、攻占、弋射、采桑、狩猎等,这些人物画像是装饰图案与绘画之间的一种过渡形式,人物形象和画面构成具有图案的平面化特点,缺乏空间层次变化,但人的活动表现得十分生动,这种带有叙事画特点的图案被认为是中国古代绘画艺术的先驱,两汉恢宏画像艺术的基础。鼓腹的青铜壶形器因其表面积大、易于装饰而成为这种装饰题材常用的载体,如美国旧金山亚洲艺术博物馆藏春秋晚期的狩猎纹壶,国家博物馆藏战国早期的嵌红铜狩猎纹壶等都是其间具有代表性的作品,最为典型的有北京故宫博物院藏战国早期宴乐狩猎水陆攻战纹壶(图5—21),该壶整体装饰可分为三个装饰带,每个装饰带表现不同的生活场景,由上至下的第一个装饰带表现弋射、采

218　抚壶论道

图 5—21　宴乐狩猎水陆攻战纹壶及其纹饰拓本

桑的情景：左面为竞射图，上方有两人似在比赛射艺，其中一人引弓待发，另一人的箭刚发出，正从空中掠过，左边的箭靶上有两支射中的箭枝；右面为采桑图，上方有两株桑树，左边的植株上有一女子，右边的植株上有一男一女，他们都在采桑，而树下另外还站有五个女子和六个男子。第二个装饰带表现的是猎雁和宴乐的场景：左面为猎雁图：画面左侧有着短装的射手，用系绳的箭仰射天空中飞翔的大雁，旁边有供射手休息的帐篷；右面为宴乐图：画面左上部有一座宽宏的建筑物，一人凭几而坐，身后站着持长山扇的侍者，有人持觯倒酒，阶下右边有四人舞蹈，左边有七人在演奏编钟、编磬等乐器。第三个装饰带则表现的是水陆攻占的激烈场面：左面为水战图，攻战双方的船只相遇，战士们正在拼杀，双方均有人落入水中；右面为攻防图，攻城者有的在城下堆放薪木，有的手持盾牌，欲放火强行攻城。三个装饰带之间以卷云纹组成的二方连续作为间隔，在变化中求统一。从场景内容的安排来看，桑树在壶顶部，树上为天，水面、鱼儿、水陆攻战的船只安排在壶底部，天与地的安排合情合理，三个装饰带中不同的情节和众多的人物、动物等变化有序，繁而不乱，惟妙惟肖。图案互不重叠，呈平面散布式的满装饰，没有使用任何透视方法，这种画面布局形式与中国传统山水画"以大观小"的表现方法一脉相承，可以看出符合中国人的传统审美习惯，以及多元审美视角的中国传统绘画表现方法已见端倪。值得注意的是三条装饰带的构成不仅是出于对画面情景安排的考虑，同时也是制作工艺的要求，画面中长短不同的横线除了对画面分割起到一定的作用外，也为青铜镶嵌工艺固定所必需。该壶因其装饰画面构成浓缩了情节内容，有效地表现了生活场景，同时利用工艺特点的装饰手段也是战国时期装饰艺术风格的典型代表。

从青铜壶形器上人的形象出现，到春秋战国时期盛行的以人为主体的社会生活场景的刻画，充分展示了人的魅力，体现的是这一时期人的自我意识的高度觉醒，反映了人们新的审美追求。对于自然的真实美感和舒适自由的需求，取代了之前的沉闷与拘谨，伴随着新的工艺技术的出现和应用，在写实的基础上更加注重画面的情趣与动感，充分体现了现实生活与艺术创作的密切联系。

纵观先秦时期青铜壶形器纹饰发展和演变的过程，我们不难发现在先秦早期狞厉的兽面占据着青铜装饰艺术的主体，从社会制度层面来看，这是先秦时期君主专制的奴隶制度下王权与神权发展特定阶段的产物，被强化的狰狞的特征是为了适应王权统治而进行的艺术加工，其目的最终还是为了引起人民对王权和神权的敬畏，与之相适应的是殷商巫史文化氛围。先秦中期，周人对灿烂的殷商文化采取了"拿来主义"，前文多次提到，西周王朝起源于较商人落后的周人，所以西周初年的青铜壶形器不论形制还是纹饰与殷商晚期几无区别，神秘威严的神化动物纹与几何纹交织呈现的繁缛仍然是这一时期装饰纹饰的基本风貌。西周中期，准确地说是周穆王以后，由于穆王喜好征战，朝政松弛，国事日非，以致西周王朝走向了衰落，政体的衰败表现在青铜壶形器上是制作的粗制滥造，纹饰的趋于朴素，然而由西周早期承继的凤鸟纹在这一时期开始大行其道，由动物纹饰演变而来的象形纹在这一时期也充斥着壶形器装饰的显要位置。先秦晚期的壶形器装饰艺术大体可以分为两个阶段：第一阶段是春秋早期，这一阶段的青铜壶形器的装饰纹饰基本与西周晚期相似，接近西周旧统；第二个阶段是春秋中后期和战国时期，这一时期的青铜壶形器的装饰纹饰则因处于历史的大变革期，以及冶铸制作工艺等方面新技术的介入，器物的形制纹饰都呈现异彩纷呈的风貌，区域性的差异日益明显，特别是人物画像在壶形器上的出现，在表现当时的现实生活的同时,也反映了当时人们的风貌和时代的精神。

第二节　铭文之载

对载于青铜器上铭文的研究始于宋代,从那时起热衷于金石学的人们开始较为系统地搜集、刊印和研究青铜器上的各种铭刻和文字资料,使之成为一个新生的专门化知识领域。最初这些铭文被称作"钟鼎文",后因其局限性而改作"金文"。虽然宋代学者们对于近代中国考古学的贡献不可忽视,但是我们也应同时看到宋代学者及其身后追随者们的研究途径存在"望文生义"、"望形生训"的事实,王国维认为这种研究途径的形成是"顾自周初迄今垂三千年,其讫秦汉亦且千年。此千年中,文字之变化脉络不尽可寻,故古器文字有不可尽识者势也。古代文字假借至多,自周至汉,音亦屡变。假借之字,不能一一求其本字,故古器文义有不可强通者亦势也。自来释古器者,欲求无一字之不识,无一义之不通,而穿凿附会之说以生。穿凿附会者非也,谓其字之不可识义之不可通,而遂置之者亦非也"。[①] 也有学者将那些难以释读的铭文称作是"六书"形成之前的"文字画"[②]。即使学者们有着各自的论说和观点,相对于让人匪夷所思而难以统一观点的先秦青铜器纹饰的意义与功用而言,对于铭文的意义和功用则早已达成共识。1930年,郭沫若在《殷彝中图形文字之一解》中开创性地提出了"族徽理论",这一理论标志着青铜器铭文研究新时代的到来。其实在《考古图》中,吕大临对"木父已卣"的铭文进行释读时就曾有过"云木者,恐氏族也"的推论,只是他的推测未能引起学界的重视。

商代晚期到西周末年青铜器铭文的发展与礼器形态和装饰的变化紧密相关,前者甚至在一定程度上决定了后者。青铜艺术的定位发生了变化:具有象征意义的纹饰逐渐淡出,青铜礼器的文学价值不断提升,作为青铜礼器的又一重要构成元素的铭文成为青铜艺术的另一标志。关于

[①] 王国维:《观堂集林(卷一)》,中华书局1959年版,第293—294页。
[②] 沈兼士:《从古器款识上推寻六书以前的文字画》,《辅仁学志》1928(卷1)第1期,第87—92页。

铭文，《礼记》中有如下记载：

> 夫鼎有铭，铭者自名也，自名以称扬先祖之美，而明著之后世者也。为先祖者，莫不有美焉，莫不有恶焉。铭之义，称美而不称恶，此孝子孝孙之心也，唯贤者能之。铭者，论譔其先祖之德善、功烈、勋劳、庆赏、声名，列于天下，而酌之祭器，自成其名焉，以祀其先祖者也。显扬先祖，所以崇孝也。身比焉，顺也。明示后世，教也。
>
> 夫铭者，壹称而上下皆得焉耳矣。是故君子之观于铭也，既美其所称，又美其所为。为之者，明足以见之，仁足以与之，知足以利之，可谓贤矣。贤而勿伐，可谓恭矣。
>
> 《礼记·祭统》

从《祭统》中的这段记载我们可以得出这样的推论：青铜礼器上的铭文从殷商早期的族徽而逐渐转变成为弘扬家族声誉的符号，祖上的德善、功劳等都会被作为铭文的题材载于青铜礼器之上，既可昭告天下，又可训教子孙。我们在前文中讨论壶形器的功能时也曾指出壶形器作为一种承载的工具，其上的铭文除了表明该器的拥有者外，也载录铸造该器的背景，背景多是家族内部或者国与国之间发生的重大事件，如家族中的某人因某事被君王奖赏、国与国之间的一次战争或达成的盟约等。如果说早期青铜器上的铭文是族或者国的形象标识，那么随着文字的不断发展，青铜器上的铭文增多，铭文的功能进一步扩大化，但是它最终的作用还是对国家、族群或家族所拥有的权力、地位、声望的彰显。

青铜器上的铭文始于商中期，西周时达到鼎盛，战国后逐渐衰落，前后历时千年，其中载于壶形器上的铭文屡见不鲜。沃兴华依据金文的书写特点将其发展历史分为由商中后期至西周康王时代的发展期、西周昭王至周夷王时代的成熟期、西周厉王至周幽王时代的繁荣期以及东周时代四个时期[①]。沃兴华对于商周时期金文书法发展阶段的划分不无道

---

① 参见沃兴华《中国书法史》，湖南美术出版社2009年版，第46—56页。

理，然而笔者认为文字的发展与王位的更迭并无直接关系。从造物史的角度，借鉴金文书法史研究的成果，依时空发展脉络审视先秦时期有铭壶形器上的铭文，并遵循本书对先秦时间段的划分原则，将其风格演变大致归纳成四个阶段：商中晚期为形成期，西周早期至西周中期为成熟期，西周晚期为繁荣期，春秋战国时期为蜕变期。接下来将针对这四个时期壶形器铭文的特征进行综合论述。

一　形成期的朴拙

我们把商中晚期作为青铜壶形器铭文的形成期。已知最早的有铭青铜壶形器是上海博物馆藏商中期的夂壶，该壶圈足内壁铸有一个"夂"字（图5—22），因铭得名，其铭文也是所见青铜器最早的铭文之一。根据所掌握的资料，对形成期有铭青铜壶形器进行了统计，有铭器不多，早期的铭文多为一个图形文字，后来逐渐呈增多的趋势。这些铭文多被铸在壶形器的内底、圈足内壁、器口内壁、盖内壁等不易为人察觉的较为隐蔽的部位。李济认为："有款识的铜器在殷商时代是罕见之物；偶尔见到的款识，大半只是人名、地名或一种意义不太清楚的符号。"[1] 郭沫若通过对这些"意义不太清楚的符号"进行专门的研究后撰文《殷彝中图形文字之一解》，认为："准诸一般社会进展之公例及我国自来器物款识之性质，凡图形文字之作鸟兽虫鱼之形者必系古代民族之图腾或其孑遗，其非鸟兽虫鱼之形者，乃图腾之转变，盖已有相当进展之文化，而脱去原始畛域者之族徽也。"[2] 器上铭文多是与器物一起浇铸而成（偶见直接用刀契刻而成的），以阴文为多。华觉明对青铜铸造工艺的研究认为：这一时期铭文的制法是用朱墨将铭文书写在器模或专用的泥质模具上，再将书写好的铭文刻成阴文，然后翻制成泥芯或者按印成阳文泥版，黏附在制器的

图5—22　夂壶铭文　商早期

---

[1] 李济：《殷商青铜器研究》，上海人民出版社2008年版，第90页。
[2] 郭沫若：《殷周青铜器铭文研究》，科学出版社1961年版，第20页。

泥芯上，铸成后即成阴文，个别的阳文铸铭则是直接在制器的泥芯上刻制阴文反字，铸后即得阳文。① 从铸于青铜壶形器上的铭文所表示的内容，可将形成期的铭文分为两大类，一类是带有图形特征的"族徽"，另一类是早期的"文字"。"族徽"主要包括当时氏族的名号、方国的国名、地名、人名、祭名等标识，具有辨识功能；"文字"则具有表意功能。

"族徽"最初出现于原始陶器上，其功能只是为了把族氏突出而写的美术字，并不是原始的象形文字，也不能作为文字画来理解。② 在壶形器中，这样的徽号多见于器表，在商晚期青铜工艺鼎盛时与器表的纹饰、铭文一起融辨识、表意、装饰功能于一体。这一时期比较典型的"族徽"就是"亞"形文字（图5—23）。我们看到在二祀邲其卣、四祀邲其卣和六祀邲其卣中都出现有相近似的"亞"形文字。对于"亞"字的含义，《宣和博古图》在论及商亚虎父丁鼎时，阐述如下：

> 凡如此者，皆为亞室，而亞室者，宗庙也。庙之有室，如左氏所谓宗祐，而杜预以谓宗庙中藏主石室是也。
>
> 《宣和博古图》

《宣和博古图》将"亞"形作为古时宗庙或宗祐墙垣的说法一直是对"亞"形文字解释的主流，不过近代学者多有异议，有的认为"亞"形是一种特殊的身份标记，有的认为是有关祭祀之职称之标记。张光直先生依据王国维、高去寻等人对于宗庙形制的考证，并将墨西哥奥尔美克文化遗迹中的亞形石刻与铭文中的"亞"形作比对后，认为《宣和博古图》的推论是可以成立的。③ 这种宗庙建筑的形制被符号化为氏族的徽号，其功能应与原始的宗教信仰相关联，宗庙建筑本是天地人神沟通的场所，就像原始宗教只有"巫觋"能沟通于天地间一样，这个抽象概括的符号，是不是也在标注一个能与天地沟通的氏族呢？抛开对"亞"形文字内容

---

① 参见华觉明《中国古代金属技术——铜和铁造就的文明》，大象出版社1999年版，第151页。
② 参见李学勤《古文字学初阶》，中华书局1985年版，第34页。
③ 参见张光直《中国青铜时代》，生活·读书·新知三联书店1999年版，第305—317页。

的推测，我们整体来看这一时期出现在壶形器上的"族徽"，这些结体特殊、图文结合的抽象符号，让我们感觉到些许活泼奇肆的特点。

图5—23—1　图5—23—2　图5—23—3　图5—23—4　图5—23—5　图5—23—6

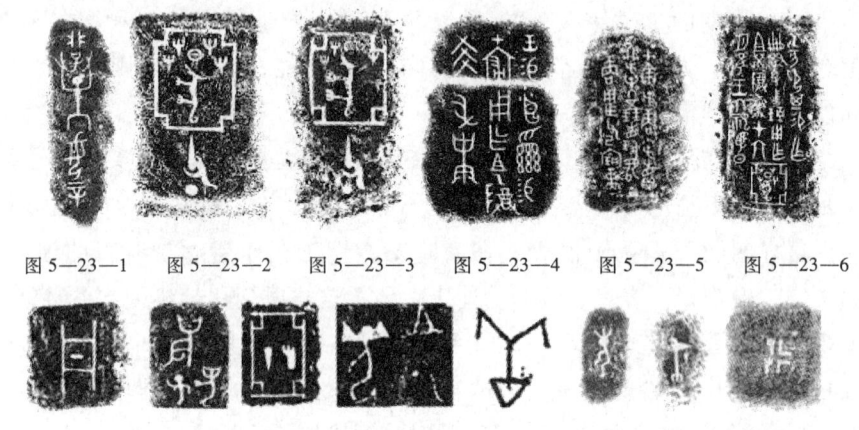

图5—23—7　图5—23—8　图5—23—9　图5—23—10　图5—23—11　图5—23—12　图5—23—13　图5—23—14

图5—23　形成期青铜壶形器铭文

图5—23—1　小子𪔂卣　盖铭　　　　　　图5—23—2　二祀邲其卣　盖铭
图5—23—3　四祀邲其卣　盖铭　　　　　图5—23—4　小臣𧤛卣　盖铭　商
图5—23—5　小子省壶　盖铭　商　　　　图5—23—6　六祀邲其卣　盖铭商
图5—23—7　丼卣　器铭　商晚期　新出　图5—23—8　史子㝬壶　器铭　商晚期
图5—23—9　亚址卣　器铭　商晚期　　　图5—23—10　光且乙卣　盖铭　商晚期
图5—23—11　羊卣　器铭　商晚期　　　　图5—23—12　先壶　器内底　铭文　商晚期
图5—23—13　戈鸮卣　腹内底　　　　　　图5—23—14　徙卣　器身

　　众所周知，中国最为古老的文字是甲骨文，甲骨文是商代巫觋文化的重要载体，那些被刻于龟甲和兽骨上的卜辞是沟通天地人神的纽带，也正因为这些刻有卜辞内容的甲骨是与神灵交流的物质载体，具有通灵的作用，所以在甲骨上刻镂之人应是秉着毕恭毕敬、一丝不苟的态度完成刻画工作的，从而使得甲骨文具有艺术和实用双重的审美价值。从时空发展序列来看，甲骨文早于金文，从社会生活地位来看，甲骨文重于金文，所以金文受甲骨文影响颇大。甲骨文是中国文字成熟的标志，亦是中国书法史的发端，它以刀刻骨，线条瘦硬，它的结体、线条和章法与它的刻写工具、对象、方式有着必然的联系。冼剑民对甲骨文进行了统计分析，认为"长方形的字体占了75%，方形的字体占20%，扁方的字体占 5%……在占绝大多数的长方形字中其形体都呈 5∶8、5∶3 的形态。这种长方形符合黄金分割比率的原则，是一种最美最合度的形体。"① 他的统计虽未必精准，但也能帮助我们得出这样的结论：汉字长方形的结体特征在甲骨文就已基本定型。甲骨文刻于甲骨，甲骨的材质坚硬，用刀在其上刻画，较易得到的是直线和折线，使得甲骨文摆脱了中国早期文字的图画印记，确定了笔画式线条的基本文字构成形式。由于甲骨以长形居多，在长形的不规则空间中刻写，纵式的章法当为首选，从而决定了甲骨文自上而下的刻写方式。由甲骨文所奠定的方形结构、笔画式线条、纵势的章法布局的汉文字基础必然影响着它之后文字的发展演变。所以，我们看到青铜壶上的铭文有着明显受甲骨文影响的痕迹，字体结体偏长，笔画多为中间粗两头尖细，起笔处多见锋芒，似乎是对刀刻痕迹的模拟。前文提到金文先刻于泥模，泥模与甲骨的质地不同，与瘦硬滞涩的甲骨文比起来，金文显得丰满流润。

形成期有铭壶形器上的金文中，有的文字具有形象性，并呈现点、线、面结合的特点，金文在承袭甲骨文的笔法的同时，也受早期陶文图画造型的影响，如小子𧛋卣（图 5—23—1）、二祀邲其卣（图 5—23—2）等的铭文中都有抽象的人的形象。随着青铜铸造技术的进步和文字的发展，青铜壶形器上的文字在商晚期逐渐多了起来，文字的增多必然带来排列摆放的问题，中国书法美学的章法排列在这一时期展示出初步的自觉性。由于不受甲骨质地的局限，在泥质的模范上刻画，形成期金文中的线条流畅婉转，随字布局，字与字间相互顾盼。如小子省壶盖有铭文三行共二十一字（图 5—23—5），内容是"甲寅，子赏小子省贝币五朋，省扬君赏，用乍父乙宝彝"②。器身有铭文四行，内容相同，器盖与器身的铭文内容虽然相同，但章法排列却有所区别，盖上的铭文规整，线条饱满生动，器上的铭文布局洒脱，线条宽绰。盖与器身铭文笔体与章法的不同，可能是书写之人不是同一个人造成，但同时也体现出金文章法排列的自由性。这章法间的美就如宗白华先生所说："中国古代商周铜器铭文里所表现章法的美，令人相信仓颉四目窥见了宇宙的神奇，获得自

---

① 冼剑民：《甲骨文的书法与美学思想》，《书法研究》1987 年第 4 期。
② 马承源：《商周青铜器铭文选（卷三）》，文物出版社 1990 年版，第 11 页。

然界最深妙的形式的秘密"。① 商代晚期有铭青铜器并不少见，但字数较少，一般认为长篇铭文多出自周人之笔。小子省壶的出现，表明较长的记事铭文在商代晚期既已流行。

将形成期铭文较多的几件壶形器上的铭文排放在一起，我们会发现虽然金文尚未褪去初始文字的稚嫩，但业已逐渐形成自己的风格。形成期之初的金文较重视纵行的排列规整，忽视横列的平直，如小子𫊟卣；商末则开始重视行距与字距的间隔关系，早期文字所带有的图画意味逐渐被略去，汉字"横平竖直"的特征在这时基本定型，如小臣𰓙卣的铭文（图5—23—4）。不论是初期略显稚嫩的工整排列，还是商末周初字形组合间的避就挪让，都只是汉字在历史的洗礼中摆脱童年的稚嫩而逐渐走向成熟的必然经历。

另外，壶形器上的铭文不论是"族徽"还是"文字"，都具有一个共同的特征就是隐于其中的平衡点的存在，即使是早期最为简单的"乂"字，两条极短的线条，并不水平或垂直，但是却具有绝对的平衡感，同时它还具有一种向上向前的方向感，在这短小精悍间我们看到的是一种积极蓬发的活力。在这些铭文的字里行间，不论字形的组合是上下还是左右，不论笔画线条的导向如何，每个字都有一个内在的平衡点，这是中国古人最原初的空间造型意识的符号表现，这些质拙的笔画间，也流露出中国古人平衡稳重的造物原则。

商代晚期叙事性铭文的兴起，使青铜器的礼制功能进一步完善，壶形器的装饰风格在这一时期也呈现新的面貌，有的器物没有装饰大型的兽面纹，外表朴素而庄重，只在颈、腹等部位装饰带状的纹样，器上的金文因运用于礼器之上而规整端庄，这样的特点在西周早期一直被承继。

在甲骨文基础之上发展而来的金文在商中晚期的时间里，逐渐褪去甲骨文的瘦硬滞板后，不断丰腴起来，又因其载体的庄严厚重，结体的纵横交错，章法的变化多样，从而尽显古朴拙健之美。

---

① 宗白华：《美学散步》，上海人民美术出版社1981年版，第186页。

二 成熟期的疏朗

我们将西周早期和中期作为青铜壶形器铭文的成熟期。西周伊始，周公在"分帮治国"的基础上"制礼作乐"，《论语》有载：

周监于二代，郁郁乎文哉，吾从周。

《论语·八佾》

西周在借鉴了夏、商两代治世之道的得与失的基础上，制定了一整套完善的、用以巩固政权、维护统治的礼乐制度，这套制度是中国古代社会用以处理社会成员各等级之间的人际关系的行为规范，使人明贵贱、尊卑、长幼、亲疏等关系，从而恪守自己的行为规范。礼乐制度成为中国历朝历代遵从和效仿的道德规范，虽然在各个历史时期它的内容有所不同，但是由西周"礼乐制度"所确立的，维护等级社会统治的最终目的却从未更改过，礼乐文明亦成为中国古代社会文明的特征。礼乐制度表现在青铜壶形器的铭文上就是内容多为扬颂祖德，刻篆功绩，篇幅增长，文字趋多。正如巫鸿所说："从商末开始，铭文的强调对象逐步从祖先神明转向活着的信众。……这些器物的主要意义不再是在礼仪中与神明沟通的器具，而更多地成为展示生者现世荣耀和成就的物证。"[1] 西周早期的铭文风格基本延续了商晚期的特点，或灵动，或随意，或散漫，或规整。西周早期的士上卣上的铭文（图5—24—9）即是一例，凭借字体象形而容易变化的优势，在造型上表现得尤为精彩，空间布白十分有心，由字和笔画切割出来的空间，或大，或小，或方，或圆，或呈三角，或呈菱形……穿插于整幅作品中的对比，相互映衬，妙不可言。史且更卣的器铭摹本（图5—24—1）也让我们看到文字的笔画在向着一种规范化的方向发展，横平竖直的书写规范基本形成。

---

[1] [美]巫鸿：《中国古代艺术与建筑中的"纪念碑性"》，李清泉、郑岩等译，上海人民出版社2009年版，第77页。

228　抚壶论道

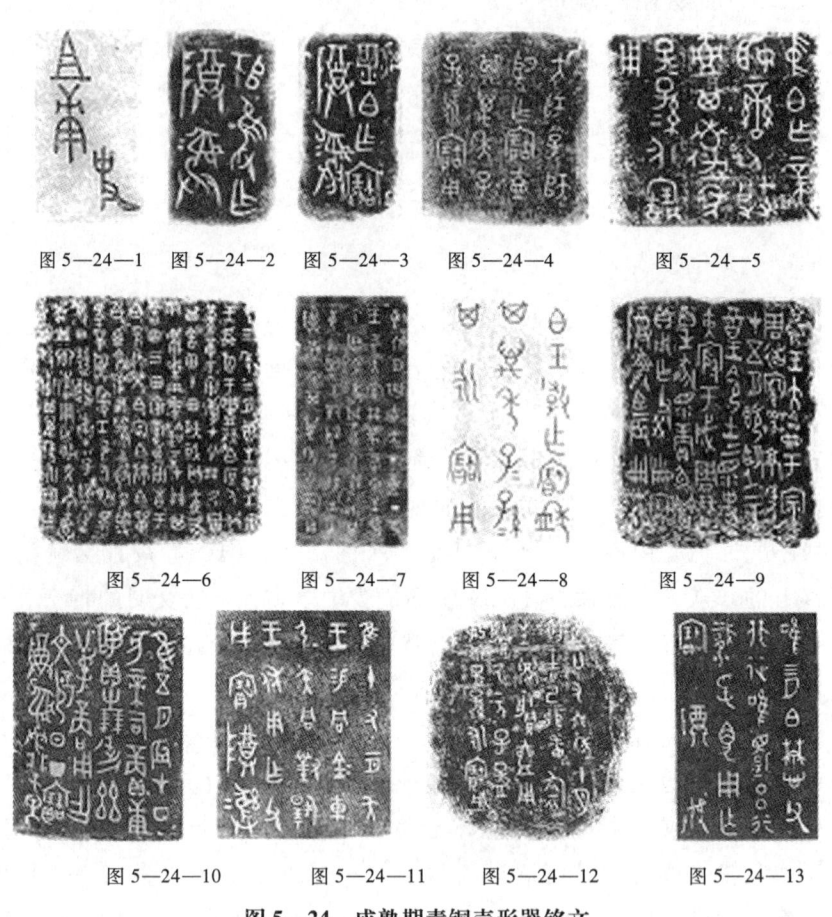

图 5—24　成熟期青铜壶形器铭文

图 5—24—1　史且庚卣盖铭摹本　西周早期　　图 5—24—2　师只卣　盖铭　西周早期
图 5—24—3　瀑伯卣　器铭　西周早期　　　　图 5—24—4　大师小子师望壶　器铭　西周中期
图 5—24—5　中伯壶　盖铭　西周中期　　　　图 5—24—6　裘卫盉　器铭　西周中期
图 5—24—7　免卣　器铭　西周中期　　　　　图 5—24—8　白王盉铭文摹本　西周中期
图 5—24—9　士上卣　器铭　西周早期　　　　图 5—24—10　商卣　器铭　西周早期
图 5—24—11　同卣　器铭　西周中期　　　　　图 5—24—12　番匊生壶　器铭　西周中期
图 5—24—13　吕行壶　器铭　西周早期

众所周知，西周中期是西周王朝国力最为强大的时期，"礼乐制度"的推行，显示出周人治国的理性。从这一时期壶形器的铭文我们也能感受到周人圆融内敛的理性品格。西周早期壶形器铭文的内容与形成期后期的内容别无二样，并且逐渐套路化，"子子孙孙永宝用"、"子孙永保用"等铭文常见于成熟期各式青铜壶形器上。一方面这是由商代延续下来的借助青铜器物而产生的家族身份认同的反映，同时我们也应看到，做器者的奉献目标由殷商时期的祖先崇拜转向面向子孙后代，这也是青铜壶形器功能的一次重要转化。相对于形成期的铭文具有装饰性的意味而言，成熟期的铭文显示出讲求适度修饰的特点。如国家博物馆藏西周穆王时期的

图 5—25　长甶盉器铭拓本　西周穆王

长甶盉（图 5—25），有器铭六行，五十六字，郭沫若曾撰文《长甶盉铭释文》将其铭文考释出来，李亚农在郭氏的基础上释出铭文："惟三月初吉丁亥，穆王在下淢居，举行燕礼。又跟邢伯大祝举行射礼。穆王鼓励长甶依照规矩去跟邢伯比射。邢伯之敬开弓而不违犯礼节，长甶亦黾勉从事。长甶为了奉答并称扬周天子的隆重的褒奖，才制作尊彝以为纪念。"① 这五十六个字整体看来，纵有列，横有行，却并不刻板，字距间疏密有致，笔画间虽偶有形成期肥笔的特点，但可看到粗细均匀如一的纯粹线条化形态是它的整体追求，象形的字体已逐渐消失，依托铸造工艺而呈现的铭文在对技术的熟练掌握过程中摆脱了形成期的滞拙，逐渐丰满圆润起来。再如西周早期㶣伯卣的器铭（图 5—24—3），仅六个字，释文为"㶣伯作宝尊彝"，分为两列，笔画复杂的字紧凑，而笔画简单的字则松散，虽然笔画尚带有首尖尾细的特点，但整体线条圆润流畅，柔美不见纤弱，含蓄不失厚重。

将这一时期的壶形器铭文与商晚期的铭文做比对，不难发现形成期时文字造型中常出现的不便于刻写的"面"的形态，在成熟期被线条化，形成期模仿甲骨刻刀的笔锋在这一时期也逐渐收敛，字体造型更趋整体，横竖笔画的线条圆润流畅，粗细也逐渐趋于一致。形成期常见的具有浓

---

① 李亚农：《"长甶盉铭释文"注解》，《考古学报》1955 年第 1 期。

郁装饰趣味的族徽铭文数量明显减少。与形成期相比较，成熟期的金文象形程度降低，构成字形的笔画被线条化、平直化，线条的平直与流畅进一步提升了汉字的书写性。就书法研究而言，许多书风最为精彩的作品都出自从幼稚走向成熟的阶段。因为一旦书风完全成熟，就会定型凝固，变得程式化，而缺乏形式变化之魅，从而失去了初始的力度与探索的精神。金文书法亦不例外，言下之意，成熟期的许多作品都是十分精彩的。壶形器上的铭文亦是如此。例如商卣，该卣是西周穆王时期的作品，是金文书法走向成熟的代表作品之一（图5—24—9），在文字发展的过程中字体不免日趋符号化，但仍能看到一些稚嫩肥笔的存在，同时部分字的结体比较繁复也说明它是成熟期之初的作品，然而正是这些因素造成了结体大小疏密的变化，线条和块面的变化，丰富了作品的对比关系。还有，上海博物馆藏西周中期夒卣（图5—26）的盖铭与器铭内容相同，从铭文中字体的书写习惯看应为一人之作，但由于盖铭所占面积略小，笔画特征较为纤细，而器铭的笔画相对粗硕一些，同时我们能够看出，此时的汉字书写重视字的大小与间距，特别注意处理上下左右的空间关系，笔画的粗细长短，线与面之间的相互关系，参差交错，穿插避让，自然挥就。

图5—26 夒卣盖铭拓本

成熟期的金文承袭了形成期随意天真的浪漫与自由，但是它也渐渐将形成期的恣意与放纵收敛起来，随着书写规范的基本形成，笔画间的张力带给我们的是一种由成熟而来的自信。这一时期的金文逐渐放弃了商文字极具装饰性的书写风格，而是采用适度的装饰，使我们看到青铜壶形器上铭文的装饰恰到好处。

图 5—27　三年㝬壶　器铭拓本　西周中期

三　繁荣期的典雅

经历了形成期的质朴与成熟期的疏朗，青铜壶形器上的铭文在西周晚期进入发展的繁荣时期，但就字体的笔画、结体、章法和风格来看，这一时期也是铭文书法发展演变的瓶颈时期，这一时期的整体风格与成熟期一脉相承，并未能突破成熟期金文的规范，仅就这一时期有铭壶形器而言，数量可观，且篇幅不断增加，字数不断增多，文字的书写也越来越纯熟。西周晚期周厉王时国人起义，赶走厉王，幽王晚年戎人入侵，周室东迁，西周灭亡。在西周晚期巨大的社会动荡中，西周贵族纷纷逃散，许多青铜器被窖藏于地下，随着 20 世纪考古发掘工作的推进，一批重要的西周晚期有铭青铜壶形器得以重见天日，为各项相关研究提供不可多得的佐证材料。这一时期壶形器上铭文的主要特征可以大致归纳为：字形规整纤长，结体匀称流畅，字与字、行与行之间错落有致，秩序井然。字体的笔画、结体、章法在成熟期得以规范，在一定程度上制约了人们对放逸灵动的追求，于是一些仿拟商晚期自由恣肆的铭文出现在青铜壶形器上，这些铭文在高度掌握书写规范的基础上，力求突破和创新。"书法史上常常有这样的情况，当一种字体成熟之后，接下去的发展就是两极分化：趋于规范和趋于放逸，法则的建立和破坏同时产生。"[①] 就如同楷书自唐代成熟之后，不仅有法度严谨、笔力险峻的欧体，端庄雄伟、

---

①　沃兴华：《金文书法》，上海人民出版社 2004 年版，第 13 页。

气势开张的颜体,清健遒劲、笔法精妙的柳体,圆润端正、飘逸隽秀的赵体的规范,亦有博大清新、纵逸豪放的张旭与骤雨旋风、声势满堂的怀素之狂草,金文书法也不例外,自成熟期之后,金文书法在求新求变的过程中,既有颂壶的工整,亦有芮大子白壶的随性,既有青铜铭文之凝重遒劲,亦不失书法之流畅秀美。在这规整与恣意的对比间,各种等次的铭文书法游存其间,可谓是金文发展繁荣昌盛时代的缩影。虽然这一时期世事动荡,有不少粗制滥造的青铜礼器,同样,青铜器的铭文也不乏粗劣之作,但是这并不能抹杀金文书法在这一时期所取得的成就。总体来看繁荣期的壶形器铭文,书法技巧上趋于纯熟,笔法日趋精到,以其风格、线条、结体和章法可以归纳为以下四个特点:第一个特点是风格的两极化。即规整与放逸并存。将同为西周晚期器物的王盉铭文(图5—28—7)和伯庸父盉铭文(图5—28—9)放置一起进行比对,便能看出这一特点。两器铭文均为十四字,王盉铭文为"王作丰妊单宝盘盉其万年永宝用",伯庸父盉铭文为"伯庸父作宝盉其万年子子孙孙永宝用"。我们不难看出其中差异,这差异既有笔画与结体间的,亦有章法与风格间的。王盉张扬饱满,伯庸父盉秀美圆润;王盉笔画平直规整,粗细均匀,伯庸父盉笔画丰中锐末,婉转流畅。仅就"盉"字而言,王盉规范,笔意有装饰性的意味,而伯庸父盉则有仿效商时"图画"的痕迹,

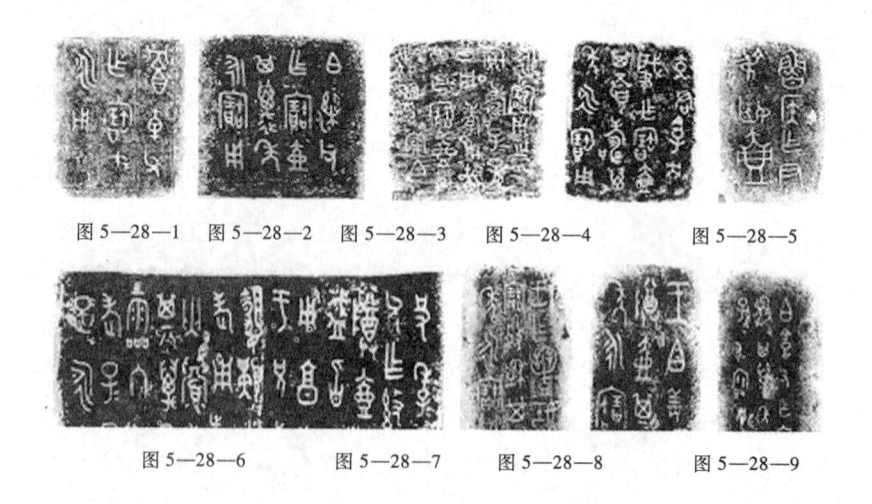

图5—28—1　图5—28—2　图5—28—3　图5—28—4　图5—28—5

图5—28—6　　　　图5—28—7　　　图5—28—8　　图5—28—9

图 5—28—10   图 5—28—11   图 5—28—12
图 5—28　繁荣期青铜壶形器铭文

图 5—28—1　飤车父壶　器铭拓本　　图 5—28—2　伯㴱父壶　器铭拓本
图 5—28—3　虞嗣寇壶铭　器铭拓本　　图 5—28—4　㲋君子大壶　器铭拓本
图 5—28—5　鲁侯壶　器铭拓本　　　　图 5—28—6　殳季良父壶　器铭拓本
图 5—28—7　王盉　器铭拓本　　　　　图 5—28—8　王伯姜壶　器铭拓本
图 5—28—9　伯庸父盉　器铭拓本　　　图 5—28—10　仲南父壶　器铭拓本
图 5—28—11　蔡公子壶　器铭拓本　　　图 5—28—12　伯克壶　器铭摹本

少数线条呈蝌蚪状。对于晚商铭文风格的仿效，并不是伯庸父盉的自创，而是这一时期器物铭文常见对商末周初的恣意奇肆风格的模仿与学习，这种风格"卷土重来"的原因主要是因为周代礼乐文化对人性自由的制约，表现在书法艺术中就是金文书法经历成熟期之后，越发程式化，以致僵化，为求突破而回归原初的历程。应该强调的是，端庄典雅代表了繁荣期大多数铭文作品的主导风格，这里提到的两极化，与主导的端庄典雅并不相悖，而是金文书法在经历了成熟期之后，书法艺术寻求自身发展的探索结果。

　　第二个特点是线条圆润流畅。繁荣期的优秀作品很多，仅就壶形器而言就不胜枚举，颂壶、十三年痶壶、纪伯敏壶、芮大子白壶等器上的铭文都是这一时期金文书法的代表作品，它们既具备时代特征，又各具特色。现藏于台北"中央"博物院的颂壶是这一时期铭文字数最多的作品，因铸器者是"颂"，故名颂壶。该壶口沿内壁铸铭共二十一行一百四十九字，壶盖外壁四周铸铭三十七行一百五十字（图5—29），内容相同，详尽地记载了周王对颂的一次册命仪式。铭文为："唯三年五月既死霸甲戌，王在周康邵宫。旦，王格大室，即位。宰引佑颂入门立中廷。尹氏授王命书，王呼史虢生册命颂。王曰：'颂，命汝官司成周贾二十家，监司新造贾用宫御。赐汝玄衣黹纯、赤、朱黄、銮、旂、攸勒。用事。'颂拜，稽首。受命册，佩以出，反入觐璋。颂敢对扬天子丕显鲁休，用作朕皇考龚叔、皇母龚姒宝尊壶。用追孝，祈介康□纯祐通禄永命。颂其万年眉寿，畯臣天子霝终，子子孙孙宝用。"这段铭文的大意是："三年五月甲戌日，周王在周康邵宫太室举行册命颂的仪式，由宰弘担任傧右，尹氏担任记录，史虢生负责传达周王的命令。周王命令贵族颂管理成周的商贾，并赏赐他命服、銮旗等物品。受王册命的颂铸造了祭祀皇考龚叔、皇母龚姒的宝壶以谢王恩，并将周王的册命经过录于壶上。"西周实行世卿世禄制，职官的任命有一套完整的册命制度，该篇铭文对册命仪式命辞记载详细，程序记录完整，对研究西周册命制度和商贾发展状况具有十分重要的参考价值。因器形的局限，器上铭文七字一列，盖上铭文四字一列，线条流畅，结体工整，铸就精致，左右结构的字上下参差，章法上注重大小变化和穿插避让。同时我们也看到为了书写的规整，每个字都打了格子，使得全篇纵横有序，工整端严，但端整却并不呆板，文字上密下疏，线条曲势变化，呈腾跃之势，加之线条的曲势，增强篇幅的律动感。再如十三年瘐壶，亦是如此，所不同的是十三年瘐壶的铭文并未打格，线条圆润含蓄而又流畅婀娜，柔美而不纤弱，洒脱间透着沉稳，线条少见锋芒。还有殳季良父壶铭文（图5—28—6），这些作品的线条既体现了宇宙万物生命的律动，又渗透着西周人理性的思维方式，流畅的线条萦绕回转，为规整的字里行间平添一份灵动。

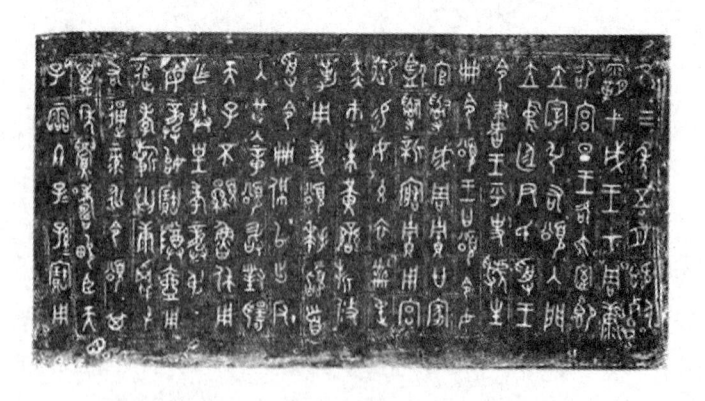

图5—29 颂壶器身铭文拓本 西周宣王

图 5—30　十三年瘨壶　口沿外壁铭文及拓本　西周晚期

第三个特点是规整化。繁荣期铭文作品的规整化包含三个层面的规整，第一个层面是线条的粗细均匀，第二个层面是字形的有序，第三个层面是章法的整齐。这三个层面循序渐进，相辅相成。线条的粗细均匀是书写规范化进程的必经历程，成熟期所特有的肥笔等线条样式在这一时期逐渐被摒弃，粗细均匀的线条标示着西周人逐渐摆脱了商代文字的影响，而逐渐形成自己的风貌，字形的画味逐渐褪去，线条的个性在字形与书写间的作用日益彰显。如果说鲁侯壶上的铭文（图 5—28—5）还留存着成熟期首尾尖细的线条特征，虞嗣寇壶的铭文（图 5—28—3）则追求的是线条的匀称。丛文俊认为："在西周早期的金文书法作品中，还有两个非主流的现象。一是线条作首尾尖细或头粗尾细状，意味着两种笔法共存的书写感较强的式样，它们与粗细均一的线条并行，但前者只见于早期，后者则延续到中期。二是分布颇有规律的肥笔，属于象形装饰文字的孑遗。"[1] 仅就西周晚期壶形器的铭文而言，他的结论是有缺欠的，因为从西周晚期壶形器铭文的线条样式来看，首尾尖细、头粗尾细、丰中锐末以及肥笔等线条样式依然经常出现在繁荣期的铭文作品中。当然，粗细均一是这时期铭文笔画线条发展的主导趋势，它为字形的齐整提供了可能，由于线条粗细均一和婉转流畅，字形由成熟期结体偏长逐渐转变为以圆造型，方中见圆，圆中有方。伯浟父壶盖铭（图 5—28—2）就是一例，如铭文中有两个"寶"字，其半包围的"宀"形成一个方形，但是转折处圆润无棱，特别是字的下半部分由几个上抛的小弧线将整个字包容起来，大体看整个字是方形的，但是绝无棱角，这应该是西周先

---

[1]　丛文俊：《中国书法史（先秦卷）》，江苏教育出版社 2002 年版，第 186 页。

民所追求的圆浑苍润的审美意趣吧。章法的规整是西周青铜铭文从无序到有序的必由之路，线条、字形、章法的规整化为西周青铜器铭文提供了更为广阔的施展空间，繁荣期壶形器铭文充分利用器表空间进行谋篇布局，也表现出西周先民空间造型意识的成熟。如黾壶盖铭（图5—31），利用壶盖上不大的空间，顺势而为，由于线条的均匀，字形的成熟，繁荣期的字形以方中见圆的方块字为主，每个字占据的大小面积基本相同，加之线条的萦绕回转，铭文在这里不仅仅具有文字的表意功能，装饰意味也在这盖沿间流动着。这一时期包括颂壶在内的不少作品都采用界格来规范文字，在餮车父壶的铭文拓本（图5—28—1）上，两条纵横的线条清晰可见，每个字都严格地遵守着一字一格的规矩，写作者似乎早就发现了重力对人的心理所产生的影响，每个字的重心都尽可能的偏上而避免字形的散漫，线条劲挺，干净利落，结体方整，方圆适度，井然有序。

图5—31 黾壶盖铭拓本

通过对繁荣期壶形器铭文的研究，我们不难发现礼乐文化所特有的功利意识在这一时期的青铜器铭文中表现的较为突出，最典型的是铭文的内容或记载周王册命，感恩戴德；或讴歌祖德，保佑子孙，彰显家族荣耀；或记录战绩，歌功颂德等，铭文线条、结体、章法的规范化和程式化都是礼制社会的必然要求。铭文作为礼教的附庸，它们呈现的是"礼乐之和"的社会生活状态，从另一个侧面则反映出西周先民一种稳定的社会文化心理结构，他们遵从以维护王族宗亲血缘关系为基础的宗法制度和维系政治统治的礼乐制度，在从巫术文化向人本文化过渡的进程中，他们不再热衷神秘怪诞的宗教风格，而是推崇静穆自然的礼制风格。

四 蜕变期的分化

中国历史自公元前770年周平王迁都洛邑进入东周时代，王室式微，诸侯各自为政，征战不断，纷争不止，各诸侯国逐渐形成了相对封闭的政治环境，同时也因各地不同的风俗文化和地理环境而产生了具有地域特色的民俗风情和审美情趣。这是中国历史上一个十分重要的大变革时代，到始皇帝统一中国止的五百多年时间里，先秦社会一直处于动荡的环境之中，同时这一时期也是中国历史上极富思想性和创造性的时代。社会动荡表现为礼崩乐坏，诸侯纷争；思想性与创造性则表现为学术思想活跃，百家争鸣。社会的动荡和思想上的活跃，促成了春秋战国时期

图 5—32　陈喜壶铭拓本及摹本（左拓本　右摹本）

青铜壶形器铭文的地域风格的形成，我们把这一时期称为铭文发展的蜕变期。称其为蜕变期是因为这一时期的铭文随着政治的变化与文化的发展而呈现新的发展态势。沃兴华将这种态势归纳为三个方面：一是文字的应用范围扩大，青铜器不再是承载文字的唯一选择；二是社会生产力的发展，审美观念偏向形式上的精巧华美；三是各诸侯国分而治之，不同的地理环境和民俗风情所造成的特殊的文化因素在逐渐改变承袭西周的文化传统。① 对于这一时期铭文地域特征的划分，学者们有着各自不同的观点，王国维在《战国秦用籀文六国用古文说》中说："故古文籀文者，乃战国时东西二土文字之异名也。"② 唐兰的观点与王国维相仿，他认为对于古文字研究的"新的分类法应着眼于时代的区分和地域的别

---

① 参见沃兴华《中国书法史》，湖南美术出版社2009年版，第49—50页。
② 王国维：《观堂集林（二）》卷七，中华书局1961年版，第306页。

画"。他将古文字整体划分为殷商系、两周系、六国系和秦系四个系统，由此看来他对春秋战国时期的文字分类应涉及两周系、六国系和秦系①。郭沫若则认为："江淮流域诸国南系也，黄河流域诸国北系也。南文尚华藻，字多秀丽，北文重事实，字多浑厚，此其大较也。"②李学勤以战国时期周王室以及诸侯国各自不同的风格将其分为齐国、燕国、三晋、两周、楚国、秦国六种类型的题名③。何琳仪认为："战国文字最理想的分类法应该是，首先横向分国，其次纵向断代，打破旧分类法的各种界限（当然也要适当考虑不同品类文字的特点），使文字本身既能反映出流动变化的趋势，也能反映出由地域造成的差异，从而提高其科学价值。"④将李学勤所分的"六系"题铭中的"两周"去除，而形成"五系说"。不论二系说、四系说、五系说，还是六系说，都是针对东周或者战国时期青铜器铭文的整体而言的。蜕变期是汉文字真正走向成熟的前夜，不同地域的人们以他们对于文字的认知和对美的感受，对汉文字的笔画、结体、章法等构成元素进行了大胆的探索与创新，正因如此，先民为我们构建了先秦晚期铭文风格的分化格局。就壶形器来说，我们借鉴李学勤的"六系"和何琳仪的"五系"分类法，依据铭文笔画、结体、章法的特点，将春秋战国时期壶形器铭文分为齐系、楚系、中原系、秦系四个系列进行论述。由于这一时期有铭的燕系青铜壶形器数量不多，有的器物的铭文因年久而难以辨认，所以在本书中不对燕系铭文作分析比对与研究，而晋的铭文特征多是承自西周时期，其地处中原，所以将其与周围地域一齐并入中原系。

（一）齐系之傲骨

武王伐纣，周得天下，周武王"封师尚父于齐营丘"，师尚父即小说中俗称的"姜子牙"，始建齐国，在历经吕齐和田齐两个阶段以后，逐渐成长为西周重要的封国，随着国力的不断强大而成为春秋五霸、战国七雄之一。春秋中后期齐桓公任用管仲为相，推行改革，施行军政合一、兵民合一的政策，国家逐渐强盛，齐桓公作为历史上第一个充当盟主的

---

① 参见唐兰《中国文字学》，上海古籍出版社2005年版，第122—129页。
② 郭沫若：《两周金文辞大系》，科学出版社1957年版，第312页。
③ 参见李学勤《战国题铭概述》，《文物》1959年第7期、第8期、第9期。
④ 何琳仪：《战国文字通论》，中华书局1989年版，第16页。

诸侯，打着"尊王攘夷"的旗号，北击山戎，南伐楚国，从而奠定了齐国的霸主地位。经济上的繁荣和政治地位的强大，不仅为齐文化的发展提供了肥沃的土壤和广阔的空间，也使齐国的文化对其周边国家和地域产生了重要的影响。从民族学的角度，齐文化是以齐国为中心，融合了我国早期东夷文化、姜炎文化、商文化、周文化等多个民族文化的地域文化类型。其"因其俗，简其礼"的务实性，"来天下之人，聚天下之才"的开放性，"不慕古，不留今，与时变，与俗化"的变革性，海纳百川般的兼容并包性等等，使齐文化与其他地域文化区别开来，独树一帜，自成一体。[①] 齐系铭文也正是在齐文化的务实、开放、变革、兼容并包的

图 5—33　县公壶铭文摹本 　　　图 5—34　庚壶铭文摹本

影响下发展而来的。春秋中叶以后，以齐国为中心的鲁、邾、倪、纪、莒、滕、任、杞、薛、祝等国的铜器铭文在西周铭文的基础上发展形成的颇具特色的东方文字体系，与西周文字和其他地域文字具有典型区别。仅就壶形器上的铭文而言，便能看出齐系铭文的总体特征是线条匀称而细密，笔画直为主，曲为辅，转折处多圆中有方，收笔处有甲骨遗韵，毫芒尽显；结体修长，各部分疏密有致，而分布均匀；章法因循繁荣期"横成行，竖成列"的发展趋势而基本形成，这也是蜕变期各系文字发展的共同特点。洹子孟姜壶、陈喜壶、陈璋方壶、县公壶（图5—33）等器的铭文均属这一时期的齐系铭文。现藏于山西省博物馆的陈喜壶（图5—32）是战国早期器物，壶口内壁铸铭文五行二十四字，释文为"□（陈）

[①] 参见宣兆琦《齐文化发展史》，兰州大学出版社2002年版，第2页。

喜再立（莅）事□（岁），□月己酉，为左（佐）大族，台寺（以持）民□（选），宗词客敬为□（陲、裡）壶九"①。字体承西周晚期遗风。还有本书中曾多次提到的，现藏于美国宾夕法尼亚大学博物馆的陈璋方壶，该壶足部三面刻有铭文二十七字，分别是"唯王五年郑□陈得再立事"（图5—35—1）、"岁孟冬戊辰大藏□孔"（图5—35—2）、"陈璋入伐匽亳邦之获"（图5—35—3），即是说齐国趁燕国内乱之际伐燕，该壶是齐国将领陈璋伐燕的战利品。再看庚壶摹本（图5—34），同样具有典

图5—35—1

图5—35—2

图5—35—3

图5—35 陈璋方壶 器足铭文（三组）

型齐系铭文的特点：字的结构非常有特色，横画大多呈向上或向下伸展的弧线，打破口字偏旁四平八稳的静止感，写作菱形，比正方形更加具有运动感，虽然感觉结体中的角多了，张力增强了，但是所有角的部位都做了圆滑处理，并没有因角的增加而产生尖刻、生硬的感觉。从这几件壶形器的齐系铭文中，我们可以看出齐系铭文特点和其发展的过程，归纳起来主要有以下四点：第一是横画多为向上伸展的弧线的特点十分突出。早期的作品，如陈喜壶的铭文中，横画有向上弯曲的倾向，但并不鲜明，在庚壶、洹子孟姜壶等铭文中，这一特点较为突出，文字呈现清瘦而若有仙骨之韵味。横画的这种走势为作品带来一种整体积极向上的张力，一种生长的感觉在字间萌生。第二是装饰点的运用。在庚壶等铭文作品中，我们会看到一些脱离了实际功能的点出现在字的右侧，这些有点伴随的字的共同特征是笔画少，结构简单。点的出现弥补了该字

---

① 参见马承源《陈喜壶》，《文物》1961年第2期。

因笔画少而产生的单薄，同时也表现为作品整体的装饰性。第三是笔画的起笔与收笔多为尖细状，承袭了甲骨文的书风，给齐系文字增加了一分清秀。第四是齐系铭文总体来看字体修长，结体呈纵向之势，笔画的走向进一步强化了纵长的趋势，而从个体来看每个字各部分的组织疏朗间见细密。

（二）楚系之飘逸

楚系铭文研究范畴十分广泛，它指自春秋中叶以来，以楚国为中心，涵盖吴、越、徐、蔡、宋等较大的国家，以及生存于汉水和淮河流域间的许多小国所构成的楚文化圈所使用的，具有颀长秀美、装饰性强等共同特点的铭文系列，甚至包括这一时期巴蜀地区一些兵器上所刻的楚文字也是楚系铭文的研究范畴。不过我们的研究仅限于壶形器，所以在本书中，楚系铭文主要研究对象是楚文化圈青铜壶形器上的铭文。

楚系铭文被认为是这一时期与西周文字风格差距最大的一类文字，它线条屈曲流动，飘逸灵动。与齐系铭文相同的特征是楚系铭文的字形也趋向纤长，但结体却较齐系松散，从而显得稀疏开阔。较为典型的楚系铭文壶形器有曾仲游父壶、曾伯陭壶、盗叔壶、曾少宰黄仲酉方壶、曾仲姬壶、曾姬无卹壶、曾侯乙提链壶、蔡侯方壶、侯母壶等。

曾仲斿父壶为春秋早期器物，其铭文分别铸于壶冠和壶颈内壁的长边上，内容相同。壶颈部的铭文四行（图5—36），右行，字间距较大，因铸造原因造成第一行铭文字迹模糊。壶冠的铭文左行，五行十二字，"曾中斿父用吉金自作宝尊壶"[1]。曾伯陭壶与曾中斿父壶时间相当，也是春秋早期的器物，其铭文三十九字（又重文二字），器铭和盖铭的内容相同，分别铸于颈口内侧和盖内、盖外缘、子口外侧[2]。从曾仲游父壶和曾伯陭壶的铭

图5—36 曾中斿父壶 器铭拓本

---

[1] 湖北省文物考古研究所：《曾国青铜器》，文物出版社2007年版，第33页。另：曾仲斿父壶出土两件，一件现藏于国家博物馆，一件现藏于湖北省博物馆，藏于国家博物馆的壶冠铭文为十一字，"曾"字下无"中"字。

[2] 参见湖北省文物考古研究所《曾国青铜器》，文物出版社2007年版，第118页。

文，我们可以看出春秋早期的楚系铭文与西周晚期的文字相差不大，弧笔多而直笔少。

图5—37　盨叔壶铭拓本　　图5—38　曾姬无卹壶（甲）壶铭拓本　　图5—39　曾姬无卹壶（乙）壶铭拓本　　图5—40　曾仲姬壶　铭文拓本

盨叔壶为春秋中期器，同出一对，铭文均铸于壶外腹上部，甲壶有铭文一行十二字（图5—37），铭文为"择厥吉日丁，□叔尊壶，永用之"。"叔"字加于行右侧，应是初次之铭范时遗漏，后加于旁侧的。乙壶铸铭文二行十三字，铭文为"择厥吉日丁，□叔之尊壶，永用之"①。二壶的铭文字体相同，应为同时制器。从"叔"字的补漏，以及两壶铭文"之"字之差，可以看出春秋中期制器的铭文并不十分规范。另有湖北省随州市博物馆收藏的曾少宰黄仲酉方壶铭文属楚系铭文春秋晚期的作品，该壶铭文仅两行九字，内容为"曾少宰黄仲酉之行盉"②。从笔画和结体来看，春秋中期的楚系铭文开始走向飘逸，线条纤细修长，曲多直少，飘若无骨。

春秋晚期曾仲姬壶上腹外壁铸有横行铭文六字（图5—40），"曾仲姬之酒壶"③。字体狭窄修长，线条细密，横画细短，竖画若柳丝飘垂。还有现藏于台北故宫博物院的曾姬无卹壶，为形制相同的对壶，内容相同的铭文分别铸在两壶器口以下的内壁位置，铭文的字间可见网格线，

---

① 湖北省文物考古研究所：《曾国青铜器》，文物出版社2007年版，第202页。
② 同上书，第346页。
③ 同上书，第367页。

各字可能以类似活字方式置于内芯而后浇铸而成。铭文五行三十九字，左行，铭文为"唯王廿二又六年，圣桓之夫人曾姬无卹，望安漾陵，蒿间之无匹，用作宗彝尊壶。后嗣用之，职在王室"①。该壶铭文一直被认为是楚系铭文的典型代表之一。该作品圆曲适度，充满流动之感。线条婉转流畅，结体上下方圆。每个字的分间布白上紧下松，有一种飘扬上举的感觉，而线条则如柳丝披拂，往下垂引，这一上一下，形成对比，别有一种情趣，黄宾虹先生的篆书很受它的影响②。战国时期曾侯乙提梁壶的铭文（图5—41），同样具有典型的楚系特点，线条的飘逸婀娜、楚地的浪漫情怀在这线条的飘动间流淌着。

整体来看铸于青铜壶形器的楚系铭文，总体特点可以归纳为三点。一是纤长。自春秋中期开始逐渐摆脱了西周中晚期铭文的率意，而追求一种较为统一的纤瘦风格。与齐系相同的特点是同样趋向纵向发展，但是却不似齐系的疏朗，而是柔弱。二是飘逸。与齐系铭文相比较，楚系铭文的弧笔更多，直笔更少，即使是竖画也取曲线走势，向下的笔画被尽可能地拉长，如裙裾飘动，字体显得柔软细腻，飘逸流动。三是圆润。楚系铭文不仅弧笔多，直笔少，同时转折以圆弧代替折角，秀丽圆润，同时结体的重心上移，也使得楚系铭文看上去轻盈飘逸。

图5—41 曾侯乙提梁壶及其铭文拓本

另外值得一提的是在楚系文字的基础上发展而来的一种艺术字体——鸟虫书，也称"虫书"或"鸟虫篆"，它以象形的方式塑造字体的形状，内部结构则完全以动物形状为标尺随意赋形。韦续《五十六种书》十二云"周文王时赤雀衔书集户，武王时丹鸟入室，以二祥瑞，故作鸟

---

① 湖北省文物考古研究所：《曾国青铜器》，文物出版社2007年版，第410页。
② 参见沃兴华《金文书法》，上海人民出版社2004年版，第83页。

书。"其二十二又云"虫书，鲁秋胡妻浣蚕所作，亦曰雕虫篆。"鸟虫书在东周时期主要流行于吴、楚等地，不受这一时期字体结体趋势的影响，不顾字形，加饰大量的无实际作用的装饰性笔画而结成鸟状或虫状，并逐渐由图像化向抽象化发展，成为纯粹的装饰性字体。鸟虫书多见于这一时期的兵器铭文，汉时装饰于壶形器，如满城汉墓出土铜壶上的铭文即是。

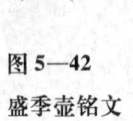

（三）中原系之温婉

本书中归为中原系的文字内涵也较为广泛，不但包括春秋战国时期晋国的文字，也包括战国时期"三分晋国"的韩、赵、魏三国的文字，还包括其周边的中山、西周、东周①、郑等国的文字，这些文字也被称为"晋系文字"，但是笔者认为：第一，这一系的文字与齐系和楚系不同，齐、楚国力强大，其文化对周边国家的影响显著，表现在文字上是铭文风格的基本一致，而这一系的文字虽然也具有较为典型的共性

图 5—42　　图 5—43
盛季壶铭文　　郑右廩壶铭文

特征，但并未能表现出晋文化对其书风的显著影响。第二，三家分晋的史实宣告的是晋国的灭亡，用"晋"之国号涵而盖之地作为这一系文字的总称，不仅湮没了韩、赵、魏三国文字的个性，同时也削弱了周边一些国家对铭文书法发展的重要影响。所以在本书中笔者没有沿用"晋系"的提法，而是采用"中原系"为春秋战国时期这一区域的文字系统冠名。值得一提的是中山国王𰯼墓出土的所谓"平山三器"，铭文之丰富，不但在春秋战国时期的铜器铭文中难寻其匹，即使将其置于全部的古文字资

---

① 战国初年，周天子表面上虽仍是天下宗主，但是周王朝已经沦为蕞尔小国，仅拥有今河南洛阳、偃师、汝阳、巩县等地，且被韩国所包围。周考王（公元前440—前426年）分封其弟揭于河南（今洛阳），史称西周桓公。周显王二年（公元前367年），韩赵两国协助桓公孙公子根于巩（今巩县）独立，史称东周惠公。从此周王国又被分割为西周和东周两个小国。

料中，仍可谓皇皇巨制。而此"平山三器"中之两器为壶形器，其一为方壶，即前文提到的中山王𰻗方壶，上篆铭文四百五十字，其二为圆壶，即前文提到的中山王𰻗圆壶，亦称"舒蛮"壶，上篆铭文二百零四字。近年来对于战国时期文字考释所取得的成果多借力于中山王诸器①。对于中山国文字的归属，沃兴华将其归为齐系②，何琳仪将其归入晋系③，将"平山三器"的文字与齐系和晋系的文字进行比对，笔者更赞成何琳仪的分类方法，不过在本书中并没有沿用何琳仪"晋系"的冠名，而是将这些具有一致性特征的铭文归入中原系加以研究。

在第三章中曾提到现藏于英国伦敦不列颠博物馆的"禺邗王铜壶"（又名"赵孟介壶"）上的铭文铸于盖沿周围，其内容为"禺邗王于黄池，为赵孟介，邗王之惕金，以为祠器"。④ 这段铭文文字结体修长，工整秀丽，用笔细腻纤巧，章法循规蹈矩（图5—44）。作为春秋后期之典型晋

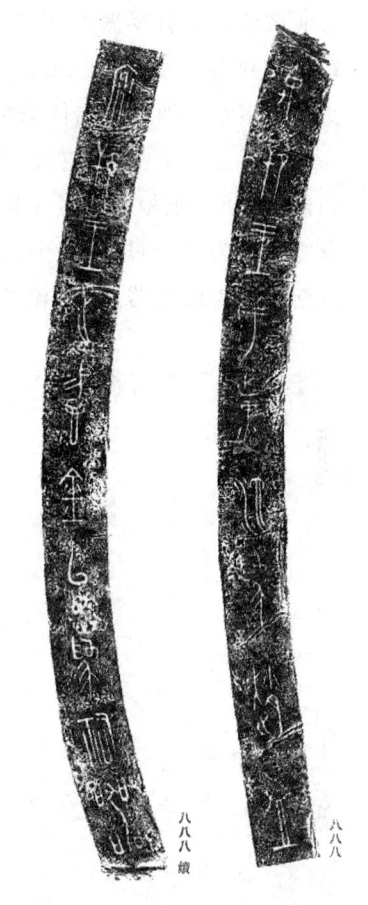

图5—44　赵孟介壶铭文拓本

国器，其铭文也已具备十分典型的晋国文字之温婉风度。专家释读其铭文，一致认为这区区十九个文字所记载的是公元前482年，晋定公与吴王夫差等"黄池会盟"的事件。正因为这段铭文，也使得该器成为这一时期晋文化青铜器中不可多得的年代明确的标准器。从这一点上应该可以引申出壶形器的另一个功能，即其在一定意义上也可以被看作是记录史

---

① 参见何琳仪《战国文字通论》（订补），江苏教育出版社2003年版，第135页。
② 参见沃兴华《金文书法史》，中华书局1989年版，第92页。
③ 参见何琳仪《战国文字通论》，中华书局1989年版，第104页。
④ 唐兰：《赵孟介壶跋》，《考古社刊》1937年第6期，转载于唐兰《唐兰先生金文论文集》，紫禁城出版社1995年版，第43—44页。

实的载体。另有罗振玉《三代吉金文存》中收录的盛季壶铭文（图5—42）和郑右廪壶铭文（图5—43），据专家考证为韩国早期器物，壶上铭文笔意多承于西周，结体修长，笔画细劲，线条柔软弯曲。

出土于河南洛阳金村战国初年墓葬的嗣子壶，该器郭沫若认为是韩国器①，唐兰则根据其壶上铭文所示的壶的主人"令瓜君嗣子"，以地望考之，认为"令瓜"即令狐，在今山西猗氏西南，其时属魏国领地，所以断该器为魏国器。② 不论该壶从属于韩国还是魏国，在我们的研究中，其铭文归属中原系的结论是毋庸置疑的。器上铭文也有承继西周笔意的特点，以丰中锐末的肥笔为主要特点，笔画线条丰满，刻意求曲，追求圆润舒张的柔美风格。

前文提及的"平山三器"中的方壶（图5—45）与圆壶上的铭文，不仅在古文字研究领域地位显赫，其铭文字数在先秦壶形器中也位居翘楚。其铭文工整劲挺，结体精巧，章法讲究，文字造型修长挺拔，笔画丰中锐末，整篇充满了理性和秩序，表现出写作者极为高超的对于文字造型的驾驭能力。

对于中原系文字的特点，沃兴华认为并不具备典型性的，他认为"中土的晋国与宗周毗邻，可能是长期受周文化控制，缺乏自我发展的独立意识。进入东周以后，书风表现出一种无所适从的状况。一会儿学齐国风格，一会儿受秦国影响，一会儿又表现出对楚和吴越的倾心，始终没有形成自己的面

图5—45 中山王𦥑方壶铭文摹本

---

① 参见郭沫若《两周金文辞大系图录考释（卷三）》，科学出版社1957年版，第239页。
② 参见唐兰《智君子鉴考》，《辅仁学志》1938年第7期。

貌。"① 对于沃兴华的观点笔者认为有欠公允，首先，其地与宗周毗邻，受周文化的影响在所难免，对于西周肥笔遗风的承继，这与其地处王畿确实不无关系。其次，其地处中原，与东面的齐、南方的楚、西向的秦交流相对便利，相互的影响也在所难免，因而表现在书风上可能就是对三地的书风均有学习，而少了特色。

纵观中原系青铜壶形器的铭文，虽各有特点，但它们的共性大于个性。大体总结归纳为：第一，丰中锐末。中原处于西周京畿，笔意承西周肥笔遗风，线条中段丰满，末段尖锐。第二，曲笔为主。追求毫无棱角的圆润书风。第三，工整温婉。铭文工整清秀，文字秀美挺拔，呈现一种温婉秀美的风格。同时我们也看到文字的笔画、结体在刻求规范，这表明文字在向规范化的方向迈进的过程中是经历了刻意求整的历程。

（四）秦系之淳朴

秦人是华夏族西迁的一族，春秋时期的秦国的领地位于今陕西省西部，地处当时中国的西部边缘地带。秦人善战，但是直到战国初年秦国仍是一个国力较弱的小国。秦穆公时代，秦国参与中原争霸，逐渐成长为仅次于晋、齐、楚的二等强国。秦孝公即位后，锐意改革，励志图强。任用商鞅施行变法，废井田、重农桑、奖军功、统一度量衡、统一郡县制等一整套变法求新的发展策略使得秦国的经济实力不断增长，军队的战斗力不断加强，逐渐成长为战国时期最为强大的国家之一，并为之后统一六国打下基础。

春秋战国时期的秦系文字在中国文字发展史中具有划时代的意义，它上承商周古文字，下启秦汉文字，从它的发展演变我们亦可以看到当时社会、政治、经济、文化的发展对于文字的进化所产生的影响。虽然我们仅就青铜壶形器而言，可用以研究的有铭器物并不是很多，但是秦系文字的发展轨迹却是十分清晰。

秦国偏于一隅，文化发展相对保守，周平王东迁，秦国占据西周故地，春秋早期秦文字多承袭西周风范。这一时期的文字线条圆润流畅，结构匀称饱满，直笔多，曲笔少。传出于甘肃省礼县，流落海外的一对

---

① 沃兴华：《上古书法图说》，浙江美术学院出版社1992年版，第59—61页。

248　抚壶论道

秦公壶，为春秋早期器物，两器口内壁均铸铭文两行六字"秦公作铸尊壶"。[①] 还有民间收藏的秦公壶亦在口内壁铸内容相同铭文（图5—46），也为春秋早期器物。这时的文字基本承西周旧体，书风圆润沉稳，线条屈曲流动。咸阳博物馆藏的两件有铭青铜壶则为战国早期器物，一件是雍工埜铜壶，其腹部竖刻铭文三行，七字"雍工埜，三斗，北寝"，圈足横刻铭文二字"埒府"。一件是工师初铜壶，器腹由铭文五行十五字"二年寺工师初丞堕墉人莽三斗北寝"[②]，圈足亦刻有铭文"埒府"。专家依据两壶的形制、容量和铭文内容推断均为商鞅变法前秦国器物。再看两壶的铭文笔法，直笔多，曲笔少，笔画纵横平整，线条粗细均一，转折处已见方折，但仍可见春秋时期秦系文字圆润之特点（图5—47、图5—48）。

图5—46　秦公壶铭文

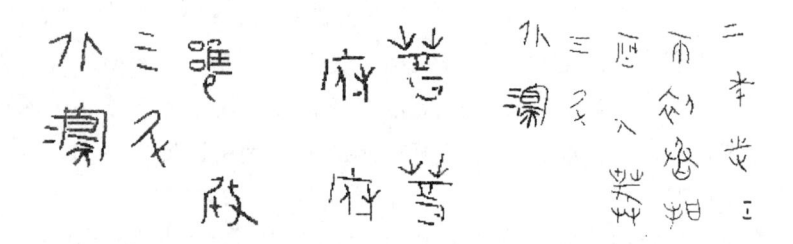

图5—47　雍工埜铜壶铭文摹本　　图5—48　工师初铜壶铭文摹本

战国时期，秦文字结体逐渐由圆润向方正转变，字体变得端正而规范，表现出方正紧凑、结构匀称的特点，这与齐系、楚系以及中原系修长的结体形成鲜明对比，也显示出秦系文字质朴稳重的特点。如澳门珍秦斋所藏战国末年秦咸阳壶，是战国晚期器物，该壶腹部中间右刻铭文两行十二字：重十九斤四两，咸阳四斗少半升。腹部左上刻铭文一行八

---

① 钟柏生、陈昭容、黄铭崇：《新收殷周青铜器铭文暨器影汇编》，台北艺文印书馆2005年版，第929页。
② 李光军、宋蕊：《咸阳博物馆收藏的两件带铭铜壶》，《考古与文物》1983年第6期。

字：咸四斗少半升名唐（图5—49）。这时的铭文已经完全褪去西周圆润的特点，不见曲笔，笔画转折处多为方折，笔势拗折，规整平直。

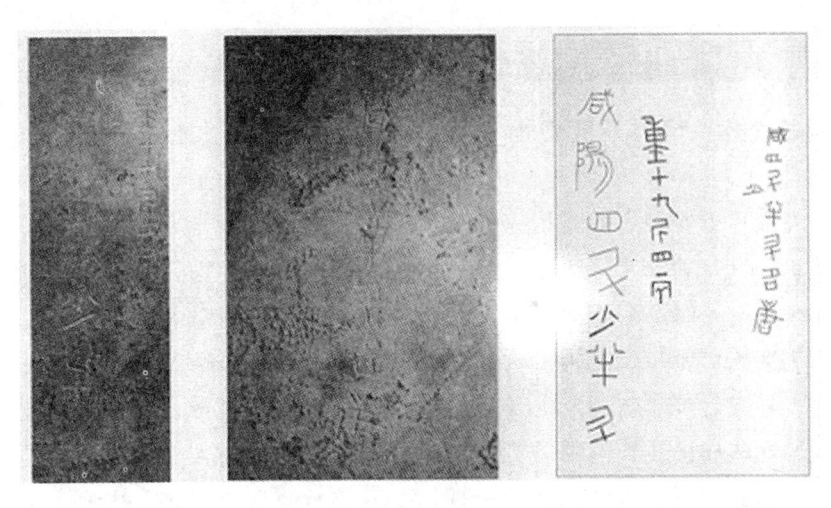

图5—49　咸阳壶右腹部铭文　咸阳壶腹部左上铭文　咸阳壶铭文摹本

虽然秦系铸有铭文的壶形器并不多见，但是我们仍可以由这些铸铭看到秦系文字的转变与特点，秦系文字的结体在渐变中形成，早期呈现出圆润的特征，中后期逐渐向结体方正的方向转变的趋势，与秦国推崇法家思想，以务实为尚不无关系，这一时期秦系文字的特点是平整端正，实用性强。在这里值得一提的是，学者们一直认为战国以后的秦器铭文多见于量器，其实不然，从本书收录的几件有铭壶形器的铭文来看，战国时期的器物铭文都刻有与其容量相关的铭文，如"三斗"、"四斗少半升"等，这些器物在作为量器的同时亦是生活用器，器上铭刻的容量是为了使用和计量的方便。从战国时这几件秦壶的铭文所铸的位置，我们也不难看出其法家的功利价值观。与实用有着密切联系的计量被铸于壶身醒目的位置以方便使用，而器物又兼有量器和生活用器两重功能，可谓是利于使用之典范。

本章小结

先秦青铜壶形器上的纹饰与铭文可以帮助我们探究先秦时期审美意趣的变迁，同时还能帮助我们对青铜壶形器的功能做更进一步的探讨。

在充斥着神灵、祭祀、宗教、战争、屠杀的先秦早期，青铜壶形器的纹饰与其"协于上下，以承天休"的功能相匹配，面目狰狞的兽面纹是出现在这一时期青铜壶形器上最多的纹饰，作为宗教礼法的符号，它折射出商人渴望与天地神祇沟通的强烈愿望。不论是通过想象加工的动物纹，还是写实动物纹，或者几何纹，这些取材于自然，又区别于现实的纹饰在表露出商人的审美意趣的同时，也体现了商人立象尽意的造物方式。商中期以后壶形器陆续出现铭文，字数也逐渐增多，内容大多以体现家族身份为主。

先秦中期青铜壶形器的纹饰逐渐摆脱神秘诡异的宗教色彩，逐渐变得活泼生动，这也是这一时期的社会意识形态由祭祀文化向礼乐文化过渡的反映。这一时期壶形器上纹饰向着理性化的方向发展，对称性逐渐减弱，二方连续和单独纹样的构成形式逐渐成为壶形器纹饰装饰的主体，一些具有象形意味的图形被有规律地装饰于壶形器上，这种有规律的秩序的美与西周时期社会对礼制的推崇相呼应。先秦中期也是铭文发展的成熟与繁荣期，青铜壶形器作为礼乐文化的重要物质载体，铸刻于其上的铭文在说明其功能的同时，也体现出先秦中期铭文书法形式上的规范严谨，结体与章法的浑然一体。

社会大变革的先秦晚期，随着工艺技术的不断进步，特别是装饰工艺的推陈出新，镶嵌、错嵌、鎏金等工艺被大量运用到青铜壶形器的装饰中，规矩而富于变化的几何纹、抽象而充满秩序的象形纹、反映现实生活风貌的人物画像纹被大量地装饰于壶形器上，装饰题材更贴近生活，尤其是以莲鹤方壶为代表的象征意味浓厚的器物体现着这一时期时代的新风貌，反映出这一时期人类自我意识的高度觉醒和对审美的新追求。同时社会的动荡也造就了这一时期地域性风格的形成，特别是壶形器铭文的地域特征十分突出，齐地之傲骨、楚地之飘逸、中原之温婉、秦地之淳朴，这些铭文不仅体现出先秦晚期对于美感的自觉追求，其在结体与章法上的多样与创新也为后世书法艺术的发展提供了丰富的范本。

第六章　崇礼重教　亲民和同

——先秦青铜"壶"形器的审美理想

华夏民族悠久而灿烂的造物史也是其审美观念的发展演变史，早在旧石器时代，原始人就懂得根据材料硬度、纹理等特性，制造不同用途的工具，并在外在形式上有了一定的考虑。新石器时代不仅石器的装饰性特征突出，先民更是掌握了制陶、制玉等工艺技术，并在造型、纹饰等方面展现出原始先民对美的形式的追求，奠定了华夏民族造物活动的审美基础。作为中华文明"轴心时代"的先秦时期，很多重要的美学范畴、概念、命题已经基本产生，并形成了与其他民族所不同的审美理想，对中国传统文化的发展产生深远影响。

通过对先秦时期青铜壶形器的研究，我们沿着先民审美理想的发展轨迹一路走来，这是一个由自发走向自觉的过程，一个由威严到亲切的过程，在这个过程中先民的审美意识由朴素走向丰富，从最初的实用追求到功能与审美二者的完美统一，这是一条通往"和合之美"的探索之路。

第一节　威严到亲切的变迁

一直以来，学界一直认同"中国古代的政治、宗教和艺术是结合在一起"的观点，在对先秦青铜壶形器研究的过程中，我们亦发现造物艺术发展在依赖于政治、宗教的同时，也满足了政治、宗教等方面的需要。

不论从壶形器的形制、纹饰还是铭文等,我们都能释读出有关政治和宗教内容,并且不同历史时期的壶形器所反映出的政治、宗教形态也具有不同时代的特点和审美意趣。

一 距离感与威严

在"公天下"到"家天下"的社会变革中,阶级分化日益明显,私有制程度不断深化。为了加强王权统治,商人在完成了灭夏战功之后,继承了夏人所开启的王权与宗教相结合的造器观念。生存环境的恶劣,并没有消磨掉他们与命运抗争的勇气,他们高扬着神的力量,将祖先神、自然神、天神人格化,创造出许许多多神秘而诡异的、可以"协于上下"的青铜器物。从这一点来看,先秦早期人们的审美意识是具有自发性特征的。张光直先生曾经转引李泽厚、马承源、刘敦愿三位先生对于青铜器装饰纹样功能的论述,以证明商周青铜器上动物纹样的严肃、静穆与神秘的气氛在下层群众心中所引起的恐惧,是维持和加强统治者政治力量的一个强烈因素。[1]。李泽厚先生认为以饕餮纹(兽面纹)为主体的青铜器纹饰和造型的特征都突出地指向一种无限深渊的原始力量,同时他指出这些纹样之所以具有威吓神秘的力量,不在于它们的形象本身,而在于它们被作为象征性的符号指向了某种超世间权威神力的观念;它们之所以美,也不在于其所具有的装饰风味,而在于这些怪异形象的雄健线条,深沉凸出的铸造刻饰,恰到好处地体现出一种无限的、原始的、还不能用概念语言来表达的原始宗教情感、观念和理想。[2] 被神秘诡异的兽面纹装饰的包括壶形器在内的各种青铜器,它们在其所处的时代并不是审美的对象,而是参与祭祀活动必不可少的宗法礼器,是巫觋"协于上下"的工具。统治阶级利用纹饰形象的威严感,来对人民产生一种震慑的作用。

在造物艺术领域,创作者在创作中运用夸张、拟人等创作手段,赋予创作作品以某种特定的形式,给接受者以感官的刺激或情感的震动,造成接受者在语言、图像、行为等方面理解与感受到对象的威严。在先

---

[1] 参见张光直《考古学专题六讲》(增订本),生活·读书·新知三联书店2010年版,第94页。
[2] 参见李泽厚《美的历程》(修订插图本),天津社会科学院出版社2001年版,第53页。

秦时期，特别是先秦早期，这种威严伴随着青铜礼器铸造工艺的发展过程，壶形器的器形、纹饰都在威严感的指引下不断转化。威严感造就了审美主体与审美对象之间的距离，也拉开了统治阶级与被统治阶级间的距离。人对于威严的事物会有一个从陌生到熟悉的认知过程，一旦威严的事物在其认知中达到熟悉的程度，威严的事物最初所带来的感官刺激和情感的震动也就随之消失，也就是说威严事物所带来的感官刺激与对其熟悉程度是呈反比的。循着先秦青铜壶形器发展的轨迹，我们可以梳理出早期的造物者是如何通过威严的手段来不断保持（或者说提升）青铜礼器的神秘感，从而达到不断震慑民众的目的。这种震慑也带来人们敬仰的情怀，提升和扩大了人们的精神世界，这便是审美形态中的威严感。

　　威严作为艺术审美范畴的一种，其本质是艺术作品中的形象带给欣赏主体的审美经验，是感性本质力量被对象压倒后激起了更高的理性本质力量，其审美反应是一种伴随着痛感的快感。[①] 最初的壶形器是没有纹饰的，它的震慑是通过材质带来的。青铜在先秦早期是十分贵重的金属，是只有权力阶层才能拥有的材料，早期青铜器自身所特有的、让人们感觉神秘的、标志自身昂贵身份的金属光泽，即拉开了统治阶级与被统治阶级的距离。当人们对这青灰色的金属渐渐熟悉的时候，兽面的纹样又登上了青铜壶形器的器表，它们兽目圆睁，獠牙外龇，似乎在强调着它们是巫觋通天的工具，是神的化身，在强调着宇宙间天地人神不同层次的存在。随后的青铜壶形器不断地丰富着自身的神秘感，除器表装饰狰狞可怖的兽面纹饰外，扉棱的出现更具有"威严"的特征，进一步强化了人与神之间的距离感。应该说，扉棱的威严感不仅仅在于它造型的特殊。我们可以设想一下，将两件器形完全相同的壶形器放在面前，一件器表光滑无扉棱，而另一件器表光滑但是饰有扉棱，请问哪一件更方便拿起？是的，答案是肯定的，对于表面光滑的器物，人总是会毫不犹豫地将其拿起，然而对于表面有支出物的器物，在拿起前总是会犹豫，或者说会思考如何拿起它而不被支出物碰伤？我们可不可以这样理解，外表有扉棱的器物比外表光滑的器物给人的感觉更为威严、更为遥远。器

---

① 参见张黔《艺术美学导论》，北京大学出版社2008年版，第154页。

物上的扉棱所产生的不便于拿起的心理暗示，也拉开了审美主体与审美对象之间的距离。当然这一时期青铜壶形器装饰纹样先后出现的二重花纹和三重花纹也为壶形器的纹饰不断注入新鲜的血液，给人们带来威严的感受，不断震慑被统治阶级的心灵。正如康德在《判断力批判》中对崇高的分析："真正的崇高不能包含在任何感性的形式中，而只针对理性的理念：这些理念虽然不可能有与之相适合的任何表现，却正是通过这种可以在感性上表现出来的不适合性而被激发起来、并召唤到内心中来的。"[1] 在先秦早期先民的存在体验中，当他们面对那些神秘狰狞的器物的时候，首先产生的是惊异与恐惧的威严感，但是他们敬而不惧，恐而不畏，在存在的实现中感悟到一种尊严的力量，从而达到对自我存在的超越。

　　无论是壶形器的造型还是纹饰都体现着商人丰富的想象力，蕴含着他们顺天从命、观象比类的造物观念，体现着他们对神灵的崇拜，对自然的敬畏，对自我的认知，他们充满敬仰地从事造壶的活动，将渴望与天地神沟通的强烈愿望化作宗教礼法的形式与符号，这些青铜壶形器在透射出商人"有虔秉钺，如火烈烈"的原始野性的同时，也反映出创作主体的审美情趣与审美追求。

二　亲切感与优美

　　西周初年，周王为了巩固政治统治，颁布以宗法制度为核心的《周礼》，强调血缘关系、尊卑等级和宗庙祭祀制度，最终形成了具有中国传统文化特色的礼制文化。青铜礼器又成为宣扬与维护宗族血缘关系的宗法制度和等级制度的工具，商时神秘诡异、狰狞可怖的风格逐渐被中和静穆、威严典雅的风格所取代，青铜壶形器也不例外，新的造型元素被融入器物造型和纹饰的塑造中，许多自然界中常见的动物被作为装饰主体出现在壶形器的装饰纹样之中，"制器尚象"、"立意尽象"、"观物取象"的观念渗入到造壶的各个环节，先民不仅简单地对"象"进行模仿，而且还将自身的情感包含在造物活动中，不论是动物纹样中的鸟纹、象纹、鹿纹的写实，还是几何纹样的规整，象形纹样的抽象，它们都来源

---

[1] ［德］康德：《判断力批判》，邓晓芒译，人民出版社2002年版，第83页。

于生活，又通过创作主体的艺术加工而高于生活，这正是西周人们生命意识的反映。先秦早期器形与纹饰的"威严"带来的距离感逐渐消逝，取而代之的是器物被赋予"礼"的属性，而成为社会身份与等级的象征。神秘色彩的褪去，并没有抹杀西周人对于美的形式的追求，这是尊祖敬德的礼乐时代的开端，这是一个注重理性的时代，遵循着《周礼》的规范，器物的造型和纹饰都追求一种规范化与程式化，规整朴实、静穆自然的风貌在西周中期逐渐形成。

先秦晚期，也就是春秋战国时代，是中国历史上一个大动荡、大变革的时期，周平王东迁，王室衰微，诸侯并起，列国征战……然而社会动荡并没有阻碍思想的发展，这一时期同时也是中国历史上一个极富思想创见的时代。礼崩乐坏使得受"礼"法约束的造物活动得以解放，人们不再背负着繁重的"礼"的规范，旧的规范不断被打破，新技术、新工艺、新内容不断被运用到青铜器物的铸制工艺中来，青铜壶形器也不断散发出新时代的新风尚。神性衰退的同时，人性不断滋长，许多现实生活场景被刻画到器物之上，狩猎、宴乐、采桑、水陆攻战等都成为创作主体表现的主题，他们在画面中尽情挥洒着自己对于生活的热爱。"人，脱离了以兽为符号的图腾时代；人，认识到了自己的能力、生活的尊严，脱离了神秘的对自然的恐惧，完成了西周以来便努力建立的理性的人文精神。"[①] 通过器物的形制和纹饰，创作主体表现了他们心中的热情，同时接受者（使用者和观赏者）通过器物的形制和纹饰也体会到一份亲切，是人的自我意识觉醒所带来的对美的新的追求。这种亲切感所带来的审美形态就是优美。"艺术审美范畴中的优美既指艺术作品所表现的社会实践主体和客体相对统一和平衡的状态，也指表现这种平和的生活内容的艺术形式，还包括艺术家及欣赏者由对这种平淡天真的生活状态的肯定与认同所导致的自由、和谐的情感。"[②]

就这一时期的青铜壶形器而言，优美存在于器物的造型与纹饰题材的和谐统一之中，壶形器带给人们的不再是带有任何压抑的心理体验，而是人与物质世界在一定程度上的和谐统一。这一时期青铜壶形器还有

---

① 蒋勋：《美的沉思——中国艺术思想刍论》，文汇出版社2005年版，第55页。
② 张黔：《艺术美学导论》，北京大学出版社2008年版，第158页。

一个十分典型的特征就是地域性。周天子"天下共主"的称号已成虚名，西周时期大一统的审美风格很快打破，虽然都脱胎于西周旧制，但是不同的地理环境、思想观念、政治形态、风俗习惯、历史渊源等，造就了东周时期齐、楚、燕、晋、秦等国在造物活动中所体现的地域性特色，我们也可以将这种地域性特色理解为另一种形式的亲切感。这种亲切感所带来的优美，是由所处地域人们思想观念、时代精神、风俗习惯以及贯穿于日常生活中的种种行为的一致性决定的。

先秦时期青铜壶形器的器形、形制、纹饰等体现了一个由"距离感"到"亲切感"的演变过程，也体现了威严与优美两种最基本的审美形态间的互补性。影响这个演变过程的因素是多元的，除了宗教、政治、人文、地理等因素的影响，人的审美意识和自我意识的萌生与觉醒所产生的影响不容小觑，这也正是人类社会发展进化过程中，在生理需要、安全需要、归属和爱的需要、自尊的需要得到基本满足的基础上，对于审美和自我实现的需要的现实表现。

第二节　功能与审美的和谐

造物活动伴随着人类历史的发展一路走来，受不同历史阶段生产力发展水平的制约，造物遗物的功能形态和审美形态则具有浓厚的时代特征。从造物史的角度去考察造物活动的发生与存在的价值，是考察造物艺术特征的必由之路。"从艺术发生学的角度来看，任何一个艺术门类存在的价值与意义，都来源于其始源之时满足人类审美需要的某种特殊性。"① 就造物活动而言，其初始的目的是使用功能，即满足人类物质性存在的需要，然而随着人类审美意识的萌生与发展，造物活动在满足人类的物质性存在的需要的同时，还要满足人类的精神性存在的需要，即审美的需要。格罗塞认为人类最初造物的目的并不是为了满足审美的需要，而是实用，他认为"把一件用具磨成光滑平正，原来的意思，往往

---

① 王战：《功能与美的角逐——西方现代设计艺术风格论》，湖南师范大学出版社 2008 年版，第 3 页。

是为实用的便利比为审美的价值来得多。一件不对称的武器,用起来总不及一件对称的来得准确;一个琢磨光滑的箭头或枪头也一定比一个未磨光滑的来得容易深入。"① 正是在追求使用效果的过程中,人类发现美的规律可以为他们带来快乐的享受,于是他们开始了对实用与美的和谐统一的探索与追求。马斯洛将这些可以带给人快感的美的规律归结为人类心理发展的审美需要,它们包括秩序的需要、对称性的需要、闭合性的需要、行动完美的需要、规律性的需要以及结构的需要等。②

就先秦青铜壶形器的发展演变过程而言,我们能够看到先民在造物过程中对于功能与审美间和谐关系的追求是贯穿始终的。第四章对于壶形器的形制与功能已经进行过较为翔实的论述。我们多次提到,二里头时期青铜盉的造型是仿制同期的陶器,它的重心位于器物的视觉中心偏上的位置,器足的拉伸感不仅满足了方便取用的需要,同时也给人造成视觉上的修长与挺拔感。到二里头四期的时候,青铜礼器基本完成了从"类陶器"向青铜器的转变,为商周青铜器"鼎盛时代"的来临完成了基本准备。商代的青铜壶形器具有相对固定的形制,处处透露出商人"通天地"的宗教理想。正是由于商人"敬天地,畏鬼神"的宗教信仰,青铜壶形器逐渐从实用器物进入祭祀用器的行列,其功能也被赋予了宗教性的内涵。随着青铜冶铸技术的不断进步,青铜壶形器的器形和纹饰则成为象征统治阶级权力与地位的媒介,器形变得越来越厚重,纹饰变得越来越神秘,在满足了实用功能和祭祀功能双重需要的同时,运用神秘诡异的纹饰来强化其"协于上下"的作用。就壶形器相对固定的形制而言,壶形器主要以圆腹和方腹为主,器足以多足和圈足为多,多足的壶形器有三足和四足之分,方腹器多为四足,而圆腹器则为三足,从器足与器形相搭配的角度来分析,我们相信商人已经掌握了力学的基本原理,并发现了力与美相协调的原则。如前文曾经提到使人产生距离感的扉棱,我们知道,青铜器的铸造使用模范法,在浇铸过程中,铜液会顺着范与范之间的接缝溢出,而在器表形成范缝,范缝的存在会影响整器的美观,扉棱则可以很好地遮掩范缝而达到美观的目的。最初的扉棱较窄也很矮,

---

① [德] 格罗塞:《艺术的起源》,蔡慕晖译,商务印书馆1984年版,第89页。
② [美] 马斯洛:《动机与人格》,许金声等译,华夏出版社1987年版,第59页。

样式也很简单，至晚商已发展为十分复杂的装饰体，或者是成对的钩状小扉棱，或者是鸟形雕塑与扉棱组合的装饰等，如美国宾夕法尼亚大学博物馆藏鸟纹卣。再者，先秦早期壶形器上的纹饰除了"协于上下"的功能，其审美功能也是存在的，纹饰对称与均衡，节奏与韵律等形式美法则的运用很明确地说明这一点。早在原始社会时期先民就掌握了形式美的法则，并将其运用到陶器、玉器的装饰之中。商人在青铜壶形器的装饰上也自觉地运用了对称与均衡等形式法则，兽面的对称展开，火纹的中心对称，乳雷纹的方圆互补，几何纹交替与重复的节奏感等，都体现出先秦时期壶形器的铸造在注重实用功能、体现商人渴望与天地鬼神沟通愿望的同时，还注重满足人们的审美需求。第三，先秦时期壶形器上的铭文包括族徽、文字等内容，族徽则大多为原始时期自然崇拜的孑遗，多是介于图形与文字的符号，这些具有象征性特征的符号，除了具有标识家族身份的作用以外，还与壶形器上的纹饰、铭文融为一体，成为壶形器装饰的重要组成部分。而"美"第一次以文字符号的形式出现，也是在殷商时期的甲骨文中，虽然对于"羊大为美"还是"羊人为美"，学界尚有分歧，但是先民关于"美"的观念在逐渐形成与完善的现实却是事实。

进入西周时期，周人在实施了一系列淡化神权、加强王权、宗法教化、礼乐熏陶的举措之后，开始了一个不同于神秘诡异的殷商文化的典雅、中和、规矩的崭新时代。虽然西周初年，包括壶形器在内的青铜器物的形制和纹饰多是从殷商直接承继，然而随着周人统治天下的政治主张的推行，器物的纹饰和铭文则分别朝着趋于简化和趋于繁复的方向发展，即使是一些装饰十分繁缛的器形，殷商的野蛮而神秘的宗教性质逐渐消逝，剩下的除了精细的工艺、华美的纹饰，就是值得人们细细品味的审美意味。如周原博物馆藏西周早期的商卣，典型的商代晚期的形制与纹饰，盖内铭文三十字，记载"帝后赏赐给商的妻子三十朋"。该器盖顶为花蕾钮，龙首提梁，前后左右四个方向设钩状扉棱，盖顶和腹部饰大兽面纹，盖缘和颈部饰以鸟纹。卷角的兽面阔鼻瞪目，卷尾的凤鸟秩序排列，纹饰可谓精美，但是兽面的嚣张戾气已被周的温和所压制。西周中期以后，逐渐形成了具有典型周人审美取向的青铜器的装饰风格，规矩的云雷纹、弦纹、直棱纹等几何纹饰，抽象的窃曲纹、波曲纹、重鳞纹、重环纹等象形纹饰，以曲圆柔和、秩序雅致的形态呈现出周人崇尚礼乐之制的审美理想。西周初期直至中期也是铭文书法的成熟期，伴随着金文书法的成熟，有铭壶形器日益增多，铭文字数也呈上升趋势，最为典型的西周中期的颂壶，盖与器各有铭文一百五十二字，记载了颂受王册命仪式的过程，铭文有如仪式一般，有板有眼，规矩齐整。西周铭文内容以重大战事、土地分封、周王犒赏等为主，作器者则因受王赏赐或册命，应以为荣而铸器刻铭，这些铭文不仅仅是研究金文书法艺术的珍品，同时也记载了千年前许多历史事件发生的时间、地点，这也正是周人崇文尚实的审美风貌的现实反映。

    精义入神，以致用也。利用安身，以崇德也。

《周易·系辞下》

  周人的审美取向在《周易》中得到全面的体现，《周易》虽然是一部用于占卜筮卦的书籍，却也是"周人对于世界、人生所作出的理解的完整图示。他们将天地万物和社会人事浓缩在八个可以无限发挥的卦象之中，又用六十四卦展开这些事物的关系、交互作用及其变化……最为集中地体现了时人的认识、理解、智慧、哲理等等精神层面的内容，因此这又不是一般意义上的筮书，而是周人的哲学、美学、人生观、世界观……"[①]其中的"'卦象'实际上是一切精神（道）和物质的象征，是'通天下之志'的产物，这亦是一种远古智慧的宏大叙事，一种面对浩渺宇宙、万事万物万象的整体把握。……这应是中国文化史上、艺术设计史上最伟大的文化设计和非物状态，既是自然的，亦的人生的，既是世事的，亦是审美的……先民以其无所质设计。"[②]《周易》中所追求的阴阳互补、刚柔兼济、立象尽意、天人合一等无所不包的符号系统，向后人阐释了世间万物发展变化的辩证关系。当思想解放、百家勃兴的时代到来的时候，这一切经过先秦诸子的梳理整合，则形成了日后影响中国传统文化走向的文化命脉。

---

  ① 廖群、仪平策：《中国审美文化史》，山东画报出版社2007年版，第126页。
  ② 李砚祖：《设计的智慧——中国古代设计思想史论纲》，《南京艺术学院学报》（美术与设计版）2008年第4期。

周人通过加强宗法制度，推行礼乐文化而帮助其巩固政治统治，稳定生产关系，促进生产力的发展和文明的进步，然而随着私有制的不断深化，财富的增长极大地刺激了诸侯们的利益欲和权力欲。由于周王室的衰落，于是诸侯们打着"尊王攘夷"的旗号开始了兼并与征战。礼崩乐坏，社会动荡，新旧势力的较量，诸侯国间的新组合等，打乱了西周以来的秩序，带来了新的机遇与希望。特别是学术领域，理性意识空前高涨，思想荟萃，流派纷呈，百家争鸣，他们不仅仅营造了春秋战国时期学术领域的辉煌，他们的著述典籍也为后人研究这一时期造物艺术的发展提供了理论基础。春秋战国时代，诸子学说对于功能与审美的认识是不同的，他们的观点或多或少对当时的造壶工艺有所影响。孔子对于功能与审美的关系可以他的"文质彬彬"思想来总结。

　　子曰："质胜文则野，文胜质则史。文质彬彬，然后君子。"
《论语·雍也》

　　"文"在先秦时期的含义较为宽泛，纹饰、纹章、文采、礼乐等都包含于"文"，与"文"相对的"质"则包含质地、实质、内涵等内容。"文质彬彬"的内涵在社会伦理的角度，是要求君子达到完美的境界，就要做到"文"与"质"的和谐统一。孔子的这一思想对中国传统造物产生深远影响，从造物的角度来看"文"与"质"的关系，也是内在与外在关系和谐统一的问题，也就是功能（内在）与审美（外在）要和谐统一。

　　荀子认为美是人对外部世界改造的产物：

　　性者，本始材朴也；伪者，文理隆盛也。无性则伪之无所加，无伪则性不能美。性伪合，然后圣人之名一，天下之功于是就也。
《荀子·礼论》

　　在荀子看来"美"是人为的，是人运用美的形式规范对对象进行文饰的结果。自然天生是基础，外在人为是结果，造物的过程正是人对于天然材料的加工与改造的过程。荀子用"无伪性不能自美"，阐明了人对于自然世界改造的重要作用。

《老子》有云：

> 埏埴以为器，当其无，有器之用。凿户牖以为室，当其无，有室之用。
>
> 五色令人目盲，五音令人耳聋，五味令人口爽。
>
> 《老子》

老子以陶器和房屋为例，其目的是为了论证"有"和"无"两个相对的概念的辩证关系，但是同时他以满足功能需求为尚的主张已十分鲜明，而他"五色令人目盲"的论述，进一步阐明了他重实用轻装饰的主张。老子"大象无形"（《老子四十一章》）、"大巧若拙"（《老子四十五章》）等关乎造物的命题，也表明他对于虚实相生、自然天成、巧夺天工的自然之境的推崇。

墨子"节用"、"非乐"的主张可以被看作是他关于功能与审美关系的观点，他认为：

> 盛容修饰以蛊世，弦歌鼓舞以聚徒，繁登降之礼以示仪，务趋翔之节以观众……繁饰邪术以营世君，盛为声乐以淫遇民。
>
> 《墨子·非儒下》

作为来自社会底层小生产者的代表，墨子认为，繁文缛节的"礼"是劳民伤财而不利民，他考虑问题的功利角度十分鲜明，总是以功用、利害作为考虑问题的根本出发点，其"节用"主张也是以"利民"为判断标准，只要不"利民"的行为都是铺张浪费，都是毫无价值的。从这一点来看，对于造物而言，墨子是先实用而后审美的。这也正是他"食必常饱，而后求美；衣比常暖，而后求丽；居必常安，而后求乐"的朴素唯物主义思想。

对于《买椟还珠》的故事大家都不陌生，韩非子对于功能与审美的关系的观点在这个故事中体现得十分清晰明了。

第六章 崇礼重教 亲民和同

> 楚人有卖其珠于郑者，为木兰之椟，薰以桂椒，缀以珠玉，饰以玫瑰，辑以翡翠，郑人买其椟而还其珠。
>
> 《韩非子·外储说左上》

有楚国人在郑国的街市上卖珠，顾客本来买珠，却买下了装珠子的木椟，将内装之珠还与卖珠之人。小时看这个故事总是笑话那个买主，认为他很傻，很可笑。可是如今，我们细细品读，才发现文中并没有对所卖之珠进行任何的描述，然而对于装珠之木椟却描绘得令人心向往之，试想一个缀饰着珠玉、翡翠、玫瑰的熏香木盒也许比那所装之珠更具价值吧。韩非子在《解老》中进一步强调自己"非饰"的重功用轻审美的主张。

> 礼为情貌也，文为质饰也。夫君子取情而去貌，好质而恶饰。
>
> 《韩非子·解老》

先秦诸子关于功能与审美的论述还有很多，不一一列述，他们的观点对于先秦晚期及其以后的造物艺术产生了深远的影响，就青铜壶形器而言，不同的地理环境、思想观念等造就了东周时期造物活动的地域性特色，其中的思想观念就涉及诸子学说的影响，例如，孔子为首的儒家是中国传统思想的主流，他们重视美的社会功用，强调艺术在人格修养和社会活动中的作用，讲求"文"与"质"的和谐统一，对这一时期的造物艺术产生了深远影响，铸造工艺与装饰工艺的推陈出新，青铜壶形器不乏铸造精良、装饰华美的典范之器，特别是镶嵌、鎏金、错金银等工艺的使用，使得器物呈现一派镂金错彩的华丽景象。而秦国推崇法家的学说，重农业轻工商，重功用轻审美，所以这一时期的秦国制器多素朴无饰。如第四章我们曾经提到的咸阳壶，除盖顶索状三环钮和上腹部的铺首衔环外，该器别无他饰。

图6—1 咸阳壶

1995年咸阳市文物考古研究所在咸阳塔儿坡发掘战国晚期秦墓，出土的标本32350∶6为圆壶，该壶无盖，有弦纹外，铺首衔环，亦无他饰。再者，秦系文字也是平整规正，讲求实用性，这些都与秦国崇尚的法家"非饰"思想有关。

第三节　适中合度的和合之美

"和合"的思想是中国传统美学的一个重要范畴。"和"具有两个最为重要的层次：第一层，"和"是由多样元素构成的；第二层，"和"是构成元素间的平衡与统一。"和"与"同"具有本质上的区别，"和"是不同质的融合，而"同"是同一质的重复，"和"是质的改变，"同"只是量的增加。①对于"和合"之美的追求自原始社会开始就深刻地嵌入华夏民族的骨髓之中，它浓缩在图腾文化之中，它体现在器形的变迁之中，它浸入在宗法制度之中，它深入在礼乐制度之中……"和合之美"从先民审美意识萌生之初，就成为一个对于美的追求的普遍信念。

在《国语》中，有一段郑桓公与史伯论及周王朝前途的记载，其中史伯谈及周王朝行之将至时，周王不听观点不同的进谏，"去和而取同"，同时他对"和"与"同"进行了辨析，他的观点和我们提到的"和"与"同"的区别基本一致。他还说：

> 故先王以土与金木水火杂，以成百物。是以和五味以调口，刚四支以卫体，和六律以聪耳，正七体以役心，平八索以成人，建九纪以立纯德，合十数以训百体……周训而能用之，和乐如一。夫如是，和之至也。于是乎先王聘后于异姓，求财于有方，择臣取谏工而讲以多物，务和同也。声一无听，物一无文，味一无果，物一不讲。

《国语·郑语·泰伯》

---

① 参见陈望衡《中国古典美学二十一讲》，湖南教育出版社2007年版，第46页。

这里他认为造物的原则也是"和",不同的事物配伍相生,这与《易经》中阴阳五行的相生相克有些类同。他认为只有一种声音难以动听,只有一种颜色难成美的纹饰,只有一种味道难成美食,其结论就是要多种物质相"和",方能成五音、五色、五味,才能给人以美的享受。而"以他平他"则是要求各个元素之间的相互牵制,以达到平衡与调和。在《周语》中,晏子在论及音乐中"和"的问题时,也谈及五音之间的清浊、长短、刚柔、快慢等相对比的元素要"以相济也",他的观念即是形式美法则中对比调和的原则。这些论述让我们了解,早在西周之时,人们已经理性地总结了"和"这一感性形式带给人心理和情感的审美感受,这种感受能"以平其心"、"心平德和"。

王国维在论及殷周之际的社会大变革时,这样写道:"中国政治与文化之变革,莫剧于殷周之际……夏殷间政治与文物之变革,不似殷周间之剧烈矣,殷周间之大变革,自其表言之,不过一姓一家之兴亡与都邑之移转,自异里言之,则旧制度废而新制度兴,旧文化废而新文化兴,又自其表言之,则古圣人之所以取天下及所以守之者,若无以异于后世之帝王,而自其里言之,则其制度文物与其立制之本意,乃出于万世治安之大计,其心术与规摹,迥非后世帝王所能梦见也……周人之所以纲纪天下,其旨则在纳上下于道德,而合天子诸侯卿大夫士庶民以成一道德之团体。"[1] 正所谓周人以"礼"区别尊卑,以"乐"调和秩序,从而达到社会秩序、人体身心、宇宙万物相联系而感应地谐和存在,彼此"适度"("细大不逾")地相互调节、协同、沟通和均衡。[2]

春秋战国时期,百家争鸣的文化现象使这一时期的思想学说呈现多元化发展的态势,然而对于"和"的审美理想却未曾被放弃,各方学说各执观点,对于"和"的认识角度不同,但万宗归一的理念未变,那就是"天人合一"。天人合一是中国传统文化的核心命题,虽然先秦时期诸子学说对其都有涉及,然而直到宋代,著名唯物论宇宙观的理学家张载针对佛教"以人生为幻妄"的主观唯心主义命题,第一次明确地提出了"天人合一"的命题,他的理论基础却是以《周易》和先秦诸子学说为基

---

[1] 王国维:《观堂集林(附别集二)》,中华书局1959年版,第452—454页。
[2] 参见李泽厚《华夏美学》(修订插图本),天津社会科学院出版社2001年版,第39页。

础。天人合一体现了中国传统文化中人与自然和谐统一的最高境界的审美理想。《周易》中以人与自然相通的生命体验为基本，提出了：

> 有天道焉，有人道焉，有地道焉，兼三才而两之，故六。
>
> 《周易·系辞下》
>
> 夫大人者，与天地合其德，与日月合其明，与四时合其序。
>
> 《易经·乾卦·文言》

"天"、"日月"、"四时"指自然规律，"德"、"明"、"序"即是自然现象，也具有人格的道德含义，强调天道、地道、人道的合而为一，其中所体现的"天人合一"的宇宙观和人生观，也正是先秦诸子有关天人合一思想的源头之水。

先秦儒家学说"天人合一"的审美理想贯穿于儒家的基本思想中，他们认同人与自然和谐相通的审美境界，君子以玉比德，以松柏象征君子坚贞的品德等，都体现了儒家强调审美主体与自然界的客观事物对应统一的思想。

> 乐者，天地之和也；礼者，天地之序也。和，故万物皆化；序，故群物有别。
>
> 《礼记·乐记》
>
> 知者乐水，仁者乐山。知者动，仁者静；知者乐，仁者寿。
>
> 《论语·雍也》

另外，儒家的中和、中庸的哲学思想也是"和"在儒家学说中的体现，孔子"乐而不淫，哀而不伤"，"君子惠而不费，劳而不怨，欲而不贪，泰而不骄，威而不猛"的论述都折射出他"中和"的思想。这里的"和"正体现了"和"的第二个层次，即构成元素间的平衡与统一的原则。

道家的"和"的审美理想，是以自然观为核心的审美理想。老子继承了《周易》的生命意识传统，从宇宙观的角度看待人生，崇尚自然，追求自然和谐、朴素纯真的审美境界，强调审美主体与审美对象的浑然一体、不可分割。老子所谓：

> 道生一，一生二，二生三，三生万物。万物负阴而抱阳，冲气以为和。
>
> 《老子》

这正是老子自然观的具体体现，老子以道法自然为其理论的出发点，认为天地万物只有遵循自然的前提，才能和谐共生。老子在崇尚自然的同时，追求自然天成的朴拙之美，他"大巧若拙"的思想，体现了造物活动中巧与拙和谐统一的原则。

在造物史的视野中，论及先秦时期对于"和合"之美的审美理想，先秦时期最为重要的手工技术著作《考工记》则不能不提。虽然考工记是一部有关手工业技术规范的汇集[①]，但它并不仅仅反映了先民对于造物规律的把握，同时也从一个侧面反映出先秦时期人们的审美追求。先秦造物遗物不仅是物质载体，同时也是人文精神的象征。《考工记》开宗明义地提出了中国传统造物的总原则：

> 天有时，地有气，材有美，工有巧。合此四者，然后可以为良。
>
> 《周礼·考工记》

这一原则的关键在于"合"，在于天时、地气、材美、工巧四个要素相互间的配合，这个总原则也是造物艺术的最高准则和价值标准，它体现了先秦时期从事技艺的先民对于天人关系的认识和思考。《考工记》中关于"和合"的思想不仅仅体现在造物的精良上，也反映在器物的有效配合的要求上[②]。总之，《考工记》反映出先秦时期从事手工技艺的工匠们对于天人关系的认知，具有十分丰富的内涵。

通过对先秦时期先民"和合之美"的审美理想的形成与发展的梳理，我们再回到先秦青铜壶形器，"和合之美"的审美理想体现在造壶活动的

[①] 参见杜石然《中国科学技术史稿》，科学出版社1982年版，第108页。
[②] 参见戴吾三《考工记图说》，山东画报出版社2003年版，第137页。

全部环节。

　　首先是铸造工艺之"和合"。我们知道红铜是一种软质金属，可以揉捏变形，是不适于铸造器物的。青铜是红铜加入铅、锡的合金，加入铅和锡的目的是为了加强铜液的流动性，便于铸造，同时也增强铜的硬度，这是一个"和合"的手段，不借助铅和锡的性能，则不可能改变红铜的物质属性，使其适于成器。在青铜壶形器的铸造过程中，要制作内范、外范、内模，最后要合范，合范的过程就是一个追求"和合"的过程。再如壶形器的装饰工艺中的鎏金工艺，将金箔熔化后加入水银，待冷却后，从而得到银白色的膏状物便于涂抹，最后再用炙热的木炭烘烤使水银蒸发，最终呈现流光溢彩的华美效果。这个过程中，金箔溶液与水银的"和合"与红铜加入铅锡的手段的性质相同，不借助水银则得不到便于涂抹的膏状物。而使水银蒸发和最后用玛瑙压子对器表的压磨的目的，都是为了使鎏金层与器表贴"和"。所以我们可以将青铜壶形器的铸造过程看作是一个从"和合"的理念出发，通过"和合"的技术和手段，最终达到"和合"的目的和效果的过程。

　　其次看青铜壶形器的形制与功能。先秦早期青铜器物的器形多是仿制同时期的陶器，同时也注重器形间的相互借鉴，如现藏于伦敦戴迪野行的商晚期有流父丁壶，形制十分特殊，管状流多见于铜盉，这件龙纹壶是典型的受铜盉的影响而铸就的，它的出现没有影响壶的形制的主流，所以在这里只能被看作是器形间相互借鉴的个案对待，但是仍能说明，先秦时期造器虽各有规范，但是器形间的借鉴可以进一步提升器物的使用功能，这正是"和"之所趋。这种器形间的相互借鉴，我们也可以把它看作是先秦时期"优化设计"的尝试。功能的"和"表现在两个方面，一是一件器物集多种功能于一体，如铜盉，作为酒器是调酒之用，作为水器可供盥洗之用；还有第三章曾经提到的三节提梁卣也属此类。二是多件器物的功能被合而为一，西周晚期，逐渐不见卣的身影，是因为壶具备卣的全部功能，壶与卣的功能被"合"为一体。

　　在本书开篇我们就强调选择"壶形器"作为研究对象，是因为它的实用性，同时将其与"鼎"作了比较，认为"壶"比"鼎"更加贴近百姓的生活。在对先秦青铜壶形器进行了深入研究之后，笔者认为，随着历史车轮的滚滚向前，先秦青铜器中的许多品类都逐渐退出了历史舞台，它们的功能或被其他器物所替代，或因人们生活起居方式的改变而不再具有实用性，如鼎形器的逐渐消逝，与"鼎"所特指的国家权力的内涵逐渐淡去固然相关，但是还有一个十分关键的原因是人们烹饪方式的改变，鼎不再是生活中的必需品。而壶形器则不同，壶形器以其较为"中庸"的实用功能，保持了自身发展的延续性，"壶"不仅可以盛装酒类等液体，还可以存储粮食等固状物。就被我们列入壶形器研究的三种器形而言，首先是壶与卣之合，之后则是壶与盉之合，虽然这并没有发生在先秦时期，但是从后世壶形器形制的发展演变，我们大致可以得出这样的推论。

再次看青铜壶形器的纹饰。在第五章我们对壶形器的纹饰进行了细致的分析，我们知道动物纹中除了一些写实的动物外，还有很多经过幻想加工的纹样，这些纹样都具有"和合"的特点，如凤纹，《说文解字》曰："凤像，鳞前鹿后，蛇颈鱼尾，龙文龟背，燕颔鸡喙，五色备举。"①这便说明凤的形象是综合了多种动物形象而得。作为中华民族的主要图腾之一，凤鸟形象的来源可能是与华夏民族形成之前氏族联盟有关，不同的部族都有自己的图腾，最终这些图腾成为华夏民族图腾的一部分。其次，我们知道壶形器上的纹饰常有主纹和辅纹之分，主辅之间主次分明的关系也正是一个相互和谐统一的关系。壶形器上的纹饰很少以单独纹样的形式出现，而多是采用对比调和等手法，兽面纹与夔纹、鸟纹搭配，夔纹与鸟纹的灵动、舒缓冲淡了兽面纹的狞厉与凶残；乳雷纹中方的雷纹与圆的乳丁，相辅相成。先秦晚期宴乐狩猎水陆攻战纹壶将狩猎、采桑、宴乐、水陆攻战等不在同一时空发生的事件"和"入同一个画面中，表现出社会变革加剧的动荡时期，失去外在约束的人们对于自由与激情的渴望。

最后看青铜壶形器的铭文。文字的发展过程就是一个充满"和"的过程。从甲骨文承袭而来的金文，每个字都是由点画、线条等组成，此一"和"。早期文字的写法多不规范，为了方便识辨，文字的发展必将经历"和"的规范化过程，此二"和"。随着文字的发展，铸刻于器上的文

---

① （东汉）许慎撰，（清）段玉裁注：《说文解字注》，上海古籍出版社1988年版，第148页。

字逐渐增多，文字的齐整与章法的构成所呈现的书法之美，此三"和"。自先秦晚期，文字呈现多样化的地域特点，楚系和晋系壶形器均有现早期"美术字"特征的铭文，这种以同样的书写规范书就的字体所呈现的规整的美，此四"和"。

先秦先民在农耕文明和自然经济的背景下，以人与自然相融相通、相亲相和为旨归的朴素的造物实践活动，体现在先秦壶形器上正是对和合之美的追求，既具有科学的理性主义精神，又洋溢着浓郁的人文主义色彩。

本章小结

青铜壶形器所体现的先秦先民的审美理想与社会政治形态、宗教信仰、思想观念等有着不可分割的联系。随着政权的更迭，壶形器在社会生活中所扮演的角色有所变化，其所呈现的审美形态也体现着不同时代的精神与风貌。

先秦早期以崇神事鬼的宗教祭祀文化为特色，作为统治阶级"通天地"的辅助工具之一的壶形器，其形制、纹饰、铭文均具有"威严"的特质。先秦中期，受周王朝礼乐制度的制约，壶形器的形制、纹饰、铭文都向着工整规范的方向发展，早期的距离感逐渐褪去，器物趋于平实质朴，彰显着注重理性和现实的时代的到来。先秦晚期，社会动荡为壶形器的发展提供了宽松的社会环境，民本思想和理性精神上升，壶形器的形制、纹饰、铭文更加贴近生活，其功能与审美得到完美统一，"亲切感"进一步提升。不论是从距离感到亲切感，还是功能与审美的统一，先秦青铜壶形器审美形态发展的历程是一个追求和合之美的过程。

第七章 结论与展望

先秦时期是中国传统造物思想形成的重要时期，先秦青铜造物遗物所蕴含的深厚的文化信息，不仅为我们提供了研究先民造物活动的珍贵史料，同时也是建构和诠释先秦文化本原的重要材料，弥补典籍之不足。通过对先秦青铜壶形器丰富的视觉图像资料的解读，在帮助我们从一个新的角度厘清先秦造物艺术发展变迁脉络的同时，壶形器所蕴含的自然生态观、伦理观、价值观以及情感特征、功能特征和造物观念也为当代设计提供了许多可供借鉴的感性资源。

第一节 风貌与演进

本书在前辈学者相关研究成果的基础上，以现代人对于"壶"的认识为参照，将先秦时期相互之间有一定联系的青铜盉、壶、卣统一归入"壶形器"作为研究对象，从造物史的角度出发，分别对其铸造工艺与技术、形制与功能、纹饰与铭文进行了系统的综合研究，基本厘清了先秦时期壶形器发展演变的脉络，呈现了先秦青铜壶形器的整体面貌，构建了先秦青铜壶形器发展演变的过程框架。并深入探讨了在不同的历史阶段人们的生活方式、造物观念、社会政治形态、宗教信仰、地理环境等对青铜壶形器的形制、功能、纹饰等造成的影响。

从文化演进的角度，先秦青铜壶形器经历了由巫觋文化向祭祀文化的转变，祭祀文化向礼乐文化的过渡。从历史发展的角度，它历经崇神嗜酒的先秦早期（商）、重礼尚文的先秦中期（西周）、礼崩乐坏的先秦晚期（东周），不同时期青铜壶形器的形制、纹饰、铭文向我们昭示着不同的时代精神。现对各时期的青铜壶形器的总体风貌和演进过程做总结性概述。

一　先秦早期

早在二里头时期，随着先民对于铜矿资源的开采、冶炼、加工等技术的掌握和提高，以新石器时代制陶技术为基础，青铜容器的铸造应运而生。先秦早期最先出现的壶形器是二里头时期仿制陶盉，以多范合铸而成的青铜盉，标志着青铜铸造技术已经摆脱了原始的萌生状态，随后青铜容器的铸造成为中国青铜时代青铜铸造发展的主流与方向之一。先秦早期是"尊神敬鬼"的时代，也是"嗜酒"的时代，青铜壶形器的功能决定了它们在礼器中属于酒器的范畴。对于祖先神、自然神和天神的敬畏主导着殷人的思维，作为青铜礼器重要组成的壶形器成为殷人与祖先神灵心灵沟通的重要媒介之一，铸刻于器上神秘诡异的兽面纹饰，以及商代后期逐渐出现于器上的族徽和铭文都是具有浓郁宗教信息和识别功能的象征符号，它们是殷人通过器物与祖先神灵沟通的语言。商后期分铸法的成熟与广泛使用，也为壶形器形制的复杂多变、纹饰的繁缛华丽提供了技术准备。

二　先秦中期

西周早期的青铜壶形器的形制、纹饰、铭文多承继商晚期。西周中期以后随着禁酒政策的强制推行，酒器大量减少，卣从这时起销声匿迹，然而，壶与盉因为其实用功能的多样性，以及不可替代的礼制功能，得以继续发展，并在形制与装饰上都呈现出向着人性化和规范化方向发展的趋势，它们不再是唤起人们对于神性对象崇敬之情的工具，而成为礼仪等级制度的象征和权力规格的标志。虽然学界对于西周晚期的青铜工艺一直持"粗制滥造"的评价，但是青铜壶作为当时礼制活动不可或缺的主要容器，精美之作比比皆是，形制由凝重走向轻灵。由先秦早期继承而来的神秘诡异的动物纹饰逐渐凝固为以窃曲纹、环带纹、重鳞纹等象形纹为主的，单纯而多重复的图形，纹饰由神秘走向平易。有铭壶形器以及器上铭文的字数也随着文字的不断成熟多了起来，铭文的内容多与礼法制度相关，书写规范基本完善，金文书法由朴拙走向流畅。

三 先秦晚期

东周时期动荡变革的时代风云为造物艺术的发展创造了一个宽松的外部环境，脱离开礼制的束缚，新的价值观念、生活风尚和审美情趣逐渐建立起来，壶形器的形制与纹饰都不再如先秦中期那样严格地遵从于礼制规范，加之装饰工艺的日新月异，镶嵌、错嵌、鎏金、刻纹等工艺被运用于青铜壶形器铸制工艺之中，实现了壶形器实用功能与审美特征的完美统一。就形制而言，除了旧有的形制得到不断革新外，新的器形也不断涌现，如扁壶、钫、瓠壶等，器形结构更加合理；从纹饰而论，除了动物纹、几何纹、象形纹外，现实生活场景成为壶形器的装饰主题之一，充分展示了这一时期人的自我意识的高度觉醒；依铭文来看，社会的动荡促成了先秦晚期金文书法地域性风格的形成。更加值得一提的是这一时期思想意识领域的百家争鸣对造壶活动产生了深远影响，其中儒家的"文质彬彬"，强调器物功能与审美，外在与内在的统一；道家的"与道合一"，强调回归自然，摒弃刻意追求的美，提倡对自然美的追求；以及墨家的"非乐"和法家的"非饰"思想，强调器物的实用性与功利性、反对装饰等先秦美学思想。

第二节 特点与影响

纵观先秦青铜壶形器的发展演变历程，不难发现，作为物质文化的产品，先秦青铜壶形器体现着不同时代工艺技术的发展状况，作为精神文化的产品，它们又是不同时代宗教信仰、政治形态、生活方式、思想观念、审美趣味的综合反映。从造物史的角度来看，先秦青铜壶形器具备延续性、包容性、象征性和多样性的特点：

一 延续性

在绪论中我们曾经提到，美国学者顾立雅所提出的关于"中国文化发展的连续性是独特的，其最显著的特征是不曾中断的发展能力"的观点，就造物艺术而言，中国传统造物艺术延续性的模式在先秦时期就已形成，即使是朝代更迭，改旗易帜，之前的优良传统总是被继承下来，去粗取精，取长补短，求同存异，这所谓的"优良传统"包括文化、艺术、技术等。先秦时期的青铜壶形器不论是在"重酒"的早期，还是在"重食"的中期，或是在"钟鸣鼎食"的晚期，其形制、纹饰、铭文都体现出一脉相承的延续性特点，同时不同时期的器物又各具时代风貌。特别是在先秦晚期，青铜壶形器的形制与功能基本完善，为壶形器形态的发展变化确立了基本坐标。

二 包容性

自石器时代开始，生存于中华大地各区域的多种文化类型不断融合碰撞，分化组合，在由公天下向家天下的转变过程中，中原文化区逐渐成为政治、文化和宗教汇集的重要区域，夏文化、商文化、周文化先后在这里吸纳整合，从史前文化所继承的，从周边文化所汲取的，统统在这里得到消化吸收。"以具有强大凝聚力的主流文化为主体，不断融入周边和外来文化因素、思想宗教理念、先进成果和科技的优选机制，成为中国文明发展的轨迹与活力。"[①] 在这种颇具包容性的文化氛围中成长起来的传统造物艺术，也体现出与其文化特性相一致的包容性，先秦早期青铜壶形器对原始陶器的艺术的吸收、借鉴，先秦中期青铜壶形器对于早期器形的借鉴与发扬，先秦晚期各文化类型青铜造壶艺术的兼收并蓄等。在这个过程中，器形、纹饰、铭文都没有被生硬地组合与拼凑，而是有机地吸收与融合，在这个不断吸收、融合的过程中，青铜壶形器的形制不断完善，中国造物史上壶形器的形制在这一时期已基本完备。先秦青铜壶形器形制演变的过程正体现了中国传统造物艺术海纳百川的包容性，壶形器所具备的包容性特点，正是中国传统造物艺术独特的凝聚力和多源性特质的关键所在。

三 象征性

先秦青铜壶形器的象征性特点主要表现在两个方面：一方面是从表

---

① ［美］杨晓能：《另一种古史：青铜器纹饰、图形文字与图像铭文的解读》，唐际根、孙亚冰译，生活·读书·新知三联书店2008年版，第415页。

象上看，青铜壶形器形制及附于器上的纹饰、铭文所具备的象征性含义。如模仿鸮造型制造的鸮卣是战神的化身，装饰于器表的动物纹饰是通天的辅助，家族徽号是确认家族成员的标识等。另一方面从内涵上来看，青铜壶形器在先秦时期的社会组织层与观念层所具备的象征性意义。青铜壶形器不仅具备实用性功能，还附加有身份的认同和权力的象征功能，这些附加功能是先秦"器以藏礼"、"器以载道"思想观念的物态反映。

四　多样性

先秦青铜壶形器发展演变的过程，也是其不断丰富和多样化的过程。沿时空发展序列而言，先秦青铜壶形器的多样性表现为工艺、形制、纹饰、铭文的不断丰富；就先秦不同阶段而论，在先秦的不同时期，壶形器形制、纹饰、铭文的种类也都十分丰富。先秦早期壶形器以满足实用功能为主导，器形个性特征明显；先秦中期，一方面出于形制和功能的不断完善，另一方面由于政治形态的礼制化需求，壶形器的器形、纹饰、铭文规整化；先秦晚期，社会的动荡为造物艺术发展提供了宽松的空间，壶形器的形制不再拘泥于方壶和圆壶的基本形态，蒜头壶、瓠壶、扁壶、提链壶等新器形不断涌现。青铜壶形器上装饰纹样的题材也不仅仅拘泥于动物纹、几何纹、象形纹，反映现实生活的题材出现在壶形器的装饰纹样中，壶形器上的铭文书法也因地域文化的影响而呈现多样性的特点。

荀子曰"善言古者必有节于今"。站在 21 世纪的今天，回望先秦青铜壶形器的发展历程，不禁引起我们这样的思考：中国传统造物艺术在三千多年前就不断推陈出新，创造了屹立于世界造物艺术之林的伟大成就，其所奠定的基础为后世所传承，且从未断裂。然而如今，我们只能不断地翻看历史，在感叹前人成就的同时，天天叫嚣着"继承传统"、"锐意创新"，为何无法真正从前人的光环下走出去？当满世界的"山寨版"充斥着我们的生活，似乎只要有经济利益，这样的"拿来主义"就可以招摇过市，就可以毫不羞愧？从"水货"到"山寨"，这个有着数十万年造物史和五千年文明史的古国怎么了？中国当代的设计无路可走了吗？中国还能再塑造物史上那个不可超越的巅峰吗？这一连串的疑问都没能找到答案，因为其中涉及的因素太复杂。而我们对于这段造物史的回顾，是为了帮助在实践中迷茫的人们找到方向。对于现代设计艺术而言，"民族性"和"本土化"不是对前人成果的照抄照搬，而是对前人方法、手段、观念的吸收与超越，"包容性"也不是"拿来主义"，博大精深的中华文化对于外来文化向来是海纳百川、兼容并举，然而其民族个性却从未曾丧失过。那么就让这段对先秦造物史的回顾成为我们了解先秦造物艺术的文化传统，探寻其理念，汲取其精髓，提升文化自信，传承文化血脉的一份盛宴吧。

参考文献

◆ 古籍文献

[1] （周）左丘明传，（晋）杜预注，（唐）孔颖达：《正义》，龚抗云、胡遂、于振波、陈咏明整理，杨向奎审定，《春秋左传正义》，北京大学出版社2000年版。

[2] （汉）孔安国传，（唐）孔颖达疏，廖名春、陈明整理，吕绍纲审定：《尚书正义》，北京大学出版社2000年版。

[3] （汉）郑玄注，（唐）贾公彦疏，彭林整理，王文锦审定：《仪礼注疏》，北京大学出版社2000年版。

[4] （汉）郑玄注，（唐）贾公彦疏，赵伯雄整理，王文锦审定：《周礼注疏》，北京大学出版社2000年版。

[5] （汉）郑玄注，（唐）孔颖达疏，龚抗云整理，王文锦审定：《礼记正义》，北京大学出版社2000年版。

[6] （汉）赵歧注，（宋）孙奭疏，廖名春，刘佑平整理，钱逊审定：《孟子注疏》，北京大学出版社2000年版。

[7] （汉）班固撰，（唐）颜师古注：《汉书》，中华书局1962年版。

[8] （东汉）许慎撰，（清）段玉裁注：《说文解字注》，上海古籍出版社1988年版。

[9] （东汉）吴平、袁康辑录：《越绝书》，上海古籍出版社1985年版。

[10] （魏）王弼注，（唐）孔颖达疏，卢光明、李申整理，吕绍纲审定：《周易正义》，北京大学出版社2000年版。

[11] （魏）何晏注，（宋）邢昺疏，朱汉民整理，张岂之审定：《论语注疏》，北京大学出版社2000年版。

[12] （晋）郭璞注，（宋）邢昺疏，李传书整理，徐朝华审定：《尔雅注疏》，北京大学出版社2000年版。

[13]（宋）吕大临：《考古图》，中华书局 1987 年版。

[14]（宋）王黼：《宣和博古图》，上海人民出版社 2006 年版。

[15]（宋）王俅：《啸堂集古录》（上下册），台北：商务印书馆 1993 年版。

[16]（宋）黄伯思：《东观余论》，中华书局 1988 年版。

[17]（清）梁诗正、蒋溥等编修，陈孝泳、杨瑞莲摹篆，梁观、丁观鹤等绘图，励宗万等缮书：《西清古鉴》，台北：世界书局 1990 年版。

[18]（清）龚自珍：《龚自珍全集》，上海人民出版社 1975 年版。

[19]（清）王先谦撰，沈啸寰、王星贤点校：《荀子集解》（全二册），中华书局 1988 年版。

[20] 梁沈约：《竹书纪年集解》，广益书局刊行 1936 年版。

[21] 饶尚宽译注：《老子校译》，中华书局 2006 年版。

[22] 王秀梅译注：《诗经》，中华书局 2006 年版。

[23] 方韬译注：《山海经》，中华书局 2009 年版。

[24] 李小龙译注：《墨子》，中华书局 2007 年版。

[25] 李山译注：《管子》，中华书局 2009 年版。

[26] 陈秉才译注：《韩非子》，中华书局 2007 年版。

[27] 石磊译注：《商君书》，中华书局 2009 年版。

◆ 出版文献

[28] 安徽省文物管理委员会、安徽省博物馆：《寿县蔡侯墓出土遗物》，科学出版社 1956 年版。

[29] 保利艺术博物馆：《保利艺术博物馆馆藏青铜器》，保利艺术博物馆（内部）1999 年版。

[30] 北京钢铁学院中国冶金简史编写小组：《中国冶金简史》，科学出版社 1978 年版。

[31] 曹玮：《周原遗址与西周铜器研究》，科学出版社 2004 年版。

[32] 曹玮：《周原出土青铜器》（全十卷），巴蜀书社 2005 年版。

[33] 曹玮：《汉中出土商代青铜器》（全三卷），巴蜀书社 2006 年版。

[34] 晁福林：《先秦社会形态研究》，北京师范大学出版社 2003 年版。

[35] 陈方既：《书法美学原理》，华文出版社 2003 年版。

[36] 陈方既、雷志雄：《中国书法美学史》，河南美术出版社 1994 年版。

[37] 陈来:《古代宗教与伦理：儒家思想的根源》，生活·读书·新知三联书店1996年版。

[38] 陈来:《古代思想文化的世界——春秋时代的宗教、伦理与社会思想》，生活·读书·新知三联书店2002年版。

[39] 陈梦家:《殷墟卜辞综述》，科学出版社1956年版。

[40] 陈梦家:《西周铜器断代》（全二册），中华书局2004年版。

[41] 陈佩芬:《夏商周青铜器研究（夏商篇）》，上海古籍出版社2004年版。

[42] 陈佩芬:《夏商周青铜器研究（西周篇）》，上海古籍出版社2004年版。

[43] 陈佩芬:《夏商周青铜器研究（东周篇）》，上海古籍出版社2004年版。

[44] 陈平:《燕文化》，文物出版社2006年版。

[45] 陈望衡:《中国古典美学二十一讲》，湖南教育出版社2007年版。

[46] 陈望衡:《诡异奇美——中国古代青铜艺术鉴赏》，上海人民美术出版社2002年版。

[47] 陈晓华:《工艺与设计之间——20世纪中国艺术设计的现代性历程》，重庆大学出版社2009年版。

[48] 陈兆复、邢琏:《原始艺术史》，上海人民出版社1998年版。

[49] 陈振中:《青铜生产工具与中国奴隶制社会经济》，中国社会科学出版社1992年版。

[50] 丛文俊:《中国书法史（先秦卷）》，江苏教育出版社2002年版。

[51] 戴吾三:《考工记图说》，山东画报出版社2003年版。

[52] 杜廼松:《中国青铜器发展史》，紫禁城出版社1995年版。

[53] 杜石然:《中国科学技术史稿》，科学出版社1982年版。

[54] 段勇:《商周青铜器幻想动物纹研究》，上海古籍出版社2003年版。

[55] 高丰:《中国器物艺术论》，山西教育出版社2001年版。

[56] 冯普仁:《吴越文化》，文物出版社2007年版。

[57] 郭宝钧:《中国青铜器时代》，生活·读书·新知三联书店1963年版。

[58] 郭宝钧:《商周铜器群综合研究》，文物出版社1981年版。

[59] 郭沫若:《青铜时代》，科学出版社1957年版。

[60] 郭沫若：《殷周青铜器铭文研究》，科学出版社1961年版。
[61] 郭沫若：《两周金文辞大系图录考释》，（卷三）科学出版社1957年版。
[62] 故宫博物院：《你应该知道的200件青铜器》，紫禁城出版社2007年版。
[63] 杭间：《中国工艺美学思想史》，北岳文艺出版社1994年版。
[64] 杭间：《设计史研究：设计与设计史年会研究专辑》，上海书画出版社2007年版。
[65] 何琳仪：《战国文字通论》，中华书局1989年版。
[66] 何琳仪：《战国文字通论》（订补），江苏教育出版社2003年版。
[67] 河南省文物考古研究所、郑州市文物考古研究所：《郑州商代铜器窖藏》，科学出版社1999年版。
[68] 河南省文物研究所、河南省丹江库区考古发掘队、淅川县博物馆：《淅川下寺春秋楚墓》，文物出版社1991年版。
[69] 湖北省博物馆：《曾侯乙墓》，文物出版社1989年版。
[70] 湖北省博物馆：《曾侯乙墓：战国早期的礼乐文明》，文物出版社2007年版。
[71] 湖北省文物考古研究所：《曾国青铜器》，文物出版社2007年版。
[72] 胡飞：《中国传统设计思维探索》，中国建筑工业出版社2007年版。
[73] 华觉明：《中国古代金属技术——铜和铁造就的文明》，大象出版社1999年版。
[74] 黄德宽、何琳仪、徐在国：《古文字谱系疏证》（全四册），商务印书馆2007年版。
[75] 黄石市博物馆：《铜绿山古矿冶遗址》，文物出版社1999年版。
[76] 翦伯赞：《历史哲学教程》，北京大学出版社1990年版。
[77] 蒋勋：《美的沉思——中国艺术思想刍论》，文汇出版社2005年版。
[78] 金泽：《宗教禁忌》，社会科学文献出版社2002年版。
[79] 郎绍君、刘树杞、周茂生：《中国造型艺术辞典》，中国青年出版社1996年版。
[80] 柳冠中：《中国古代设计事理学系列研究》（全二册），高等教育出版社2007年版。
[81] 李伯谦：《中国青铜文化结构体系研究》，科学出版社1998年版。
[82] 李济：《安阳》，上海人民出版社2007年版。

[83] 李济：《殷墟青铜器研究》，上海人民出版社2008年版。
[84] 李建伟、牛瑞红：《中国青铜器图录》（上下册），中国商业出版社2005年版。
[85] 李立新：《中国设计艺术史论》，天津人民出版社2004年版。
[86] 李立新：《设计艺术学研究方法》，江苏美术出版社2010年版。
[87] 李立新：《设计价值论》，中国建筑工业出版社2011年版。
[88] 李松、贺四林：《中国古代青铜器艺术》，陕西人民美术出版社2002年版。
[89] 李松：《中国青铜器》，五洲传播出版社，2008年版。
[90] 李学勤：《东周与秦代文明》（增订本），文物出版社1991年版。
[91] 李学勤：《古文字学初阶》，中华书局1985年版。
[92] 李学勤、［英］艾兰：《欧洲所藏中国青铜器遗珠》，文物出版社1995年版。
[93] 李砚祖：《造物之美：产品设计的艺术与文化》，中国人民大学出版社2000年版。
[94] 李玉洁：《黄河流域的青铜文明》，科学出版社2010年版。
[95] 李约瑟：《中国科学技术史（第二卷 科学思想史）》，科学出版社1990年版。
[96] 李泽厚：《美的历程》（修订插图本），天津社会科学院出版社2001年版。
[97] 李泽厚：《华夏美学》（修订插图本），天津社会科学院出版社2001年版。
[98] 李泽厚：《中国古代思想史论》，生活·读书·新知三联书店2005年版。
[99] 廖群、仪平策：《中国审美文化史》，山东画报出版社2007年版。
[100] 刘彬徽：《楚系青铜器研究》，湖北教育出版社1995年版。
[101] 刘诗中：《中国青铜时代采冶铸工艺》，江西科学技术出版社1997年版。
[102] 刘绪：《晋文化》，文物出版社2007年版。
[103] 刘雨、江涛：《流散欧美有铭青铜器集录》，上海辞书出版社2007年版。
[104] 赵匡华、周嘉华：《中国科学技术史》，科学出版社1998年版。
[105] 罗振玉：《三代吉金文存》（上），中华书局1983年版。

[106] 罗振玉：《三代吉金文存》（中），中华书局 1983 年版。
[107] 罗振玉：《三代吉金文存》（下），中华书局 1983 年版。
[108] 罗振玉：《殷墟书契后编》（上下册），墨拓影印本，民国五年（1916 年）年版。
[109] 马昌仪：《中国神话学文论选萃》，中国广播电视出版社 1994 年版。
[110] 马承源：《中国古代青铜器》，上海人民出版社 1982 年版。
[111] 马承源：《商周青铜器铭文选（第一卷）商、西周青铜器铭文》，文物出版社 1990 年版。
[112] 马承源：《商周青铜器铭文选（第二卷）东周青铜器铭文》，文物出版社 1990 年版。
[113] 马承源：《商周青铜器铭文选（第三卷）商、西周青铜器铭文释文及注释》，文物出版社 1990 年版。
[114] 马承源：《商周青铜器铭文选（第四卷）东西周青铜器铭文释文及注释》，文物出版社 1990 年版。
[115] 马承源：《中国青铜器》，上海古籍出版社 2003 年版。
[116] 倪建林、张抒：《中国古代工艺文献选编》，山东教育出版社 2002 年版。
[117] 皮道坚：《楚艺术史》，湖北教育出版社 1995 年版。
[118] 邱文山、张玉书、张杰：《齐文化与先秦地域文化》，齐鲁书社 2003 年版。
[119] 容庚：《商周彝器通考》，上海人民出版社 2008 年版。
[120] 容庚、张维持：《殷周青铜器通论》，文物出版社 1984 年版。
[121] 尚刚：《中国工艺美术史》，高等教育出版社 2007 年版。
[122] 上海博物馆青铜器研究组：《商周青铜器纹饰》，文物出版社 1984 年版。
[123] 邵学海：《先秦艺术史》，山东画报出版社 2010 年版。
[124] 宋镇豪：《夏商社会生活史》，中国社会科学出版社 1994 年版。
[125] 苏荣誉、华觉明、李克敏：《中国上古金属技术》，山东科学技术出版社 1995 年版。
[126] 孙华、李水城、李宗山：《中国文物大典》，中国大百科全书出版社 2001 年版。
[127] 太原市考古研究所：《晋阳重大考古发现丛书·晋国赵卿墓》，文

物出版社 2004 年版。
- [128] 唐兰：《西周青铜器铭文分代史征》，中华书局 1986 年版。
- [129] 王国维：《观堂集林》（全四册），中华书局 1961 年版。
- [130] 王国维：《戬寿堂所藏殷墟文字》，墨拓影印本，民国六年（1917年）版。
- [131] 王树人、喻柏林：《传统智慧的再发现——常青的智慧与艺魂（上卷）》，作家出版社 1996 年版。
- [132] 王树人：《中国传统智慧与艺魂》，武汉出版社 2006 年版。
- [133] 王学理、梁云：《秦文化》，文物出版社 2001 年版。
- [134] 王小盾：《原始信仰和中国古神》，上海古籍出版社 1989 年版。
- [135] 王战：《功能与美的角逐——西方现代设计艺术风格论》，湖南师范大学出版社 2008 年版。
- [136] 王志民：《齐文化概论》，山东人民出版社 1993 年版。
- [137] 沃兴华：《上古书法图说》，浙江美术学院出版社 1992 年版。
- [138] 沃兴华：《金文书法》，上海人民出版社 2004 年版。
- [139] 沃兴华：《中国书法史》，湖南美术出版社 2009 年版。
- [140] 西安半坡博物馆、陕西省考古研究所、临潼县博物馆：《姜寨——新石器时代遗址发掘报告》，文物出版社 1988 年版。
- [141] 夏商周断代工程专家组：《夏商周断代工程 1996—2000 年阶段成果报告·简本》，世界图书出版公司北京公司 2000 年版。
- [142] 夏征农、陈至立：《辞海》，上海辞书出版社 2009 年版。
- [143] 咸阳市考古研究所：《塔儿坡秦墓》，三秦出版社 1998 年版。
- [144] 肖梦龙、刘伟：《吴国青铜器综合研究》，科学出版社 2004 年版。
- [145] 谢崇安：《商周艺术》，巴蜀书社 1997 年版。
- [146] 宣兆琦：《齐文化发展史》，兰州大学出版社 2002 年版。
- [147] 严文明：《稻作、陶器和都市的起源》，文物出版社 2000 年版。
- [148] 严志斌、洪梅：《殷墟青铜器：青铜时代的中国文明》，上海大学出版社 2008 年版。
- [149] 杨成寅、林文霞：《雷奎元论图案艺术》，浙江美术出版社 1992 年版。
- [150] 杨建华：《外国考古学史》，吉林大学出版社 1999 年版。
- [151] 杨权喜：《楚文化》，文物出版社 2000 年版。
- [152] 杨向奎：《宗周社会与礼乐文明》，人民出版社 1992 年版。

[153] 尹盛平：《西周微氏家族青铜器群研究》，文物出版社 1992 年版。
[154] 于省吾：《双剑誃吉金图录》，中华书局 2009 年版。
[155] 俞伟超：《考古类型学的理论与实践》，文物出版社 1989 年版。
[156] 张岱年、成中英：《中国思维偏向》，中国社会科学院出版社 1991 年版。
[157] 张光直：《中国青铜时代》，生活·读书·新知三联书店 1999 年版。
[158] 张光直：《中国考古学论文集》，生活·读书·新知三联书店 1999 年版。
[159] 张光直：《古代中国考古学》，辽宁教育出版社 2002 年版。
[160] 张光直：《青铜挥麈》，上海文艺出版社 2000 年版。
[161] 张光直：《考古学专题六讲（增订本）》，生活·读书·新知三联书店 2010 年版。
[162] 张雷：《走进艺术的殿堂——上海博物馆精品百件鉴赏》，上海教育出版社 1998 年版。
[163] 张黔：《艺术美学导论》，北京大学出版社 2008 年版。
[164] 张守中：《中山王䁇器文字编》，中华书局 1981 年版。
[165] 赵伯雄：《周代国家形态研究》，湖南教育出版社 1990 年版。
[166] 赵克理：《顺天造物——中国传统设计文化论》，中国轻工业出版社 2008 年版。
[167] 钟柏生、陈昭容、黄铭崇：《新收殷周青铜器铭文暨器影汇编》，艺文印书馆 2005 年版。
[168] 中国考古学研究编委会：《中国考古学研究——夏鼐先生考古五十年纪念论文集》，文物出版社 1986 年版。
[169] 中国青铜器全集编辑委员会：《中国青铜器全集》（第一卷），文物出版社 1996 年版。
[170] 中国社会科学院考古研究所：《殷墟发掘报告（1958—1961）》，文物出版社 1987 年版。
[171] 中国社科院考古研究所：《殷周金文集成释文》（第一卷），香港中文大学出版社 2001 年版。
[172] 中国社科院考古研究所：《殷周金文集成释文》（第四卷），香港中文大学出版社 2001 年版。
[173] 中国社科院考古研究所：《殷周金文集成释文》（第五卷），香港

中文大学出版社 2001 年版。

[174] 中国先秦史学会、洛阳市第二文物工作队编：《夏文化研究论集》，中华书局 1996 年版。

[175] 朱狄：《艺术的起源》，中国社会科学院出版社 1982 年版。

[176] 朱凤瀚：《中国古代青铜器》，南开大学出版社 1995 年版。

[177] 朱凤瀚：《中国青铜器综论》（全三册），上海古籍出版社 2009 年版。

[178] 朱和平：《中国青铜器造型与装饰艺术》，湖南美术出版社 2004 年版。

[179] 宗白华：《美学散步》，上海人民出版社 1981 年版。

◆ 译著文献

[180] ［德］恩斯特·卡西尔：《人论》，甘阳译，上海译文出版社 1985 年版。

[181] ［德］恩格斯：《自然辩证法》，于光远等编译，人民出版社 1984 年版。

[182] ［德］恩格斯：《家庭、私有制和国家的起源》，人民出版社 1999 年版。

[183] ［德］格罗塞：《艺术的起源》，蔡慕晖译，商务印书馆 1986 年版。

[184] ［德］黑格尔：《历史哲学》，王造时译，上海书店出版社 1999 年版。

[185] ［德］卡尔·雅斯贝斯：《历史的起源与目标》，魏楚雄、俞新天译，华夏出版社 1989 年版。

[186] ［德］康德：《判断力批判》，邓晓芒译，人民出版社 2002 年版。

[187] ［德］雷侯德：《万物：中国艺术中的模件化和规模化生产》，张总等译，党晟校，生活·读书·新知三联书店 2005 年版。

[188] ［德］马克思、恩格斯：《马克思恩格斯全集（第十二卷）》，人民出版社 1998 年版。

[189] ［俄］卡冈：《艺术形态学》，凌继尧、金亚娜译，学林出版社 2008 年版。

[190] ［俄］普列汉诺夫：《没有地址的信》，曹葆华译，生活·读书·新知三联书店 1964 年版。

[191] ［法］丹纳：《艺术哲学（上下册）》，傅雷译，天津社会科学院出

版社 2004 年版。

[192] [法] 列维·布留尔:《原始思维》，丁由译，商务印书馆：1985年版。

[193] [法] 卢梭:《论科学与艺术》，何兆武译，上海人民出版社 2007年版。

[194] [英] 爱德华·泰勒:《原始文化：神话、哲学、宗教、语言、艺术和习俗发展之研究（重译本）》，连树生译，广西师范大学出版社 2005 年版。

[195] [英] 艾兰:《龟之谜——商代神话、祭祀、艺术和宇宙观研究》，汪涛译，四川人民出版社 1988 年版。

[196] [英] 杰西卡·罗森:《中国古代的艺术与文化》，孙心菲等译，北京大学出版社 2002 年版。

[197] [英] 杰西卡·罗森:《祖先与永恒：杰西卡·罗森中国考古艺术文集》，邓菲、黄洋、吴晓筠等译，生活·读书·新知三联书店 2011 年版。

[198] [英] 雷蒙·威廉斯:《关键词：文化与社会的词汇》，刘建基译，生活·读书·新知三联书店 2005 年版。

[199] [英] 马林诺夫斯基:《文化论》，费孝通等译，中国民间文艺出版社 1987 年版。

[200] [英] 马丁·约翰逊:《艺术与科学思维》，傅尚逵、刘子文译，工人出版社 1988 年版。

[201] [英] 詹·乔·弗雷泽:《金枝：巫术与宗教之研究》，徐育新、汪培基、张泽石译，大众文艺出版社 1998 年版。

[202] [美] 海登·怀特:《元史学：19 世纪欧洲的历史想象》，陈新译，译林出版社 2004 年版。

[203] [美] 马斯洛:《动机与人格》，许金声等译，华夏出版社 1987年版。

[204] [美] N. 沃尔斯托夫:《艺术与宗教》，沈建平、张宁、罗筠筠等译，工人出版社 1988 年版。

[205] [美] 欧文·埃德曼:《艺术与人》，任和译，工人出版社 1988年版。

[206] [美] 苏珊·朗格:《艺术问题》，滕守尧、朱疆源译，中国社会科学院出版社 1983 年版。

[207]［美］苏珊·朗格：《情感与形式》，刘大基、傅志强、周发祥译，中国社会科学院出版社1986年版。

[208]［美］巫鸿：《中国古代艺术与建筑中的纪念碑性》，李清泉、郑岩等译，上海人民出版社2009年版。

[209]［美］杨晓能：《另一种古史：青铜器纹饰、图形文字与图像铭文的解读》，唐际根、孙亚冰译，生活·读书·新知三联书店2008年版。

[210]［美］张光直：《商文明》，张良仁、岳红彬、丁晓雷译，辽宁教育出版社2002年版。

[211]［日］笠原仲二：《古代中国人的美意识》，杨若薇译，生活·读书·新知三联书店1988年版。

[212]［日］樋口隆康：《日本考古学研究者·中国考古学研究论文集》，蔡凤书译，日本东方书店1990年版。

[213]［日］林巳奈夫：《神与兽的纹样学：中国古代诸神》，常耀华、王平、刘晓燕等译，生活·读书·新知三联书店2009年版。

◆ 期刊文献

[214]安志敏：《中国早期铜器的几个问题》，《考古学报》1981年第3期。

[215]安志敏、江秉信、陈志达：《1958—1959年殷墟发掘简报》，《考古》1961年第2期。

[216]《安阳殷墟五号墓座谈纪要》，《考古》1977年第5期。

[217]白国红：《太原金胜村赵简子墓所见春秋晚期礼制变革》，《中国历史文物》2006年第3期。

[218]北京市玉器厂技术研究组：《对商代琢玉工艺的一些初步看法》，《考古》1976年第4期。

[219]陈梦家：《殷代铜器》，《考古学报》1954年第7期。

[220]陈梦家：《殷代铜器的合金成分及其铸造》，《考古学报》1954年第7期。

[221]陈梦家：《寿县蔡侯墓铜器》，《考古学报》1956年第2期。

[222]陈昭容：《谈新出秦公壶的时代》，《考古与文物》1995年第4期。

[223]范伟：《先秦道学造物设计的启示》，《装饰》2005年第12期。

[224]冯富根、王振江、白荣金：《商代青铜器试铸简报》，《考古》1980

年第1期。

[225] 高毅清：《先秦青铜器艺术的风格成因》，《设计艺术》2002年第3期。

[226] 华觉明：《观念转变与技术创新——以陶范铸造和失蜡法为例》，《自然辩证法通讯》1999年第1期。

[227] 杭春晓：《青铜器饕餮纹研究述评》，《故宫博物院院刊》2005年第117卷第1期。

[228] 杭间：《中国的工艺史与设计史问题》，《装饰》2008年第177卷第1期。

[229] 杭间：《"设计史"的本质——从工具理性到"日常生活的审美化"》，《文艺研究》2010年第11期。

[230] 胡永炎、胡静：《铜绿山古铜矿遗址》，《湖北文史资料》1997年第3期。

[231] 华觉明：《观念转变与技术创新——以陶范铸造和失蜡法为例》，《自然辩证法通讯》1999年第1期。

[232] 黄展岳：《两广出土的先秦青铜器》，《考古学报》1986年第4期。

[233] 江西省文物考古研究所铜岭遗址发掘队：《江西瑞昌铜岭商周矿冶遗址第一期发掘简报》，《江西文物》1990年第3期。

[234] 江涛、王龙正、贾连敏等：《上村岭虢国墓地M2006的清理》，《文物》1995年第1期。

[235] 金正耀：《二里头青铜器的自然科学研究和夏文明探索》，《文物》2000年第1期。

[236] 李伯谦：《中国青铜文化的发展阶段与分区系统》，《华夏考古》1990年第2期。

[237] 李步青：《山东莱阳县出土己国铜器》，《文物》1983年第12期。

[238] 李光军、宋蕊：《咸阳博物馆收藏的两件带铭铜壶》，《考古与文物》1983年第6期。

[239] 李济：《记小屯出土青铜器》，《考古学报》1948年第3期。

[240] 李京华：《关于中原地区早期冶铜技术及相关问题的几点看法》，《文物》1985年第12期。

[241] 李先登：《试论中国古代青铜器的起源》，《史学月刊》1984年第1期。

[242] 李学勤：《谈美澳收藏的几件商周文物》，《文物》1979年第12期。

[243] 李学勤：《战国题铭概述》（上），《文物》1959 年第 7 期。
[244] 李学勤：《战国题铭概述》（中），《文物》1959 年第 8 期。
[245] 李学勤：《战国题铭概述》（下），《文物》1959 年第 9 期。
[246] 李学勤：《平山墓葬群与中山国的文化》，《文物》1979 年第 1 期。
[247] 李学勤：《良渚文化玉器与饕餮纹的演变》，《东南文化》1991 年第 5 期。
[248] 李亚农：《"长由盉铭释文"注解》，《考古学报》1955 年第 1 期。
[249] 李延祥：《中条山古铜矿遗址初步考察研究》，《文物季刊》1993 年第 2 期。
[250] 李砚祖：《艺术史的写作趋势》，《文艺争鸣》2010 年第 3 期。
[251] 李砚祖：《设计的智慧——中国古代设计思想史论纲》，《南京艺术学院学报》（美术与设计版）2008 年第 4 期。
[252] 廉海萍、谭德睿、郑光：《二里头遗址铸铜技术研究》，《考古学报》2011 年第 4 期。
[253] 梁宏刚、孙淑云：《二里头遗址出土铜器研究综述》，《中原文物》2004 年第 4 期。
[254] 梁津：《周代合金成分考》，《科学》1925 年第 10 期。
[255] 刘惠萍：《中国现代神话学研究的学术反思》，《民间文化论坛》2005 年第 2 期。
[256] 刘煜：《殷墟青铜礼器铸造工艺研究综论》，《华夏考古》2009 年第 1 期。
[257] 罗坚：《从象征到写实——论先秦青铜文化的审美特性》，《江海学刊》1998 年第 6 期。
[258] 马承源：《陈喜壶》，《文物》1961 年第 2 期。
[259] 欧潭生：《罗山天湖商周墓地》，《考古学报》1986 年第 2 期。
[260] 邱春林：《"三礼"与古代工艺装饰观念的形成》，《装饰》2006 年第 5 期。
[261] 山西省考古研究所、太原市文物管理委员会：《太原金胜村 251 号春秋大墓及车马坑发掘简报》，《文物》1989 年第 9 期。
[262] 陕西周原考古队：《陕西扶风庄白一号青铜器窖藏发掘简报》，《文物》1978 年第 262 卷第 3 期。
[263] 沈兼士：《从古器款识上推寻六书以前的文字画》，《辅仁学志》1928 年第 1 卷第 1 期。

[264] 史树青：《我国古代的金错工艺》，《文物》1973 年第 6 期。

[265] 孙淑云、韩汝玢：《中国早期铜器的初步研究》，《考古学报》1981 年第 3 期。

[266] 谭德睿：《中国早期失蜡铸造问题的考察与思考》，《南方文物》2007 年第 2 期。

[267] 唐兰：《智君子鉴考》，《辅仁学志》1938 年第 7 卷第 1—2 期。

[268] 唐兰：《从河南郑州出土的商代前期青铜器谈起》，《文物》1973 年第 7 期。

[269] 万家保：《试论中国早期打制成形的铜盉——中西古代金属技术发展比较之三》，《大陆杂志》1983 年第 66 卷第 6 期。

[270] 万家保：《古代中国青铜器的失蜡法和块范法铸造》，《大陆杂志》1984 年第 69 卷第 2 期。

[271] 王前：《论象思维的机理》，《中国社会科学院研究生院学报》2002 年第 3 期。

[272] 王前：《"以道驭术"——我国先秦时期的技术伦理及其现代意义》，《自然辩证法通讯》2008 年第 30 卷第 1 期。

[273] 王前：《技术文化视野中的"道""技"关系》，《自然辩证法通讯》2010 年第 32 卷第 6 期。

[274] 王寿芝：《陕西城固出土的商代青铜器》，《文博》1988 年第 6 期。

[275] 王树人、喻柏林：《论"象"与"象思维"》，《中国社会科学》1998 年第 4 期。

[276] 王树人、喻柏林：《象思学论纲（一）》，《中国社会科学院研究生院学报》1997 年第 4 期。

[277] 王树人、喻柏林：《象思学论纲（二）》，《中国社会科学院研究生院学报》，1998 年第 1 期。

[278] 王文清：《"禹邗王"铭辩》，《东南文化》1991 年第 1 期。

[279] 巫鸿：《"纪念碑性"的问题》，《读书》2007 年第 11 期。

[280] 吴春明：《福建先秦青铜器的文化类型探索》，《厦门大学学报》（哲学社会科学版）1994 年第 1 期。

[281] 吴毅强：《赵孟介壶新研》，《考古与文物》2010 年第 1 期。

[282] 吴聿明：《禹邗王壶铭再辩》，《东南文化》1992 年第 1 期。

[283] 谢英伯：《黄花考古学院的组织和使命》，《考古学杂志》1922 年第 1 期。

[284] 邢力谦、郑宗惠：《先秦青铜铸造技术发展概况》，《考古与文物》1989 年第 1 期。

[285] 冼剑民：《甲骨文的书法与美学思想》，《书法研究》1987 年第 4 期。

[286] 许开强：《物与天语》，《装饰》1994 年第 1 期。

[287] 杨文胜：《物化于商周青铜器造型与纹饰上的先秦思想观念及其转变》，《洛阳大学学报》2002 年第 1 期。

[288] 杨先艺：《论先秦哲学的造物思想》，《江汉论坛》2003 年第 6 期。

[289] 叶小燕：《东周刻纹铜器》，《考古》1983 年第 12 期。

[290] 叶小燕：《我国古代青铜器上的装饰工艺》，《考古与文物》1983 年第 4 期。

[291] 于省吾：《略论图腾与宗教起源和夏代图腾》，《历史研究》1959 年第 11 期。

[292] 岳占伟：《2000—2001 年安阳孝民屯东南地殷代铸铜遗址发掘报告》，《考古学报》2006 年第 3 期。

[293] 岳占伟、王学荣、何毓灵：《河南安阳市孝民屯商代铸铜遗址 2003—2004 年的发掘》，《考古》2007 年第 1 期。

[294] 张岱海：《山西襄汾陶寺首次发现铜器》，《考古》1984 年第 12 期。

[295] 张光远：《中国最早失镴法——春秋中期"蛇网盖冠龙虎方壶"的铸法论证》，《东南文化》2002 年第 1 期。

[296] 张光远：《春秋晚期齐庄公时庚壶考》，《台北故宫博物院，故宫季刊》第 16 卷第 3 期。

[297] 张光直：《商周青铜器与铭文的综合研究》，台北："中央研究院"历史语言研究所专刊六十二，1973 年。

[298] 张敬国：《安徽繁昌出土一批春秋青铜器》，《文物》1982 年第 12 期。

[299] 张艺：《中国青铜器及其奇特而精美的纹饰艺术》，《美术观察》2009 年第 12 期。

[300] 张颖：《对于"六齐"成分诸见解的思考》，《阜阳师范学院学报（自然科学版）》1994 年第 1 期。

[301] 张子高：《从镀锡工艺谈到鋈字本义》，《考古学报》1958 年第 3 期。

[302] 浙江省文物管理委员会等：《绍兴 306 号战国墓发掘简报》，《文

物》1984 年第 1 期。

[303] 郑振香、陈志达：《安阳殷墟五号墓的发掘》，《考古学报》1977 年第 2 期。

[304] 郑振香：《安阳殷墟大型宫殿基址的发掘》，《文物天地》1990 年第 3 期。

[305] 中国社会科学院考古研究所安阳工作队：《1980 年安阳大司空村 M539 发掘简报》，《考古》1992 年第 6 期。

[306] 中国社会科学院考古研究所安阳工作队：《安阳郭家庄 160 号墓》，《考古》1991 年第 5 期。

[307] 周原考古队：《周原庄李西周铸铜遗址 2003 与 2004 春季发掘报告》，《考古学报》2011 年第 2 期。

[308] 朱爱芹：《安阳市博物馆藏商代有铭铜器》，《文物》1986 年第 8 期。

[309] 朱德熙、裘锡圭：《平山中山王墓铜器铭文的初步研究》，《文物》1979 年第 272 卷第 1 期。

[310] 诸葛铠：《中国早期造物思想的朴素本质及其与宗教意识的交织》，《东南大学学报》（哲学社会科学版）2003 年第 6 期。

[311] 祝帅：《交叉学科研究的易与不易——从章利国〈现代设计美学〉、〈现代设计社会学〉两部著作说开去》，《文艺研究》2009 年第 11 期。

◆ 学位论文

[312] 曹林：《中国装饰艺术传统及其当代文化价值》，博士学位论文，中国艺术研究院，2005 年。

[313] 冯卓慧：《商周镈研究》，博士学位论文，中国艺术研究院，2008 年。

[314] 韩炳华：《东周青铜器标准化现象研究》，博士学位论文，山西大学，2009 年。

[315] 黄厚明：《商周青铜器纹样的图式与功能——以饕餮纹为中心》，博士后出站报告，清华大学，2006 年。

[316] 李秋丰：《论先秦时期的巫术与教育》，博士学位论文，吉林大学，2008 年。

[317] 马军霞：《出土商周青铜卣研究》，硕士学位论文，西北大学，2006

年。
[318] 梅珍生:《晚周礼的文质论》,博士学位论文,武汉大学,2003年。
[319] 倪建林:《原始装饰艺术研究》,博士学位论文,东南大学,2006年。
[320] 田旭:《秦汉青铜容器研究》,硕士学位论文,清华大学,2008年。
[321] 熊嫕:《器以藏礼——中国设计制度研究》,博士学位论文,中央美术学院,2007年。
[322] 杨远:《夏商周青铜容器的装饰艺术研究》,博士学位论文,郑州大学,2007年。
[323] 曾曦:《法相明器占施知来——先秦鼎文化考论》,博士学位论文,武汉理工大学,2010年。
[324] 张常勇:《商周青铜艺术身份认同功能研究》,博士学位论文,复旦大学,2008年。
[325] 祝振雷:《安徽寿县蔡侯墓出土青铜器铭文集释》,硕士学位论文,吉林大学,2006年。

◆外文文献

[326] Ackerman, Phyllis. *Ritual Bronzes of China*. New York: Dryden Press, 1945.
[327] B. L. Simpson, Development of the Metal Casting Industry, *American Foundrymen's Association*, Chicago, 1948.
[328] C. Geertz. *The Interpretation of Cultures: Selected Essays*. New York: Basic Books, 1973.
[329] Cyril Smith. Art Technology and Science, *Technology and Culture*. Vol. 11, (No. 04).
[330] Foucault, K. M. *Power/Knowledge*. Ed. C. Gordon. Hassocks, Eng.: Penguin, 1980.
[331] H. G. Creel, Studies in Early Chinese Culture, First Series, American Council of Learned Societies, *Studies in Chinese and Related Civilizations*, No. 3, 1938.
[332] Herrlee Glessner Creel, *Studies in Early Chinese Culture*, Baltimore, 1937.
[333] Jessica Rawson, *Western Zhou Ritual Bronzes in the Arthur M. Sackler*

Collections.

[334] K. C. Chang, The Chinese Bronze Age: A Modern Synthesis, *The Great Bronze Age of China: An Exhibition from the People's Republic of China.* New York: The Metropolitan Museum of Art, in Wen Fong ed., 1980.

[335] Miller, D. and C. Tilley, eds. *Ideology, Power and Prehistory.* Cambridge, Eng.: Cambridge University Press. 1984.

[336] Richard C. Rudolph, Preliminary Notes on Sung Archaeology. *Journal of Asian Studies.* Vol. 22 (1963).

[337] R. J. Gettens. The Freer Chinese Bronzes. Vol. II, *Technical Studies.* Washington, 1969.

图片来源及索引

第二章

图2—1　马家窑出土铜刀
　　　图片来源：http：//bbs. tiexue. net/post2_ 4015227_ 1. html。

图2—2　周子孙匜（铜鬻）
　　　图片来源：《西清古鉴》，世界书局1990年版，第244—313页。

图2—3　铜盉（二里头）
　　　图片来源：《二里头遗址铸铜技术研究（图版陆—1）》，《考古学报》2011年第4期。

图2—4　兽面纹提梁壶
　　　图片来源：《中国文物大典》，中国大百科全书出版社2001年版，第53页。

图2—5　垂鳞纹方卣
　　　图片来源：《曾国青铜器》，文物出版社2007年版，第155页。

图2—6　卣盖范
　　　图片来源：《2000—2001年安阳孝民屯东南地殷代铸铜遗址发掘报告》，《考古学报》2006年第3期。

图2—7　兽面纹方卣
　　　图片来源：《中国青铜器图录（上）》，中国商业出版社2000年版，第154页。

图2—8　兽面纹壶提梁
　　　图片来源：《南方文物》2007年第2期。

图2—9　蛇网盖冠龙虎方壶
　　　图片来源：《你应该知道的200件青铜器》，紫禁城出版社2007年

版，第 202 页。

图2—10　镶嵌绿松石方壶

　　图片来源：《中国青铜器图录（上）》，中国商业出版社 2000 年版，第 193 页。

图2—11　高柄铜方壶

　　图片来源：《中国青铜器图录（上）》，中国商业出版社 2000 年版，第 194 页。

图2—12　长乐宫甄氏铜壶

　　图片来源：《中国文物大典》，中国大百科全书出版社 2001 年版，第 315 页。

图2—13　嵌红铜龙纹壶

　　图片来源：《夏商周青铜器研究（东周篇）》，上海古籍出版社 2007 年版，第 184 页。

图2—14　嵌金银鸟耳壶

　　图片来源：《你应该知道的 200 件青铜器》，紫禁城出版社 2007 年版，第 279 页。

图2—15　错嵌蟠螭纹扁壶

　　图片来源：《保利艺术博物馆藏青铜器》，保利艺术博物馆（内部）1999 年版，第 22 页。

图2—16　错金银鸟纹壶

　　图片来源：《中国青铜器图录（上）》，中国商业出版社 2000 年版，第 196 页。

图2—17　线刻对虎纹三足壶

　　图片来源：《中国文物大典》，中国大百科全书出版社 2001 年版，第 213 页。

图2—18　勾连云雷纹铜方壶

　　图片来源：《中国青铜器图录（上）》，中国商业出版社 2000 年版，第 201 页。

图2—19　错金银琉璃壶

　　图片来源：《中国造型艺术辞典》，中国青年出版社 1996 年版，第 361 页。

图片来源及索引   297

图2—20　金银错铜丝网套铜壶
　　图片来源：《中国青铜器图录（上）》，中国商业出版社2000年版，第201页。

第三章

图3—1　三犀足筒形器
　　图片来源：《中国文物大典》，中国大百科全书出版社2001年版，第224页。

图3—2　曾侯乙联禁对壶
　　图片来源：《中国文物大典》，中国大百科全书出版社2001年版，第252页。

图3—3　虎食人卣
　　图片来源：《中国青铜器图录（上）》，中国商业出版社2000年版，第156页。

第四章

图4—1　早期封口盉的演变
　　图片来源：《中国文物大典》，中国大百科全书出版社2001年版，第64页。

图4—2　左中右盉
　　图片来源：《中国文物大典》，中国大百科全书出版社2001年版，第64页。

图4—3　人面盖圈足青铜盉
　　图片来源：《中国青铜器图录（下）》，中国商业出版社2000年版，第326页。

图4—4　马永盉
　　图片来源：《中国青铜器图录（下）》，中国商业出版社2000年版，第325页。

图4—5　兽面纹三足壶
　　图片来源：《中国青铜器图录（上）》，中国商业出版社2000年版，第119页。

图4—6　兽面纹提梁壶
　　图片来源：《中国文物大典》，中国大百科全书出版社 2001 年版，第 53 页。

图4—7　司兽母方壶
　　图片来源：《中国青铜器图录（上）》，中国商业出版社 2000 年版，第 131 页。

图4—8　父丁壶
　　图片来源：《欧洲所藏中国青铜器遗珠》，文物出版社 1995 年版，第 112 页。

图4—9　二祀邲其卣
　　图片来源：《中国文物大典》，中国大百科全书出版社 2001 年版，第 54 页。

图4—10　册告卣
　　图片来源：《中国青铜器图录（上）》，中国商业出版社 2000 年版，第 138 页。

图4—11　四祀邲其卣
　　图片来源：《中国青铜器图录（上）》，中国商业出版社 2000 年版，第 137 页。

图4—12　亚矣卣
　　图片来源：《中国青铜器图录（上）》，中国商业出版社 2000 年版，第 144 页。

图4—13　大司空村枭卣
　　图片来源：《中国文物大典》，中国大百科全书出版社 2001 年版，第 54 页。

图4—14　妇好鸮卣
　　图片来源：《中国青铜器图录（上）》，中国商业出版社 2000 年版，第 139 页。

图4—15　郭家庄凤纹卣
　　图片来源：《中国文物大典》，中国大百科全书出版社 2001 年版，第 54 页。

图4—16　三节提梁卣

图片来源：http：//www.ihp.sinica.edu.tw/~museum/tw/doc_detail.php?doc_id=222（2012年3月10日）。

图4—17 卫盉
图片来源：《中国青铜器图录》（下），中国商业出版社2000年版，第328页。

图4—18 匍盉
图片来源：《中国青铜器图录》（下），中国商业出版社2000年版，第334页。

图4—19 伯百父盉
图片来源：《中国青铜器图录》（下），中国商业出版社2000年版，第329页。

图4—20 王盉
图片来源：http：//ydjiaqi.100md.com/tour/detail.asp?infono=8110。

图4—21 杨姞壶
图片来源：《中国青铜器图录》（上），中国商业出版社2000年版，第181页。

图4—22 鸟盖壶
图片来源：《中国造型艺术辞典》，中国青年出版社1996年版，第317页。

图4—23 鳞纹贯耳壶
图片来源：《中国青铜器图录》（上），中国商业出版社2000年版，第167页。

图4—24 三年瘐壶
图片来源：《周原出土青铜器》（全十卷），巴蜀书社2005年版，第662页。

图4—25 颂壶
图片来源：《中国青铜器图录》（上），中国商业出版社2000年版，第168页。

图4—26 晋侯斯壶
图片来源：《中国文物大典》，中国大百科全书出版社2001年版，第156页。

图4—27　凤纹壶

　　图片来源：《中国青铜器图录》（上），中国商业出版社2000年版，第167页。

图4—28　伯各卣

　　图片来源：《中国青铜器图录》（上），中国商业出版社2000年版，第180页。

图4—29　曲折雷纹卣

　　图片来源：《夏商周青铜器研究》（东周篇），上海古籍出版社2007年版，第184页。

图4—30　直纹卣

　　图片来源：《中国青铜器图录》（上），中国商业出版社2000年版，第182页。

图4—31　虢季卣

　　图片来源：《中国造型艺术辞典》，中国青年出版社1996年版，第303页。

图4—32　太保鸟形卣

　　图片来源：《中国青铜器图录》（上），中国商业出版社2000年版，第172页。

图4—33　先秦晚期中原青铜文化分区图

　　图片来源：作者绘制。

图4—34　吴王夫差盉

　　图片来源：《中国文物大典》，中国大百科全书出版社2001年版，第298页。

图4—35　蟠蛇纹盉

　　图片来源：《中国青铜器图录》（下），中国商业出版社2000年版，第351页。

图4—36　翼兽形提梁盉

　　图片来源：《中国青铜器图录》（下），中国商业出版社2000年版，第339页。

图4—37　凤鸟纹盉

　　图片来源：《中国青铜器图录》（下），中国商业出版社2000年版，第 351 页。

图4—38　兽鋬盉
　　图片来源：《中国青铜器图录》（下），中国商业出版社 2000 年版，第 359 页。

图4—39　瓠形盉
　　图片来源：《中国青铜器图录》（下），中国商业出版社 2000 年版，第 357 页。

图4—40　金胜村鸟形铜盉
　　图片来源：《中国青铜器图录》（上），中国商业出版社 2000 年版，第 191 页。

图4—41　龙流方盉
　　图片来源：《中国青铜器图录》（下），中国商业出版社 2000 年版，第 340 页。

图4—42　胜盉
　　图片来源：《中国青铜器图录》（下），中国商业出版社 2000 年版，第 359 页。

图4—43　莲鹤方壶
　　图片来源：《中国青铜器图录》（上），中国商业出版社 2000 年版，第 183 页。

图4—44　赵卿墓方壶
　　图片来源：《晋国赵卿墓》，文物出版社 2004 年版，第 20 页。

图4—45　淅川下寺楚墓（M1）龙耳虎足方壶
　　图片来源：《淅川下寺春秋楚墓》（上），文物出版社 1991 年版，第 73—74 页。

图4—46　陈璋方壶
　　图片来源：《中国青铜器图录》（上），中国商业出版社 2000 年版，第 200 页。

图4—47　中山王譻方壶
　　图片来源：《中国青铜器图录》（上），中国商业出版社 2000 年版，第 208 页。

图4—48　禺邗王铜壶

图片来源：《中国文物大典》，中国大百科全书出版社2001年版，第210页。

图4—49 令狐君嗣子铜壶
图片来源：《中国文物大典》，中国大百科全书出版社2001年版，第211页。

图4—50 曲颈蒜头壶
图片来源：《中国青铜器图录》（上），中国商业出版社2000年版，第182页。

图4—51 公子土折壶
图片来源：《中国文物大典》，中国大百科全书出版社2001年版，第262页。

图4—52 鸟兽提梁壶
图片来源：《中国文物大典》，中国大百科全书出版社2001年版，第263页。

图4—53 蟠虺纹提链壶
图片来源：《中国青铜器图录》（上），中国商业出版社2000年版，第210页。

图4—54 络纹提链扁壶
图片来源：《夏商周青铜器研究》（东周篇），上海古籍出版社2007年版，第184页。

图4—55 错嵌蟠螭纹扁壶
图片来源：《保利艺术博物馆藏青铜器》，保利艺术博物馆（内部）1999年版，第22页。

图4—56 鸟盖瓠壶
图片来源：《中国青铜器图录》（上），中国商业出版社2000年版，第197页。

图4—57 器物的功能与文化的层次关系示意图
图片来源：作者绘制。

图片来源及索引　303

第五章

图5—1　先秦时期饰于壶形器上的兽面纹

　图5—1—1　兽面纹壶　器腹　商早期

　　图片来源：《商周青铜器纹饰》，文物出版社1984年版，第5页。

　图5—1—2　🯄斿卣　器腹　殷墟晚期

　　图片来源：《商周青铜器纹饰》，文物出版社1984年版，第8页。

　图5—1—3　子父丁卣　提梁附饰　殷墟中期

　　图片来源：《商周青铜器纹饰》，文物出版社1984年版，第19页。

　图5—1—4　戍箙卣　器腹　殷墟晚期

　　图片来源：《商周青铜器纹饰》，文物出版社1984年版，第13页。

　图5—1—5　先壶　颈部　殷墟中期

　　图片来源：《商周青铜器纹饰》，文物出版社1984年版，第35页。

　图5—1—6　商卣　器腹　西周早期

　　图片来源：《周原出土青铜器》（卷三），巴蜀书社2005年版，第538页。

　图5—1—7　伯卣　器腹　西周早期

　　图片来源：《周原出土青铜器》（卷七），巴蜀书社2005年版，第1329页。

　图5—1—8　🯄卣　盖面　商晚期

　　图片来源：《周原出土青铜器》（卷六），巴蜀书社2005年版，第1232页。

图5—2　兽面纹三足壶

　　图片来源：《汉中出土商代青铜器》（第一卷），巴蜀书社2006年版，第73页。

图5—3　先秦时期饰于青铜壶形器上的龙纹

　图5—3—1　丰卣　颈部　西周穆王

　　图片来源：《商周青铜器纹饰》，文物出版社1984年版，第126页。

　图5—3—2　小子省壶　颈部　殷墟晚期

　　图片来源：《商周青铜器纹饰》，文物出版社1984年版，第111页。

　图5—3—3　凤纹卣　提梁附饰　西周早期

图片来源：《商周青铜器纹饰》，文物出版社1984年版，第109页。
　图5—3—4　侯母壶　腹部　春秋早期
　　　图片来源：《商周青铜器纹饰》，文物出版社1984年版，第144页。
　图5—3—5　斿父癸壶　颈部　西周早期
　　　图片来源：《商周青铜器纹饰》，文物出版社1984年版，第130页。
　图5—3—6　双头龙纹子父丁卣　颈部　殷墟晚期
　　　图片来源：《商周青铜器纹饰》，文物出版社1984年版，第132页。
　图5—3—7　古父己卣　口沿殷墟晚期
　　　图片来源：《商周青铜器纹饰》，文物出版社1984年版，第100页。
　图5—3—8　龙首流　它盉　西周晚期
　　　图片来源：《周原出土青铜器》（卷二），巴蜀书社2005年版，第257页。
　图5—3—9　双首龙纹龙纹壶　器腹　春秋早期
　　　图片来源：《曾国青铜器》，文物出版社2007年版，第287页。
图5—4　鸟纹卣
　　　图片来源：《中国文物大典》，中国大百科全书出版社2001年版，第154页。
图5—5　先秦时期饰于青铜壶形器上的凤鸟纹
　图5—5—1　史懋父壶　壶盖　西周中期
　　　图片来源：《商周青铜器纹饰》，文物出版社1984年版，第180页。
　图5—5—2　父丁卣　圈足　殷墟晚期
　　　图片来源：《商周青铜器纹饰》，文物出版社1984年版，第177页。
　图5—5—3　十三年瘐壶　盖顶　西周早期
　　　图片来源：《周原出土青铜器》（卷四），巴蜀书社2005年版，第690页。
　图5—5—4　凤纹卣　器腹　西周早期
　　　图片来源：《商周青铜器纹饰》，文物出版社1984年版，第174页。
　图5—5—5　鸟纹盉　器盖　西周中期
　　　图片来源：《周原出土青铜器》（卷八），巴蜀书社2005年版，第1591页。
　图5—5—6　三年瘐壶　盖顶　西周早期

图片来源:《周原出土青铜器》（卷四），巴蜀书社2005年版，第664页。

图5—5—7　父丁卣　器腹　殷墟晚期

图片来源:《商周青铜器纹饰》，文物出版社1984年版，第173页。

图5—5—8　丰卣　器腹　西周中期

图片来源:《周原出土青铜器》（卷四），巴蜀书社2005年版，第619页。

图5—5—9　芷父庚壶　颈部　西周早期

图片来源:《商周青铜器纹饰》，文物出版社1984年版，第174页。

图5—5—10　凤纹卣　器腹　西周早期

图片来源:《商周青铜器纹饰》，文物出版社1984年版，第174页。

图5—5—11　鸟纹贯耳壶　颈部　西周中期

图片来源:《周原出土青铜器》（卷四），巴蜀书社2005年版，第636页。

图5—5—12　散车父壶　颈部　西周晚期

图片来源:《周原出土青铜器》（卷二），巴蜀书社2005年版，第199页。

图5—6　蟠蛇纹貔父盉盖饰

图片来源:《周原出土青铜器》（卷七），巴蜀书社2005年版，第1393页。

图5—7　蝉纹伯卣提梁

图片来源:《周原出土青铜器》（卷七），巴蜀书社2005年版，第1326，1327页。

图5—8　隹壶卣

图片来源:《流散欧美有铭青铜器集录》，上海辞书出版社2007年版，第123页。

图5—9　先秦时期饰于青铜壶形器上的几何纹

图5—9—1　云雷纹　三角云纹壶　圈足　战国早期

图片来源:《商周青铜器纹饰》，文物出版社1984年版，第311页。

图5—9—2　曲折雷纹　曲折雷纹卣　盖面　西周早期

图片来源:《商周青铜器纹饰》，文物出版社1984年版，第319页。

图5—9—3　云雷纹与连珠纹　□耳卣　颈部　殷墟晚期

图片来源：《商周青铜器纹饰》，文物出版社1984年版，第312页。

图5—9—4　乳雷纹　曲折雷纹卣　提梁　西周早期

图片来源：《商周青铜器纹饰》，文物出版社1984年版，第315页。

图5—9—5　三角云纹　三角云纹壶　腹部　战国晚期

图片来源：《商周青铜器纹饰》，文物出版社1984年版，第324页。

图5—9—6　三角云纹　镶嵌三角云纹壶　肩部　战国中期

图片来源：《商周青铜器纹饰》，文物出版社1984年版，第324页。

图5—10　卣

图片来源：《夏商周青铜器研究》（夏商篇），上海古籍出版社2007年版，第326页。

图5—11　庚壶

图片来源：《中国青铜器图录》（上），中国商业出版社2000年版，第198页。

图5—12　龙首提梁盉

图片来源：《保利艺术博物馆藏青铜器》，保利艺术博物馆（内部）1999年版，第24页。

图5—13　中山王嚳圆壶

图片来源：《中国青铜器图录》（上），中国商业出版社2000年版，第204页。

图5—14　侯母壶

图片来源：《中国青铜器图录》（上），中国商业出版社2000年版，第175页。

图5—15　连珠纹卣

图片来源：《中国造型艺术辞典》，中国青年出版社1996年版，第318页。

图5—16　先秦时期饰于青铜壶形器上的象形纹

图5—16—1　鸟兽龙纹壶　圈足　春秋晚期

图片来源：《商周青铜器纹饰》，文物出版社1984年版，第336页。

图5—16—2　几父壶　颈部　西周孝王

图片来源：《商周青铜器纹饰》，文物出版社1984年版，第287页。

图5—16—3　正父庚壶　器腹　西周早期

　　图片来源：《商周青铜器纹饰》，文物出版社1984年版，第302页。

图5—16—4　络纹壶　器腹　战国早期

　　图片来源：《商周青铜器纹饰》，文物出版社1984年版，第339页。

图5—16—5　洹子孟姜壶　颈部　春秋晚期

　　图片来源：《商周青铜器纹饰》，文物出版社1984年版，第292页。

图5—16—6　鳞纹盉　肩部　西周晚期

　　图片来源：《商周青铜器纹饰》，文物出版社1984年版，第300页。

图5—16—7　㠱仲壶　器腹　西周恭王

　　图片来源：《商周青铜器纹饰》，文物出版社1984年版，第278页。

图5—16—8　鳞纹壶　肩部　春秋早期

　　图片来源：《商周青铜器纹饰》，文物出版社1984年版，第275页。

图5—16—9　䩣卣　盖顶　涡纹　西周中期

　　图片来源：《周原出土青铜器》（卷九），巴蜀书社2005年版，第1892页。

图5—16—10　三年瘋壶　圈足　西周中期

　　图片来源：《周原出土青铜器》（卷四），巴蜀书社2005年版，第666页。

图5—17　垂环纹十三年瘋壶

　　图片来源：《周原出土青铜器》（卷四），巴蜀书社2005年版，第687页。

图5—18　垂鳞纹散车父壶

　　图片来源：《周原出土青铜器》（卷二），巴蜀书社2005年版，第193页。

图5—19　环带纹三年瘋壶

　　图片来源：《周原出土青铜器》（卷四），巴蜀书社2005年版，第663页。

图5—20　半人半兽纹　鸟兽龙纹壶　器腹　春秋晚期

　　图片来源：《商周青铜器纹饰》，文物出版社1984年版，第345页。

图5—21　宴乐狩猎水陆攻战纹壶及其纹饰拓本

　　宴乐狩猎水陆攻战纹壶

图片来源：《中国青铜器图录》（上），中国商业出版社2000年版，第188页。

宴乐狩猎水陆攻战纹壶纹饰

图片来源：《装饰图案》，中国美术学院出版社1999年版，第20页。

图5—22　父壶铭文　商早期

图片来源：《夏商周青铜器研究》（夏商篇），上海古籍出版社2007年版，第91页。

图5—23　形成期青铜壶形器铭文

图5—23—1　小子𪓐卣　盖铭

图片来源：《商周青铜器铭文选》（Vol.1），文物出版社1990年版，第10页。

图5—23—2　二祀邲其卣　盖铭

图片来源：《商周青铜器铭文选》（Vol.1），文物出版社1990年版，第8页。

图5—23—3　四祀邲其卣　盖铭

图片来源：《商周青铜器铭文选》（Vol.1），文物出版社1990年版，第7页。

图5—23—4　小臣𧖟卣　盖铭　商

图片来源：《商周青铜器铭文选》（Vol.1），文物出版社1990年版，第10页。

图5—23—5　小子省壶　盖铭　商

图片来源：《商周青铜器铭文选》（Vol.1），文物出版社1990年版，第10页。

图5—23—6　六祀邲其卣　盖铭

图片来源：《商周青铜器铭文选》（Vol.1），文物出版社1990年版，第9页。

图5—23—7　丼卣　器铭　商晚期　新出

图片来源：《新收殷周青铜器铭文暨器影汇编》，艺文印书馆2005年版，第188页。

图5—23—8　史子𥃝壶　器铭　商晚期

图片来源：《新收殷周青铜器铭文暨器影汇编》，艺文印书馆2005年版，第 501 页。

图5—23—9　亚址卣　器铭　商晚期
　图片来源：《新收殷周青铜器铭文暨器影汇编》，艺文印书馆 2005 年版，第 155 页。

图5—23—10　光且乙卣　盖铭　商晚期
　图片来源：《新收殷周青铜器铭文暨器影汇编》，艺文印书馆 2005 年版，第 122 页。

图5—23—11　羊卣　器铭　商晚期
　图片来源：《新收殷周青铜器铭文暨器影汇编》，艺文印书馆 2005 年版，第 157 页。

图5—23—12　先壶　器内底　铭文　商晚期
　图片来源：《殷周金文集成释文》（卷五），香港中文大学出版社 2001 年版，第 416 页。

图5—23—13　戈鸮卣　腹内底
　图片来源：《夏商周青铜器研究》（夏商篇），上海古籍出版社 2007 年版，第 313 页。

图5—23—14　徙卣　器身
　图片来源：《夏商周青铜器研究》（夏商篇），上海古籍出版社 2007 年版，第 311 页。

图5—24　成熟期青铜壶形器铭文

图5—24—1　史且庚卣盖铭摹本　西周早期
　图片来源：《殷周金文集成释文》（卷四），香港中文大学出版社 2001 年版，第 33 页。

图5—24—2　师只卣　盖铭　西周早期
　图片来源：《殷周金文集成释文》（卷四），香港中文大学出版社 2001 年版，第 90 页。

图5—24—3　㵸伯卣　器铭　西周早期
　图片来源：《殷周金文集成释文》（卷五），香港中文大学出版社 2001 年版，第 98 页。

图5—24—4　大师小子师望壶　器铭　西周中期
　图片来源：《殷周金文集成释文》（卷五），香港中文大学出版社

2001年版，第429页。

图5—24—5　中伯壶　盖铭　西周中期
图片来源：《殷周金文集成释文》（卷五），香港中文大学出版社2001年版，第432页。

图5—24—6　裘卫盉　器铭　西周中期
图片来源：《殷周金文集成释文》（卷五），香港中文大学出版社2001年版，第378页。

图5—24—7　免卣　器铭　西周中期
图片来源：《殷周金文集成释文》（卷五），香港中文大学出版社2001年版，第162页。

图5—24—8　白王盉铭文摹本　西周中期
图片来源：《殷周金文集成释文》（卷五），香港中文大学出版社2001年版，第369页。

图5—24—9　士上卣　器铭　西周早期
图片来源：《商周青铜器铭文选》（Vol.1），文物出版社1990年版，第62页。

图5—24—10　商卣　器铭　西周早期
图片来源：《殷周金文集成释文》（卷五），香港中文大学出版社2001年版，第149页。

图5—24—11　同卣　器铭　西周中期
图片来源：《殷周金文集成释文》（卷五），香港中文大学出版社2001年版，第147页。

图5—24—12　番匊生壶　器铭　西周中期
图片来源：《殷周金文集成释文》（卷五），香港中文大学出版社2001年版，第449页。

图5—24—13　吕行壶　器铭　西周早期
图片来源：《殷周金文集成释文》（卷五），香港中文大学出版社2001年版，第441页。

图5—25　长由盉器铭拓本　西周穆王
图片来源：《商周青铜器铭文选》（Vol.1），文物出版社1990年版，第76页。

图5—26 龏卣盖铭拓本
　　图片来源：《夏商周青铜器研究》（夏商篇），上海古籍出版社2007年版，第376页。

图5—27 三年瘭壶 器铭拓本 西周中期
　　图片来源：《殷周金文集成释文》（卷五），香港中文大学出版社2001年版，第464页。

图5—28 繁荣期青铜壶形器铭文

图5—28—1 㝬车父壶 器铭拓本 西周晚期
　　图片来源：《殷周金文集成释文》（卷五），香港中文大学出版社2001年版，第409页。

图5—28—2 伯泺父壶 器铭拓本
　　图片来源：《殷周金文集成释文》（卷五），香港中文大学出版社2001年版，第415页。

图5—28—3 虞嗣寇壶铭 器铭拓本
　　图片来源：《殷周金文集成释文》（卷五），香港中文大学出版社2001年版，第444页。

图5—28—4 交君子大壶 器铭拓本
　　图片来源：《殷周金文集成释文》（卷五），香港中文大学出版社2001年版，第430页。

图5—28—5 鲁侯壶 器铭拓本
　　图片来源：《殷周金文集成释文》（卷五），香港中文大学出版社2001年版，第401页。

图5—28—6 殳季良父壶 器铭拓本
　　图片来源：《殷周金文集成释文》（卷五），香港中文大学出版社2001年版，第455页。

图5—28—7 王盉 器铭拓本
　　图片来源：《殷周金文集成释文》（卷五），香港中文大学出版社2001年版，第368页。

图5—28—8 王伯姜壶 器铭拓本
　　图片来源：《殷周金文集成释文》（卷五），香港中文大学出版社2001年版，第416页。

图5—28—9　伯庸父盉　器铭拓本
　　图片来源：《殷周金文集成释文》（卷五），香港中文大学出版社2001年版，第368页。

图5—28—10　仲南父壶　器铭拓本
　　图片来源：《周原出土青铜器》（卷三），巴蜀书社2005年版，第377页。

图5—28—11　蔡公子壶　器铭拓本
　　图片来源：《殷周金文集成释文》（卷五），香港中文大学出版社2001年版，第447页。

图5—28—12　伯克壶　器铭摹本
　　图片来源：《殷周金文集成释文》（卷五），香港中文大学出版社2001年版，第464页。

图5—29　颂壶器身铭文拓本　西周宣王
　　图片来源：《商周青铜器铭文选》（Vol.1），文物出版社1990年版，第275页。

图5—30　十三年瘐壶　口沿外壁铭文及拓本　西周晚期
　　图片来源：《周原出土青铜器》（卷四），巴蜀书社2005年版，第692页。

图5—31　黾壶盖铭拓本
　　图片来源：《殷周金文集成释文》（卷五），香港中文大学出版社2001年版，第436页。

图5—32　陈喜壶铭拓本及摹本（左拓本　右摹本）
　　图片来源：拓本《商周青铜器铭文选》（Vol.2），文物出版社1990年版，第594页。
　　　　　　摹本《陈喜壶》，《文物》1961年第2期。

图5—33　曩公父壶铭文摹本
　　图片来源：《商周青铜器铭文选》（Vol.2），文物出版社1990年版，第603页。

图5—34　庚壶铭文摹本
　　图片来源：《商周青铜器铭文选》（Vol.2），文物出版社1990年版，第588页。

图5—35　陈璋方壶　器足铭文（三组）
　　图片来源：《殷周金文集成释文》（卷五），香港中文大学出版社2001年版，第448页。
图5—36　曾中斿父壶　器铭拓本
　　图片来源：《曾国青铜器》，文物出版社2007年版，第36页。
图5—37　盥叔壶铭拓本
　　图片来源：《殷周金文集成释文》（卷五），香港中文大学出版社2001年版，第417页。
图5—38　曾姬无卹壶（甲）壶铭拓本
　　图片来源：《曾国青铜器》，文物出版社2007年版，第413页。
图5—39　曾姬无卹壶（乙）壶铭拓本
　　图片来源：《曾国青铜器》，文物出版社2007年版，第413页。
图5—40　曾仲姬壶　铭文拓本
　　图片来源：《曾国青铜器》，文物出版社2007年版，第367页。
图5—41　曾侯乙提梁壶及其铭文拓本
　　曾侯乙提梁壶线描
　　图片来源：《曾侯乙墓》，文物出版社1989年版，第221页。
　　曾侯乙提梁壶铭文
　　图片来源：《殷周金文集成释文》（卷五），香港中文大学出版社2001年版，第401页。
图5—42　盛季壶铭文
　　图片来源：《三代吉金文存》，中华书局1983年版，第1213页。
图5—43　郑右禀壶铭文
　　图片来源：《三代吉金文存》，中华书局1983年版，第1213页。
图5—44　赵孟介壶铭文拓本
　　图片来源：《商周青铜器铭文选》（Vol.2），文物出版社1990年版，第632页。
图5—45　中山王䱷方壶铭文摹本
　　图片来源：《殷周金文集成释文》（卷五），香港中文大学出版社2001年版，第480页。
图5—46　秦公壶铭文

314 抚壶论道

　　图片来源：《秦公壶》,《收藏界》2007年第8期。
图5—47　雍工堃铜壶铭文摹本
　　图片来源：《咸阳博物馆收藏的两件带铭铜壶》,《考古与文物》1983年第6期。
图5—48　工师初铜壶铭文摹本
　　图片来源：《咸阳博物馆收藏的两件带铭铜壶》,《考古与文物》1983
　　　　　　年第6期。
图5—49　咸阳壶右腹部铭文　咸阳壶腹部左上铭文　咸阳壶铭文摹本
　　图片来源：《珍秦斋藏秦铜器铭文选释》,《故宫博物院院刊》2006
　　　　　　年第2期。

第六章

图6—1　咸阳壶
　　图片来源：《珍秦斋藏秦铜器铭文选释》,《故宫博物院院刊》2006
　　　　　　年第2期。